上村英明 著

新・先住民族の「近代史」

植民地主義と新自由主義の起源を問う

法律文化社

序　文

　本書は、2001年4月に平凡社から出版した『先住民族の「近代史」——植民地主義を超えるために』の復刻版である。当時40代前半であった私は、「先住民族」から見た「近・現代史」(以下、「近代史」と総称) に関する6つの事例、オリンピック、極地探検、日本の植民地形成、水銀中毒、連邦制、原爆と核開発問題をそこで紹介することができた。しかし、現在と比較しても「先住民族」に対する社会的関心は低く、再版には至らなかったが、幸いなことにそれなりの数の読者から、内容は10年を経過した現在でも大いに有効であり、復刻してほしいとの希望が寄せられた。

　旧版に対し、今回の新版では、各章の内容や論旨を維持しながらも、この10年の時代状況の変化を参考にいくつかの工夫を行った。最も大きな工夫は、「先住民族」をキーワードにしつつも、「歴史」の読み物として性格を強化した点である。例えば、各章の見出しをわかりやすくし、章ごとにその歴史的な意味を冒頭と末尾で問いかけ、註でもその背景を詳しく補足した。また、8つの章を3つのテーマで部に大別し、それぞれ章の関連性を明確にした。第1部は国際化の中での差別と収奪、第2部は国民国家形成と植民地主義、第3部がグローバルな環境問題史である。第5章の「尖閣諸島」問題だけは、2014年2月に発表した新しい論文を追加したもので、また第7章のヒロシマ・ナガサキの原爆投下および第8章の核実験とウラン鉱山は、旧第6章を分割して、再整理したものである。

　人類は、不幸にして、知恵を持ちながら「歴史」を学ばないとよく批判される。あたかもそれは生来の性格のようにいわれることもある。人類には戦争を好みあるいは他人を支配し、差別する本能があるというものだ。しかし、こうした意見には明確に同意できない。それは、生来の性格ではなく、必要な「歴史」を学ぶ機会の構築や学ぼうという意欲の育成が社会制度の中に、十分実現できていないからである。つまり、私たちの社会は、これだけ科学技術が発達

しても、依然として「歴史」を教訓として学ぶ能力に乏しい。

その意味では、市民社会が成立し、学校教育制度が整備された「近代社会」あるいは情報技術が高度化し、高等教育の機会が拡大する「現代社会」における、「歴史」を教訓としない構造はむしろより深刻に分析される必要がある。市民社会の進展、教育制度の発展、科学技術の進化はなぜこうした機能を強化しなかったのであろうか。ひとつの問題は、「近代史」が持つ、それまでの時代とは異なる特質に由来する構造的な問題である。

「近代史」は、それまでの時代と比較しても、光と影とでも呼ぶべきプラスとマイナスの二面性をもち、その関係性は実態として複雑な構造を持っている。例えば、市民社会の進展は多くの市民の権利と可能性を拡大したが、その土台が植民地支配であった場合も少なくない。また、生活における自由の享受や生きがいの確保が、資源や食糧、エネルギーの巧みな収奪に依存していることも否定できない。藤原帰一のいう「デモクラシーの帝国」は近代の矛盾した側面を的確に捉えている。そして、こうした複雑な構造を学ぶには、本来十分な時間、卓越した教材と教員、複眼的な史観、普遍的な価値のどれもが不可欠であるが、こうした歴史教育に対する総合的な取り組みは敬遠されがちだ。例えば、日本の教育システムにおいては、「近代史」は教科書があったとしても、その評価が難しいとして、受験競争の中で十分に尊重されず、単なる暗記科目に堕した観が強い。

もうひとつは、とくに「現代社会」の特徴ともいえる、高度情報社会と高等教育制度の中で教育を受けた人たちが、自分たちは豊かな知識を持ち、その中で「歴史」も十分に学んだと思い込んでいる構造である。情報社会と教育制度の高度化は、人びとにグローバルな情報へのアクセスと情報交換を可能にしたが、こうしたシステムや制度の構築には、これまでのどの時代よりも、ひとりひとりの生活からかけ離れた組織や資本の存在が前提となっている。政府や商業資本に都合のよい見解が社会の隅々にまで忍び込みやすく、同時に、自らが政府や商業資本に都合のいい知識でしか教育されていないあるいは情報を得ていないことに無自覚な市民を社会に送り出してしまった。私たちの社会は、その点、情報が過多なのではなく、実は情報に乏しい社会といえるかもしれない。「先住民族」というキーワードは、こうした「近代史」の問題を自覚する土台

のひとつであると同時に、自らの社会のあり方を深く見直す視点となるものである。

　旧版の序文は、1990年代の社会を背景に書かれている。この時代は、前半では冷戦構造が崩壊し、92年のリオの「国連環境開発会議」をはじめとする世界会議が各地で開催され、20世紀の功罪を超克する兆しが見えた時代でもあった。しかし、後半になると、新自由主義的あるいは新保守主義的なグローバル経済が台頭し、新たな狭量そして威圧的で排外主義的な国家主義と手を結ぶようになった。その状況を、オーストラリアの歴史研究者テッサ・モーリス＝スズキの言葉を借りて、「ナショナリスティックな多文化主義」と表現した。グローバル化の中で多文化・多民族主義が広がるように見えながら、特定の価値を一方的に強調する国家主義が構築される状況である。しかし、この傾向は、2000年代を通し、この時代にもますます強化されようとしている。排外主義的で卑屈な国家主義は、その軍事力や経済力を背景に、あるいは情報化社会を通じて、社会に浸透し、人びとはそれがあたかも「グローバル・スタンダード」だと思い込まされるようになった。「歴史」は再び古い時代の「思い出」や暗記科目になり、現在を考える教訓とはなっていない。日本においては、2011年に深刻な原子力発電所事故が起きたにもかかわらず、2012年末に成立した保守政府は、原子力発電所の再稼働と海外輸出にやっきとなっている。わずか3年前のことすら、私たちは教訓にできていないのだ。

　さて、改めて確認するが、「先住民族」はその歴史的、文化的背景から本来国際社会の主体であり、自己決定権を行使する権利を持っている。「先住人民」と呼ばれるべき存在である。植民地主義の犠牲者は一般的にその歴史や文化を奪われ、その本来のアイデンティティを打ち砕かれるが、「先住民族」もこうした植民地主義の犠牲者である。その点、この集団は人類学や民族学が定義する「民族」の概念とはやや距離を置くこともある。「先住人民」は、いわゆる南北アメリカ大陸やオセアニアにおいては大航海時代以来の植民地主義によって、アジア、アフリカにおいては「国民国家形成」というトリックの下で隠蔽された植民地主義によって、本来の集団的および個人的権利を奪われ、差別に苦しみ、さまざまな形で搾取されてきた。

本書は、こうした「先住民族」の視点から「近代」を批判する立場をとるが、それはサミュエル・ハンチントン（Samuel Huntington）、ベネディクト・アンダーソン（Benedict Anderson）、エリック・ホブズボーム（Eric Hobsbawm）あるいはジャレド・ダイヤモンド（Jared Diamond）のように、「近代」を壮大な視点から相対化し、文明史全体の構造を明らかにしようというものではない。また、「近代」を批判しながら、旧版が試みたように、現実の「先住民族」の運動に直接連動し、あるいはその主張を擁護しようとするものでもない。多くの読者に、自分たちの社会の成り立ちや土台の構造を真摯に考えてほしい。依然巧妙に抑圧された人民の眼差しから「近代史」を考えることで、「近代社会」に隠された歴史的責任を感じてほしい。本書から「近代」がどう見えるか、読者の豊かな想像力、深い洞察力、真摯な感性に期待してみたい。私たちは、この「近代社会」の中で、見事なまでにそうした力を失ったと思えるからだ。

目　次

序　文

第1部　先住民族への差別と収奪の歴史
■伝統的知識という視点から考える

第1章　近代オリンピックと先住民族 ―――――― 3
■スポーツの国際化と民族差別

1　近代オリンピックの始まりとオリンピック・イメージ　3
2　創成期のオリンピックとその苦闘　5
3　帝国の巨大宣伝テクノロジー「万国博覧会」とオリンピック　10
4　「人類学の日」競技会とアイヌ民族選手の参加　13

第2章　「日本人」の極地探検とアイヌ民族の知識 ―― 19
■「帝国」に動員され、忘れさられた先住民族

1　南極をめぐる平和イメージと政治利権　19
2　白瀬の南極探検とその「成功」の鍵　22
3　カラフト・アイヌの知識としての犬・犬橇　26
4　郡司の北千島探検失敗と千島アイヌ　30
5　先住民族の伝統的知識と帝国の軍事的拡大　34

第3章　「合州国」と「国際連合」を生み出した先住民族 ── 44
■近代民主主義を超える試み

1　「アメリカ合州国」の誕生と「連邦制」というアイデア　44
2　「イロクォイ連邦」とフランクリンの提案　47
3　「連邦制」の形成過程と「連邦憲法」の成立　51
4　「イロクォイ連邦」の構造と機能　54
5　先住民族の政治機構のもうひとつの貢献：「国際連合」への道　60

第2部　「国民国家」形成という名の植民地化
■アジアにおける先住民族の成立

第4章　日本と「北海道」「沖縄」の植民地化 ───── 69
■東アジア史への視座

1　「日露交渉」の論理と「アイヌモシリ併合」：日本帝国主義の登場　71
2　「台湾出兵」とアジアの国際秩序　85
3　「琉球併合」ともうひとつの植民地形成　90
4　琉球政府の国際的抵抗と併合の完成　101
5　日本の植民地の原型としての「北海道」と「沖縄」　105

第5章　「尖閣諸島」問題と琉球民族の領土的権利 ── 111

1　先住民族と領土問題　111
2　「尖閣諸島」問題に潜む植民地主義：日本政府の論理の検証　115
3　植民地主義的拡張の土台としての「琉球併合」　121
4　中国政府の論理構造とその問題点　125
5　琉球人と「ユクン・クバシマ」：新たな解決に向けて　128

第3部 グローバルな環境問題史と先住民族

第6章 大規模「水銀中毒」と先住民族 ── 139
■技術革新・経済成長、そして環境破壊・人権侵害

1 「水俣病」「ストックホルム宣言」そして「地球環境問題」 139
2 ポトシーの鉱山開発と最初の「水俣病」 141
3 技術革新と近代的経済システムへの転換 143
4 「水銀アマルガム精錬法」と環境汚染・人権侵害 145
5 ヨーロッパの価格革命と近代経済システム 150

第7章 ヒロシマ・ナガサキへの原爆投下と先住民族 ── 155

1 「マンハッタン計画」と「コロンブス」の再来 155
2 ヒロシマ・ナガサキの核爆弾と4つの「ウラン」鉱山 157
3 隔離された核施設と先住民族の土地 161
4 核の「レイシズム」とは何か 165

第8章 核実験場・ウラン鉱山と先住民族 ── 169
■放射能に汚染された大地

1 冷戦下の核実験場と先住民族の大地 169
2 ウラン鉱山と「核の植民地」 183
3 核廃棄物と「環境レイシズム」 191

おわりに
索　引

第 1 部

先住民族への差別と収奪の歴史
■伝統的知識という視点から考える■

第 1 章

近代オリンピックと先住民族
スポーツの国際化と民族差別

　自らの身体の限界に挑むスポーツ、とくにアマチュア・スポーツには「清潔な」イメージが付きまとう。そのシンボルといえば、世界各地からアスリートたちが 4 年に 1 度集うオリンピックだろう。1896 年のアテネ大会に始まった近代オリンピックは、2004 年の第 28 回アテネ大会で一巡した観があるが、その後もさまざまな問題を孕みながら開催地競争が続き、2020 年には東京開催が決定した。しかし、この 20 世紀の申し子ともいえるオリンピックをそのまま 21 世紀にも延長していいのだろうか。本章では、オリンピックの創成期を先住民族の視点から眺めながら、その課題や可能性を改めて考えてみたい。

1　近代オリンピックの始まりとオリンピック・イメージ

　近代オリンピックは、19 世紀の終わり、1894 年にその端緒がある。その年の 6 月にパリで万国博覧会が開かれたのを契機に、フランスのスポーツ競技者連合が主催するアマチュア・スポーツに関する国際会議がソルボンヌ大学の講堂で開催された。この会議には、世界 20 カ国、47 団体、79 人の関係者が集まり、6 月 16～24 日に熱心な討議が行われた。[1]これに乗り込んだピエール・クーベルタンは、オリンピックの復興を聴衆に熱っぽく語りかけ、6 月 23 日には、オリンピックの復興と「国際オリンピック委員会（International Olympic Committee=IOC）」の設立を明記した歴史的な決議が満場一致で採択された。この会議こそが、オリンピック運動のスタート・ラインとして、のちに「オリンピック・コングレス（Olympic Congress）」の「第 1 回会議」とみなされた歴史的な会議であった。[2]当初、クーベルタンは、1900 年に、第 1 回オリンピック大会をパリで開催することを構想していたが、この会議で時期を早めることが提案され、1896 年に近代オリンピックの第 1 回大会をギリシアのアテネで開

催することが決議に盛り込まれた。さらに、競技大会は古代の伝統に従って4年ごととし、同時に世界各国の大都市の持ち回りで開催することも決定した[3]。

他方、「日本」選手の近代オリンピックへの初参加は、1912年7月に開催された第5回ストックホルム大会であったとされている。日本からは、役員2人、男子選手2人が初めてこの国際的なスポーツ大会に参加した[4]。役員2人は団長の嘉納治五郎と監督の大森兵蔵、男子選手2人は陸上短距離の三島弥彦とマラソンの金栗四三で[5]、開会式で日本の選手団は、イタリアに次ぐ10番目の参加国として「堂々」の入場行進を行った[6]。そして、幸か不幸か、この大会への日本選手の参加は、現在も日本に存在する、あるいは日本ばかりでなく多くの国で共有されているオリンピック・イメージを形成するのに、十分な条件を揃えていた。

「日本」のオリンピックとの関わりは、これをさかのぼる1909年5月に、「講道館柔道」の創始者として著名であった嘉納治五郎が東洋で初めてのIOC委員に就任したことに始まる。1911年7月には、オリンピック競技大会への参加母体として「大日本体育協会」(のちの「日本体育協会」)が設立され、初参加に向けての準備が、順調に進められた。まず、1911年9月には、オリンピックへの参加を全国の運動選手に呼びかける「競技会応募の檄」が発表された。また、同年11月、当時の羽田運動場(現在の羽田空港)で最初の選考予選会が開催され、ここでの記録をもとに、世界の水準に比較してそれほど遜色のない代表選手として三島、金栗の出場が決定した[7]。もちろん、国内オリンピック委員会にあたる「大日本体育協会」の初代会長は、IOC委員であると同時に、当時の東京高等師範学校校長であり、英語も堪能で欧米スポーツの日本への紹介、普及に熱心であった嘉納が務めた。

さて、晴天に恵まれたストックホルムの大会開会式では、大日章旗を持った三島と「Nippon」と国名を書いたプラカードを持った金栗が、胸にくっきりと「日の丸」のマークが縫い付けられたユニフォームを着て場内を一周した姿が日本でも熱狂的に報道された[8]。これに、クーベルタンが残したといわれる、有名な「参加することに意義がある[9]」という言葉をつけ加えれば、オリンピック・イメージは、国家の栄誉を背負ったアマチュア・スポーツ精神の結晶というさわやかなものとして完成する。そこでは、オリンピックは国家と個人の名

誉のために全力を尽くすアスリートの世界であり、差別や偏見あるいは権力や金とは無縁の世界のように見えるだろう。

しかし、第1回オリンピック・コングレスから、第1回アテネ大会を経て、第4回大会のロンドン大会までを検証してみると、クーベルタンの理想と一致していたかどうかはともかく、オリンピック開催というヨーロッパに起源を持つスポーツ文化運動の矛盾と同時に今日の国際スポーツが抱える問題のさまざまな原型を見ることができる。

2 創成期のオリンピックとその苦闘

1894年のコングレス決議に従い、第1回アテネ大会は、1896年4月5日皇太子コンスタンチノスの開会宣言によって、パナシナイコ・スタジアムで幕を開けた。首都アテネで始まった「近代オリンピック」最初の大会は8競技43種目で、その期間は4月15日を最終日に10日間で、IOC会長は、当時、ギリシアのデメトリウス・ヴィケラス（Demetrius Vikelas）であった。1894年の決議採択の折、当然会長を要請されたクーベルタンは第1回大会の開催地であるギリシアの委員がふさわしいと、その職をよき理解者であったヴィケラスに譲り、自らは事務局長に納まった。確かにヴィケラスは、ギリシア政府と精力的に交渉し、アテネ大会の実現に尽力したが、大会が無事開催されると、世界の都市を持ち回りで開くという1894年の合意を忘れたかのように次の提案をIOC総会で行った。ギリシアは莫大な費用をかけて各種の競技場を整備し、こうした設備は今後も使用可能である。また、ギリシアはヨーロッパの中央に位置するという地理的条件にも恵まれている。こうした点から考慮すれば、今後のオリンピック大会はすべてギリシアで開かれるべきだ、というものであった。もちろんクーベルタンはこの提案に強く反対して、ヴィケラス案に賛成する委員を説得し、ギリシアでの永久開催を信じていた国王・ゲオルギオス1世とも話し合いを持った。ギリシアは、古代オリンピックの伝統を持つばかりでなく、1829年のトルコからの独立30周年を記念して、1859年から国内で復興オリンピック大会を開催し、1870年（第2回）、1875年（第3回）、1889年（第4回）と実施した実績もあって、オリンピック運動への理解には他を寄せつけ

ないものがあった。そして、多くのギリシア国民も、国王と同じく、このフランス人によって持ち込まれた国際競技大会が永久にギリシアで開催されると信じ込んでいたために、クーベルタンは、ギリシア政府の説得には成功したものの、ギリシア国民の彼に対する評価は地に落ちてしまった。ともかく、第2回大会は、クーベルタンの母国フランスのパリで開催されることがかろうじて決定した。

　クーベルタンの強い意志で、1900年第2回パリ大会の準備は進められたが、彼を待っていた別の、そして新たな試練は、フランス政府の非協力的な態度とフランス国民の無関心であった。寄付金は思うように集まらず、「オリンピック」を成功の覚束ないスポーツ・イベントと考えていたフランス政府は、同じ1900年にパリで開催される「万国博覧会（1900 Exposition Universelle）」の付属競技大会と位置づけ、万国博覧会の実行委員会ですら、近代的な博覧会に古代のイベントを実施することに難色を示した。このため、第2回オリンピックの様相はアテネ大会とは大きく異なり開会式、閉会式は挙行されず、単発的に行われた各種目の開催期間は5月14日〜10月28日の半年間という長期に及ぶ苦しい開催となった[12]。

　この無理解と無関心から来る財政難の問題は第3回大会にも持ち越された。第1回大会、第2回大会とも米国選手の活躍には注目すべきものがあり、第3回大会は大西洋を越えて米国での開催がIOCの中でも有力視され、また、IOC会長のクーベルタンもこれに異論をはさむ余地はなかった。具体的には、開催都市として、シカゴとセントルイスが名乗りをあげて開催権を争ったが、1903年3月の委員による郵便投票の結果、第3回大会の開催地はセントルイスに最終決定した。条件つきながら、その2年前の1901年5月にはシカゴ開催が決定していたが、覆された背景には、1902年5月にセントルイス大会開催の名誉総裁に現職の米国大統領セオドア・ルーズベルトが就任したことも、大きな圧力となった[13]。

　セントルイス大会でも、組織委員会が決定した開催方式は、第2回大会と同じく万国博覧会の付属競技会であった。1803年、ミシシッピ川の西岸地域、当時「フランス領」とされ210万平方キロを超える広大な「ルイジアナ（現在のモンタナ、ワイオミング、ノースダコタ、サウスダコタ、ネブラスカ、コロラド、テ

キサス、ニューメキシコ、カンザス、オクラホマ、ミネソタ、アイオワ、ミズーリ、アーカンソ、ルイジアナの 15 州を含む地域)」を、米国政府は、当時の 1500 万ドルで購入した。その 100 周年を記念する万国博覧会「ルイジアナ購入万国博覧会」(Louisiana Purchase Exposition) が 1903 年 5 月 1 日に開幕する予定だったが、米国連邦議会の博覧会への財政支援決議が 1901 年 5 月と遅れたことから、1903 年の開幕が難しくなり、博覧会自体も 1 年遅らされることになった。[14]

　ルイジアナ購入はトマス・ジェファーソン大統領に対してナポレオン 1 世から提案されたものだが、この購入によって米国は当時の領土を約 2 倍に拡大し、ニューオーリンズを拠点に大陸中央部の大動脈ともいえるミシシッピー川の自由航行権を獲得した。[15] さらに、アンドリュー・ジャクソン大統領の下で 1830 年代にはミシシッピー川以東から先住民族を武力で追い出し、その後ヨーロッパからの移民が「西部」にその版図を拡大していく足がかりを作り、セントルイスはその拠点都市のひとつとなった。セントルイスには、その名前をこの機会に一躍世界に広めたいとする並々ならぬ意気込みがあった。1901 年に設立された「ルイジアナ購入万国博覧会会社 (Louisiana Purchase Exposition Company)」の会長には、前セントルイス市長で現職のミズーリ州知事であったデビッド・フランシスが選出された。[16] そうした状況の中、万国博覧会の 1 年の延期は、シカゴにほぼ決定していたオリンピック大会を「盗む」ために十分な時間をセントルイスに与え、また、セオドア・ルーズベルトと並ぶもうひとりの重要人物をこの企画のために雇用することに役立った。

　セントルイス万国博覧会の実行組織は、16 の局に分かれていたが、その中でオリンピック大会の開催は「形質文化局 (Department of Physical Culture)」の担当とされた。1903 年にこの局長に抜擢された人物がジェームズ・サリバン (James Sullivan) である。彼は、1900 年のパリ万国博覧会の米国パビリオンで働いた経験があり、1901 年にニューヨーク州バッファローで開催された「パン・アメリカ博覧会 (Pan-American Exposition)」で実施された陸上競技会の実施責任者を務めた。また、当時、米国のスポーツ界に力を持っていた「アマチュア陸上競技連合 (Amateur Athletic Union)」の事務局長を務め、スポーツ関係の出版社も経営していた。[17] クーベルタンとも親交のあった、このサリバンが、組織委員会委員長にあたる「1904 年オリンピック大会委員長 (Director of Olympic

Games, 1904)」を兼任したことで、オリンピックの実現はより確実なものになった。

　万国博覧会の付属競技大会となったことで、セントルイス大会も、競技期間が7月1日〜11月23日の長期におよぶなどパリ大会と同じ様相を呈した。しかし、まったく新しい現象も見られた。水泳など一部の種目を除いて参加者のほとんどが米国人で占められ、オリンピックがあたかも米国の国内競技会のように見えたことである。理由は、当時オリンピックへの参加は個人やクラブ単位だったため、大西洋を渡る費用を工面できない選手が各国で続出したからであった。他方、クーベルタンは、会期中に行われたある競技会を理由に、セントルイス大会を自らの理想に「遠い」オリンピックと断言し、IOC会長でありながら大会会場に姿を見せなかった。[18]

　IOC会長が会場に姿を見せなかったため、1904年のIOC総会はセントルイスで開催されなかった。同年6月にロンドンで開催されたIOC総会では、1908年の第4回大会はイタリアのローマと決定した。しかし、1906年になるとイタリアの組織委員会から政府との予算の話し合いがつかず、大会開催権を返上したいとの申し入れがあった。再び、政府の無関心とぶつかったのだ。IOCは、急遽、第4回大会開催の打診を英国オリンピック協会に行い、英国オリンピック協会は、1906年11月にこの提案を受諾した。[19]

　1905年に設立されたばかりの英国オリンピック協会では、これまでの反省を踏まえながら、初代会長で新しくIOC委員に就任したばかりのデスボロー卿ウィリアム・グレンフェル（Lord Desborough Willian Grenfell）が、精力的にオリンピックの運営方式に新しいやり方を取り入れる努力を行った。その意味で、ロンドン大会は、それまでの大会の流れを引き継ぎながら、その後の大会の原型を形作るものとなった。

　まず、デスボロー卿は、1908年にロンドンで予定されていた「イギリス・フランス博覧会（Franco-British Exposition）」の実行委員会に支援を要請した。この選択では、ロンドンもパリ、セントルイスと同じ道筋を歩み始めたともいえた。そして、競技会場や付属設備の建設、運営資金の前借りなどを実行委員会に依頼したが、その一方で、博覧会の付属大会となることを断固拒否した。博覧会の実行委員会は、この無謀とも思える要求を、デスボロー卿の熱意に負

けて飲むことになった[20]。

　さらに、デスボロー卿は、この大会から、新しい参加方式を積極的に導入した。個人やチーム参加は受けつけず、参加者は各国のオリンピック参加母体となる団体、具体的には「国内オリンピック委員会（National Olympic Committee=NOC）」を通してしか参加できないという「参加規定」が設けられた。当時は、「オリンピック憲章（Olympic Charter）」（正式制定は1925年）が制定されていなかったために、それぞれの組織委員会が大会ごとに参加に関する規則を作っていたが、ロンドン大会では、その後の大会に引き継がれることになる参加規定が作られた。

　この参加規定は、個々の選手の自発的な参加を規制するものだが、他方で、選手の参加費の工面に責任を負う集金組織を作ることであり、各国からできるだけ等しく選手を集めてオリンピックのイベント性を高めるための重要な工夫となった。その結果、資金的にもオリンピックを成功させようという風潮が各国の組織委員会に浸透し、また、資金や参加選手の確保が安定する点から、オリンピックそのものを自らの都市に誘致したいという都市間の誘致競争、これに絡んだIOC委員の買収という国際スポーツの負の成果を生む原因ともなった。さらに、オリンピックの儀式性も、国家を意識し、ロンドン大会で大きく塗り替えられた。その象徴である開会式では、参加者はそれぞれが所属する国旗の下で、プラカードを持ち、その所属する「国家」を代表して行進する方式が採用された。選手たちを「国家」の代表と位置づけることで、各国政府のオリンピック開催への関心を高め、財政支援を確実に引き出そうとしたが、これは同時にオリンピックを、国家間のメダル競争に堕落させるという危険な種を蒔いてしまった。また、オリンピックを「国威発揚」の場として政治の道具化する傾向も、政府との距離を近くするというこの「改善」から必然的に生じることになった[21]。「日本選手」の初参加といわれる第5回ストックホルム大会は、第4回ロンドン大会の組織委員会が行った実験が最初に定着した大会ともいえる。

3　帝国の巨大宣伝テクノロジー「万国博覧会」とオリンピック

　クーベルタンは、第2回パリ大会や第3回セントルイス大会が万国博覧会と結びついたことに落胆したといわれてきたが、彼の心情はそう単純ではなかったと考えられる理由がある。それは、クーベルタンのオリンピック構想の中には、「競技大会」とは別のアイデアとして「スポーツ博覧会」という企画があったことだ。彼は、オリンピック競技会と並行して、古代から現代までのスポーツの歴史を紹介し、現在のスポーツの普及に役立つ「博覧会」を開催して、広く市民のスポーツへの関心を高めたいと考えていた[22]。クーベルタンがそうした着想に辿り着いた原因には、19世紀後半にヨーロッパ各地、とくにパリで再三開催され、また、まさにオリンピック運動にとっての産院ともなった「万国博覧会」があった。

　1851年5月にはロンドンのハイド・パークで、産業革命の成功を象徴するかのような世界最初の「万国博覧会（Great Exhibition）」がビクトリア女王臨席の下、「クリスタル・パレス」を中心に開催された。他方、フランスで開かれた「万国博覧会（exposition universelle）」は1855年が最初であったが、その後1900年までにパリで5回も開催され、パリは「万国博覧会」の中心地の様相を呈していた。1867年の第2回「万国博覧会」では、アジアからも日本、タイ、中国などのパビリオンが初めて建設されて注目を集めた。幕末の日本からは、「徳川幕府」と「薩摩藩」「佐賀藩」が出展を行い、代表団を送った。この中でも、「薩摩藩」の出展は注目すべき大きな問題を抱えていた。「薩摩藩」政府は、自らの名称を用いず、「琉球諸島王松平修理大夫」の名で敷地の一部を確保し、5月に行われた開場式には「琉球諸島王」の代表団と称して出席したからだ[23]。（琉球の名は国際的に広がったが、明らかに第4章で紹介する「琉球王国」の権利侵害であった）。さらに、この「万国博覧会」では、オリンピックとの関係で象徴的な出来事があった。会期中の7月1日、会場であいさつを行ったフランス皇帝ナポレオン3世は、いみじくも「万国博覧会」を、全世界の人びとが知力や工業力を競うもので、あたかもギリシアのオリンピック大会に比較することができると絶賛したのである[24]。当時4歳であったクーベルタンがこの言葉を聞いたとは

思われないが、彼があたかも「オリンピック」のような「万国博覧会」の時代のフランスに生を享け、その空気の中で成長したことは紛れもない事実である。

フランスでは、普仏戦争が終わった後の1878年に同じくパリで第3回「万国博覧会」が開かれ、そして、1889年には、これまでの中で最大規模の「パリ万国博覧会（Exposition Universelle de Paris 1889）」が開催された。

フランス革命100周年の1889年万国博覧会で建設されたエッフェル塔。手前は、万国博覧会の会場として利用されたシャン・ド・マルス公園。

なぜこの博覧会が大規模に行われたかといえば、この年が「フランス革命100周年」にあたっていたからである。例えば、このとき、現在もパリの象徴となっているエッフェル塔が建設され、多くの人びとの関心を集めたことは有名である。そして、クーベルタンは当時26歳となっていたが、この万国博覧会を詳細に見学し、こうしたイベントがいかに多くの市民を引きつけ、宣伝の格好の機会になるかに驚愕した。まさに、19世紀が考案した巨大宣伝テクノロジーがこの「万国博覧会」であることをクーベルタンは理解した。スポーツをこうした国際的なイベントに組み込み、紹介、普及する意義を彼は決して否定しなかった。そして、冒頭で紹介したように、1894年のパリの「万国博覧会」こそは、彼に「オリンピック」を復活させるための他ならぬスプリング・ボードを提供したのである。

しかし、この時代の「万国博覧会」という宣伝イベントあるいは巨大宣伝テクノロジーこそが、負の側面として多くの政治的、文化的あるいは人権上の問題を孕んでいた事実を否定することはできない。例えば、クーベルタンが賞賛し、エッフェル塔が建てられた1889年の「パリ万国博覧会」では、その敷地内に「植民地展示場」が設けられた。そこでは、フランスの植民地政策の成功を宣伝するため、アジア、アフリカに建設されたフランス植民地の街並みが再現され、市民はパリに居ながらにして植民地のバーチャル・リアリティを擬似

体験することができた。植民地を市民の目の前で再現することで、フランス政府は、その帝国主義的政策に有利な世論を作り出そうと考えたのである。そして、問題は、この展示場には街並みが再現されただけでなく、アジア、アフリカの住民182人が強制連行されて「見世物」にされたことだ。また、別の一角で行われた「ワイルド・ウェスト・ショー（Buffalo Bill's Wild West Show）」では、米国から連れてこられた先住民族が、欧米人が描いた誤った「インディアン像」を演じるショーに出演していた。[27] 日本や中国が最初にパビリオンを設けて主体的に参加した1867年のパリ「万国博覧会」でも、日本や中国の生活を紹介すると称して、エキゾチックな建物が建てられ、日本人や中国人が見世物のように扱われた。しかし、それは参加国の選択のひとつであったが、植民地展示場では、フランスの植民地の街が一方的に再現され、植民地から住民が有無をいわさず連行されて、宗主国の国民が喜ぶ「未開」を再現した。万国博覧会という華やかなイベントを通して、フランス国民は最も安全なポジションから帝国主義支配の成果を満足げに経験し、優越感と「支配の正当性」を学び、同時にその温床となる民族差別や人権侵害の認識を育て上げたのである。

　そして、「オリンピック」というスポーツ・イベントと「万国博覧会」の関係性の問題は、第3回セントルイス大会で頂点に達したといってよいだろう。「ルイジアナ購入」100周年に沸くセントルイスは、ヨーロッパ人が描く「ワイルド・ウェスト（未開の西部）」の入り口にあたり、この「ルイジアナ購入万国博覧会」のテーマのひとつは、工業化した西欧国家の文明を「進歩」と賞賛することで、その対比をきわだたせるには「未開」が必要であった。[28]「進歩」を表すために、4.9平方キロの土地に1500のパビリオンが建てられ、中心となった「電気宮殿（Palace of Electricity）」の開幕式はトーマス・エジソンによって行われ、電話や映画が人気の的となった。他方、この万国博覧会には「未開民族」の展示場も作られたが、そこに集められた先住民族を中心とする世界のさまざまな民族を対象に、「未開民族のオリンピック競技会」として「人類学の日（Anthropology Days）」が設けられた。そして、「セントルイス・オリンピック」のひとつとして開催された競技会に、「日本国籍」を持つ、4人のアイヌ民族が選手として出場した。三島や金栗が日章旗の下を行進する8年も前のことであった。

4 「人類学の日」競技会とアイヌ民族選手の参加

　1904年8月12〜13日に、オリンピック用の陸上競技場で開かれた「人類学の日」競技会は、オリンピックの組織委員会委員長であると同時に「形質文化局」局長を務めたサリバンと「人類学局（Department of Anthropology）」の局長ウィリアム・マギー（William McGee）によって計画された。そして、このイベントの命名者は、地質学者でもあり人類学者でもあったマギーであった。その目的は、「未開な民族」がスピード、スタミナ、筋力などにおいて優れた運動能力を持っているという「うわさ」を実証してみることであった。実際に2日にわたって行われた競技会は次のように構成された。第1日目には、同じ民族同士で同一の種目に対して競技を行い、第2日目には、各民族の1位、2位の者を集めて同じような種目ごとに決勝が行われた。

　集められた民族は、次のような人びとであった。メキシコの先住民族ココパ（Cocopa）民族、南アメリカ・パタゴニアのパタゴニア人（Patagonian）、米国の先住民族スー（Soux）民族、チペワ（Chippewa）民族、プエブロ（Pueblo）民族、ポーニー（Pawnee）民族、カナダの先住民族クワキュートル（Kwakiutl）民族、フィリピンのモロ（Moro）民族、ネグリト（Negrito）民族、日本のアイヌ民族、アジアのシリア人、トルコ人、アフリカのピグミー（Pygmy）民族、バクバ（Bacuba）民族、ズールー（Zulu）民族などで、いずれも博覧会の「未開民族」の展示場への参加者であった。

　また、行われた種目には次のようなものがあった。100ヤード競走、16ポンド砲丸投げ、440ヤード競走、走り幅跳び、大型ナイフ投げ、野球ボール投げ、120ヤード・ハードル、1マイル競走、100メートル競走、やり投げ、アーチェリー、走り高跳び、柱上り（climbing pole）、綱引きなどである。

　競技種目は、現在のものとやや違うが、「柱上り」などの特別競技を除けば、これは当時のオリンピックそのものの競技種目に沿ったものであった。当時、IOC自体はオリンピックの競技種目に関する規定を定めておらず、どの競技を実施するかは、大会を開催した組織委員会の判断に任されていた時代でもあった。

公式記録によれば、アイヌ民族の出場選手は、「コウトウロケ（Koutourokee〈Kuto Roz という表記もある〉）」「ゴロー（Goro）」「オーサワ（Osawa）」「サンゲア（Sangea）」の4人となっている。そして、結果だけからいえば、2日目に行われた各民族間の競技でのアイヌ民族の成績は以下のようなものであった。「やり投げ」では、1位「テマーン（Teman）」（フィリピン・ラナル民族）、2位「シャンバ（Shamba）」（アフリカ・ピグミー民族）、そして3位に「コウトウロケ」が入った。また、「アーチェリー」では、1位「シャケ（Shake）」（メキシコ・ココパ民族）、2位「サンゲア」、3位「シャンバ」で、「サンゲア」は第2位を勝ち取った[35]。

しかし、競技記録全体では、「未開民族」の驚異的なスピード、スタミナ、筋力などを証明する結果に終わらなかった。「人類学局」のマギーは、これについて、参加者に競技の意味が説明されず、練習も行われなかったことが問題で、もし専門のトレーナーがつけば、優れた成績を残すようになるだろう、と感想を述べた[36]。今日から見れば「まともな」意見であったが、当時としてはやや負け惜しみに聞こえたことだろう。他方、「形質文化局」のサリバンは、マギーの意見に率直な疑問を投げかけ、「差別的」な意見でこの成果を締めくくった。つまり、「未開民族」にはもともとスポーツ選手としての能力もなければ、チームとして行動できるような知性もない、と述べた[37]。

実は、クーベルタンがセントルイス大会に出席しなかった最大の理由は、この先住民族スポーツ大会の実施であった。彼は、このオリンピックにふさわしくない競技会の実施に不快感をあらわにした。しかし、クーベルタンの発言にみられたその理由は、残念ながら民族差別的であった。彼は、「人類学の日」について次のように不満を漏らした。

セントルイス・オリンピックのアーチェリー競技に参加したアイヌ民族・平村サンクア（IOC博物館資料から）

「このけしからん茶番劇（outrageous charade）に関しては、将来、黒人や赤人、黄色人が走ること、跳ぶこと、投げることを学び、白人を追い越してしまうときがくれば、もちろんオリンピックはその魅力を失うことになるだろう」[38]

「けしからん茶番劇」の意味は、これらの民族を対等に扱わなかったからではなく、こうした「白人」以外の選手の参加を認めて競技を行ったことで、「白人」以外の人種や民族が参加すれば、オリンピックは衰退するとまで言い切ったのである。別のIOC委員は、この競技会を「オリンピック精神（Olympic spirit）」に反すると酷評したが、その意味もクーベルタンと同じであった[39]。このクーベルタンの言葉は、差別的であるだけでなく、その創設者がその後のオリンピックの発展あるいは各競技で活躍するさまざまな人種や民族に属する選手たちの姿を見抜けなかったという意味で残念としかいいようがない。

さらに、ここで「アイヌ民族」の参加選手について、若干紹介しておきたい。1904年は、日本国内では、日露戦争が始まる年であり、北米大陸で開催される万国博覧会に関心が高まる状況でなかったことは確かであった。わかっていることは、博覧会の実行委員会の依頼で、マギーと同じシカゴ大学の人類学者でアイヌ民族の研究者としても知られたフレデリック・スター（Frederick Starr）が、1904年に来日し、1877年以来北海道でキリスト教のアイヌ民族に対する布教を行っていた英国人の宣教師ジョン・バチェラーに接触をとった。そして、バチェラーの斡旋で当時の北海道庁長官園田安賢から全面的な協力をとりつけ、バチェラーと所縁の深い現在の北海道沙流郡平取町から9人のアイヌ民族を募集し、その道具240点、住居（チセ）2棟を購入してセントルイスに送りつけたのである[40]。

1904年1月17日付の『北海タイムス』は、アイヌ民族8人がセントルイスに向かったと短く報じており、同じく3月29日の『北海タイムス』は東京で待機中の8人を次の人物であったと紹介している。

平村リロトケ（38歳）、妻スツララキ（25歳）、長女きく（3歳）、平村サンクア（50歳）、妻サントクノ（40歳）、長女きん（7歳）、大澤ヤサク（年齢の記載なし）、妻ムメ（記載なし）の8人である。

この記事にはなぜか紹介されていないが、参加したアイヌはもうひとりいた。辺泥五郎という人物であった[41]。

名前から判断すれば、「やり投げ」の銅メダリストは「平村リロトケ」であり、「アーチェリー」の銀メダリストは、当時50歳の「平村サンクア」であった。そして、「野球ボール投げ」で73フィート６インチ（約22メートル）を投げた「オーサワ」は「大澤ヤサク」で、たぶんボールの投げ方がわからなかったのかもしれない。また、「走り幅跳び」で９フィート11インチ（約３メートル）の記録を残した４人目の人物「ゴロー」が、この「辺泥五郎」であったと見て間違いない。

　こうした先住民族とオリンピックをめぐる複雑な物語は、創成期の、試行錯誤する「オリンピック」の実態のひとつであったことを決して否定すべきではないだろう。オリンピックを都市の持ち回りで開催される平和の祭典と位置づけたクーベルタンでさえ、当時の欧米社会の人種・民族差別主義からは自由でなかった。そして、このスポーツ・イベントは、資金的な土台を国家の財政支援や商業主義に委ねることで、常にその理想との葛藤を生み出すことになった。これは、今日でさえ、未解決の問題である。
　これらの問題から抜け出すためには、創成期のオリンピックが持った人種・民族差別的な傾向に正面から取り組む必要がある。例えば、日本の公式のオリンピック記録には、オリンピック大会に参加した最初の「日本選手」として、1912年の三島や金栗ではなく、1904年のセントルイス大会に参加したアイヌ民族の選手の名前が刻まれるべきではないだろうか。いかなる背景があったにしろ、これは、競技種目の選択権を持った「セントルイス・オリンピック」の組織委員会が正式に認めた競技会であったことも忘れてはならないし、これを無視することは、オリンピック運動の矛盾を今日でさえ温存することにつながるだろう。また、その理想と葛藤から考えれば、2012年のロンドンや2020年の東京のように、二巡目の都市が開催するのではなく、これまでの開催都市が資金援助しながら、まだ未開催の地域にある都市での開催にグローバルな協力を行うことはできないだろうか。依然として、アフリカでは未開催、ラテンアメリカでは2016年のリオデジャネイロが初めてであり、アジアでも開催地は日本、韓国、中国と東アジアの都市に限られている。さらに、参加選手の民族的アイデンティティに関しても、それを尊重する傾向が強化されないだろうか。

2000年のシドニー大会でのアボリジニー選手への注目などは、重要な視点だろう。多様な国家を代表するオリンピックから、多様な民族や文化を表現するオリンピックへの移行が期待される。

* スイス・ローザンヌにある国際オリンピック委員会本部における資料収集、調査に関しては、現在チューリッヒ大学で教えるフィリップ・ダレ（Philippe Dallais）氏にお世話になった。深く感謝したい。

註

1） 財団法人日本オリンピック委員会監修『近代オリンピック100年の歩み』ベースボール・マガジン社、1994年、65～66頁。
2） 佐野雅之『オリンピックエピソード』窓社、1988年、33～34頁。
3） 財団法人日本オリンピック委員会監修、同上、66頁。
4） 佐野雅之、同上、179頁。
5） 水谷豊『白夜のオリンピック――幻の大森兵蔵をもとめて』平凡社、1986年、216頁。
6） 日本オリンピックアカデミー編『オリンピック事典』ほるぷ出版、1982年、364頁。日本選手団は「Nippon」のプラカードを用いたが、直前の選手団は「イタリア（Italy）」であり、直後は「ルクセンブルグ（Luxemburg）」で、組織委員会は当初国名プラカードを「Japan」と予定して入場の順位を決めたものと考えられる。
7） 日本オリンピックアカデミー編、同上、363頁。
8） 日本オリンピックアカデミー編、同上、364頁。
9） 第4回ロンドン大会の最中、1908年7月24日、イギリス政府主催のレセプションで、クーベルタンが語ったとされる言葉。実際には、「オリンピックにおいて重要なことは、勝つことではなく、参加すること」と語った別人の言葉を引用し、「人生において重要なことは、成功することではなく、努力すること」と述べたといわれる。（財団法人日本オリンピック委員会監修、同上、87頁）
10） 財団法人日本オリンピック委員会監修、同上、76～77頁。
11） 佐野雅之、同上、171頁。
12） 日本オリンピックアカデミー編、同上、360頁。
13） 日本オリンピックアカデミー編、同上、360頁。
14） Findling, John E. & Pelle, Kimberly D., *Historical Dictionary of the Modern Olympic Movement*, Greenwood Press, 1996, p.19.
15） 大下尚一ほか編『史料が語るアメリカ――メイフラワーから包括通商法まで』有斐閣、1989年、65～66頁。
16） Findling, John E. & Pelle, Kimberly D., ibid., p.20.
17） Findling, John E. & Pelle, Kimberly D., ibid., pp.20-21.
18） 財団法人日本オリンピック委員会監修、同上、81頁。
19） 日本オリンピックアカデミー編、同上、361～362頁。
20） 財団法人日本オリンピック委員会監修、同上、84頁。
21） 財団法人日本オリンピック委員会監修、同上、84～85頁。

22) 財団法人日本オリンピック委員会監修、同上、77 頁。
23) 吉田光邦『改訂版万国博覧会——技術文明史的に』日本放送出版協会、1985 年、29 頁。
24) 吉田光邦、同上、22 頁。
25) 吉田光邦、同上、82 頁。
26) ジョン・J. マカルーン（柴田元幸、菅原克也訳）『オリンピックと近代——評伝クーベルタン』平凡社、1988 年、280 頁。
27) ジョン・J. マカルーン、同上、275〜276 頁。
28) Findling, John E. & Pelle, Kimberly D., ibid., pp.22-23.
29) Sullivan, James E. (ed.), *Spalding's Official Athletic Almanac for 1905*, American Sports Publishing Company, 1905, p.249.
30) Findling, John E. & Pelle, Kimberly D., ibid., p.23.
31) Sullivan, James E. (ed.), ibid., pp.259-263.「公式記録」に書かれた民族名をここではそのまま用いた。
32) March, Martí Reêé (ed.), *A History of Modern Olympism*, Editional Centennial, 1992, p.80. 50 フィート（約 15 メートル）の電信柱の頂上にいかに速く駆け上れるかという競技。
33) Sullivan, James E. (ed.), ibid., pp.259-263.
34) Findling, John E. & Pelle, Kimberly D., ibid., p.21.
35) Sullivan, James E. (ed.), ibid., p.263.
36) Sullivan, James E. (ed.), ibid., p.257.
37) Findling, John E. & Pelle, Kimberly D., ibid., p.23.
38) Rodda, John, *St. Louis 1904*, The Olympic Games, Rainbird Reference Books Ltd., 1979, p.55.
39) Rodda, John, ibid., p.55.
40) 仁多見巌、飯田洋石『わが人生の軌跡——ステップス・バイ・ザ・ウェイ』北海道出版企画センター、1993 年、272 頁、277 頁。
　さらに、以下の文献を参照されたい。
・Vanstone, James W., "The Ainu Group at the Louisiana Purchase Exposition, 1904", *Arctic Anthropology*, University of Wisconsin Press, Vol.30, No.2, 1993, pp77-91.
・宮武公夫『海を渡ったアイヌ——先住民展示と二つの博覧会』岩波書店、2010 年。
41) 仁多見巌『異境の使徒——英人ジョン・バチラー伝』北海道新聞社（道新選書）、1991 年、224 頁。

第2章

「日本人」の極地探検とアイヌ民族の知識
帝国に動員され、忘れさられた先住民族

　近代は、科学的な知識と先端的な技術によって社会が飛躍的に進歩したといわれる時代である。その点、先住民族はこうした知識や技術から取り残された「遅れた、未開な」人びとと考えられてきた。しかし、この関係性には2つの問題がある。ひとつは、近代社会が「発展」するプロセスで、先住民族の知識はこれに大きく利用されたが、この重要性は不当に無視あるいは否定され続けてきたことである。もうひとつの問題に関しては最後に述べるとして、本章ではまず、この問題を考えてみたい。

1　南極をめぐる平和イメージと政治利権

　南極には平和のイメージがつきまとう。2014年は、「南極条約（Antarctic Treaty）」が1959年12月に12カ国によってワシントンで調印されて55周年目の年にあたる。国際条約の調印では一般に遅れることの多い日本も、「南極条約」ではその原加盟国となり、これは、1956年12月の国際連合加盟とともに、第二次世界大戦後の日本の国際社会復帰のシンボルとみなされた。
　さて、「南極条約」には国際法史上前例がないと評価されるいくつかの特徴があるが、その最大のポイントは、この条約が南極（南緯60度以南の地域）の「平和的利用（第1条1項）」と「科学的調査の自由と協力（第2条、第3条）」を明記している点だろう。1)「平和」の内容としては、南極の軍事利用（軍事基地の設置、軍事演習の実施、あらゆる兵器の実験など）を禁止し、南極を人類史上最初の「非核兵器地帯2)」にする条項（第5条）が盛り込まれた点で、この条約は大きく注目された。さらに、最近では、平和利用を具体的に一歩進め、人類共通の自然遺産として南極の自然環境を保護しようという関心が高まる中で、「環境保護に関する南極条約議定書（Protocol on Environmental Protection to the Antarctic

Treaty)」が「南極条約」発効30周年目の1991年10月にマドリッドで調印され、日本政府も同議定書が発効した1998年1月にこれを批准し、同時に、国内法としての「南極環境保護法」を制定している。

　他方、日本の南極政策の中心である「科学的調査」は、すでに日本の国連加盟が実現する前年の1955年にその準備が始められた。1957～58年に計画された「国際地球観測年（International Geophysical Year）」に協力することを目的に、この年、日本学術会議は、日本政府に対して「南極観測」への参加を要請し、当時の文部省に「南極観測統合推進本部」の設置が閣議決定された。そして、1956年11月に第一次隊が派遣されて以来、現在まで南極観測が続けられており、観測拠点の建設も、1957年の「昭和基地」、1978年の「みずほ基地」（1970年に観測拠点として開設）、2004年の「あすか基地」（1985年に観測拠点として開設）、同じく2004年の「ドームふじ基地」（1995年に観測拠点として開設）と展開してきた。

　「南極条約」のもうひとつの特徴は、南極大陸に主張されている各国の「領土権」を「凍結」した点にある。条約が軍事利用を否定している一方で、軍関係者の活動を容認（第1条2項）しており、南極大陸は軍人に支援された活動と密接な歴史を持ってきた。「南極条約」の調印当初から、英国、チリ、アルゼンチン、ニュージーランド、オーストラリア、フランス、ノルウェーの7カ国が、南極大陸の一部に排他的「領土権」を主張しており、現在もこの主張は消滅しているわけではない[3]。これらの7カ国は、自国領と主張する地域に他国が基地を設けて科学的調査を行うことには反対していないが、鉱物資源の探査や開発は「領土権」の根幹に関わる重要事項としてこれを認めていない[4]。この点、南極に関する政治的利権は「領土権」の主張を通して、鉱物資源の探査、開発のあり方に注目するようになり、「環境保護に関する南極条約議定書」のもうひとつの目的は、自然保護と絡めて南極における資源開発を「凍結」することにあった。例えば、同議定書は、第7条において、「鉱物資源に関するいかなる活動も、科学的調査を除くほか、禁止する」と明記して、この「凍結」を明らかにしている[5]。

　南極をこうした「領土権」など各国の政治的利権争奪の場として見ると、日本と南極の関わりにもやや別の視点から見えてくるものがある。それは、戦後の歴史の中でさえ、探検や学術調査の背後に見え隠れする軍事部門との関係で

あり、その象徴として、次の２つの事実が興味深い。

ひとつは、南極観測という科学的研究活動が、現在もまた「文部科学省」（具体的には国立極地研究所）と「防衛省」との協力事業として行われている点である。1956年に第一次南極観測隊を輸送した初代観測船「宗谷」は、海上保安庁所属の巡視船で、もともと

海上自衛隊の最新鋭イージス艦と並んで、横須賀軍港に係留されている南極観測艦「しらせ」（２代目）（中央）

は1938年に建造された対氷型貨物船を改造したものであった。この点、初期の観測隊の輸送業務は海上保安庁の管轄であったが、1965年から砕氷艦「ふじ」が登場すると、その業務は他国であれば「海軍」にあたる「海上自衛隊」の「軍艦」に引き継がれた。1983年から現在まで輸送業務にあたっている新型砕氷艦「しらせ」（2009年からは２代目「しらせ」）は、横須賀の海上自衛隊に所属しており、その母港では、海上自衛隊の護衛艦や米海軍の空母・潜水艦など軍用艦艇とともに係留されている。

もうひとつは、日本と南極との関係が、第二次世界大戦の終了を意味する対日講和条約である「サンフランシスコ平和条約」（1952年4月発効）に明記されていることだ。日本の「領域」を定めた第２章では、第２条で「領土権の放棄」を６項目にわたって規定し、第３条で「信託統治」として沖縄の分離統治を認めていることは有名だろう。そして、同第２条は、「朝鮮」「台湾」「千島列島」「南洋群島」に言及したのち、５番目のe項で「南極」に関する日本の領土権を次のように規定している。

> 「日本国は、日本国民の活動に由来するか又は他に由来するかを問わず、南極地域のいずれの部分に対する権利若しくは権原又はいずれの部分に関する利益についても、すべての請求権を放棄する」

「日本国民の活動」とは後に述べる白瀬矗による南極探検を指しているが、日本政府は、1930年に「領土権」を主張する意図をもって、当時チリ政府が行った「領土権」の主張に抗議した経緯もある。そして、この条項は、日本が探検によって獲得した南極への権益主張の可能性を残すことは自らの安全保障を脅かすものだと強く主張したオーストラリア、ニュージーランドそして南アフリカ政府により、この平和条約に挿入されたものだ。

2　白瀬の南極探検とその「成功」の鍵

　日本が「国際地球観測年」に南極観測に加わることができた背景、そして、南極に「領土権」を主張することができた根拠は、同一の事件によっている。それは、1910年2月から1912年6月にかけて白瀬矗陸軍中尉（当時予備役）を隊長に行われた「南極探検」にあった。白瀬は、1912年1月28日、南緯80度5分、西経156度37分の地点まで進み、そこで国際法上の「先占」にあたる「占領式」を行い、自ら命名した「大和雪原」一帯を「日本の領土」と宣言した。南極点まで、1101キロメートルの距離であった。そして、探検から帰還後も、白瀬は、「帝国」の「南方進出」を説き続けた。例えば、1942年に出版した本で、「南極は、南方発展の窮極地として、当然大東亜共栄圏に含めて考慮せらるべき区域である」と主張している。現在の砕氷艦「しらせ」に名を残したこの陸軍中尉に率いられた「探検隊」は、「学術調査」とともに、「国威発揚」「領土拡張」という軍学共通の目的を遂行した点で、日本の南極に関する政治的利権の原点といえるが、同時に、アイヌ民族と深い関係を持っていた点は日本社会におけるナショナリズムの視点から見事に消し去られてきた。

　1910年11月28日、東京の芝浦埠頭から探検船「開南丸」で南極探検に向かった探検隊員は白瀬隊長、野村直吉船長ら27名におよんだが、その中には、犬橇の挽犬として積み込まれたカラフト犬の犬係として山辺安之助（アイヌ名、ヤヨマネクフ）、花守信吉（アイヌ名、シシラトカ）の2人のカラフト・アイヌが参加していた。さらに、「開南丸」で最初に運ばれた犬が、赤道通過や大きく揺れる船内生活という環境の急激な変化で、南極圏に入る前にほとんど死んだ

ため、白瀬は犬の補充を指令し、11 年 11月にオーストラリア・シドニー滞在中の探検隊に同じカラフト・アイヌの橋村弥八が新しい犬を連れて合流した[11]。

橋村は犬を引き渡したのちカラフトに帰国したが、山辺、花守の2人のアイヌが、探検隊の中でいかに重要な役割を果たしたかは、12 年 1 月 19 日に日章旗を翻して南極大陸に向かい、「日本国民」として初めて南緯 80 度を越えた「突進隊」と呼ばれるチームの構成で明らかになる。「突進隊」は、「開南丸」を離れて上陸し、ロス海方面から南極点に向けて探検を開始したが、その構成は次の5名であった。白瀬隊長、武田輝太郎学術部長、三井戸清造衛生部長、山辺安之助、花守信吉[12]。山辺と花守は、輸送の責任者としてそれぞれ 13 頭と 15 頭の犬橇の御者に任命された。

南極探検に参加した山辺安之助（左）、花守信吉両隊員〈金田一京助著『採訪随筆』より、提供：共同通信〉

結果的には「大日本帝国」の威信をかける形となった本隊である「突進隊」の5人の中で2人がアイヌ民族であり、アイヌ民族がその隊員として選ばれた理由がカラフト犬とその犬橇の操縦技術にあった点は決して過小評価されるべきではない。犬橇を探検隊の輸送手段として選んだ点は、同じ時期の 1911 年 10 月から 12 年 1 月にかけて行われた英国のロバート・スコットとノルウェーのローアル・アムンセンの歴史上有名な南極点到達競争で、生と死、成功と失敗という明暗を分けた重要なポイントであった。とくに装備、経験の上で極めて貧弱な白瀬隊が、ブリザードの吹き荒れる南極大陸で南緯 80 度を越える地点まで進出し、さらに5名全員が生還するという快挙で、探検を終わらせたのも、犬橇の利用が最大の理由であったといえる。

例えば、白瀬隊の劣悪な条件は、スコット、アムンセンと比較すれば群を抜いたものであった。「開南丸」はわずか約 200 トンの木造帆船で、アムンセンが極地探検の先輩フリティヨフ・ナンセンから譲り受けた氷海航行用の特殊構

造と補助機関を持ち、3000冊の図書を積んだ3本マストの「フラム号」（402トン）の半分しかなかった。また、1901年から2度目のスコット、1897年以来同じく2度目になるアムンセンに比べ、白瀬には南極探検の経験はなく、「開南丸」にはスキーすら積み込まれていなかった[13]。

　しかし、犬と犬橇を南極での輸送手段の主力にすえた点で、アムンセンと白瀬は共通していた。南極点を目指したアムンセンの本隊は、5名の隊員と4台の犬橇、そして52頭の犬で構成された[14]。他方、「大英帝国」の威信と後援の下に大部隊を編成したスコット隊では、極点に向かうチームは先遣隊・本隊・後発隊で構成され、その数は16名を数え、さらに最先端技術を使った、雪上車の元祖ともいえる「動力橇」2台、馬10頭、馬橇8台、犬23頭、犬橇2台という重装備が「フラム号」のさらに2倍近い744トンの大型探検船「テラノバ号」[15]から陸揚げされた。しかし、最新兵器の「動力橇」は2台とも南極大陸の厳しい気候の中でまもなくエンジンが故障して使えなくなり、犬を信用していなかったスコット隊の輸送の主力はまたたくまに馬となった[16]。これらの馬は、スコットがあえて中国東北地方から取り寄せた寒地に強い小型馬（ポニー）であった。

　機械を断念し馬を輸送手段の中心としたスコットに対し、アムンセンは、南極での成功の最も重要な要素は犬であると当初から確信していた。「フラム号」には、グリーンランドで購入した97頭の犬が積み込まれ、入念な世話が行われていた。白瀬が「開南丸」での航海で、乏しい経験からその当初ほとんどの犬を失ったのに対し、アムンセンはオスロから南極までの航海中にわずか4頭を失っただけで、妊娠したメス犬のおかげで南極に着いたときには、犬の数は116頭に増えていた[17]。そして、これらの犬は現実にアムンセン隊の南極点一番乗りという成功を導く原動力になったが、スコット隊の馬は、南極点へ向かう途中で食料の馬草が切れて使いものにならなくなり全馬が射殺された。その結果、人力で橇を引くことになったスコット隊は、アムンセン隊に約1カ月の後れをとっただけでなく、隊長のスコットを含めて南極点に到達した5名の本隊隊員の全員が帰途遭難死するという大きな悲劇が待ち受けていた。

　しかし、乏しい南極体験にもかかわらず、白瀬はなぜ犬を選んだのであろうか。白瀬の自伝『南極探検』（1913年）などには、輸送手段として犬、とくに

樺太犬を選んだ理由は言及されていない。その理由は次節で明らかにしたいが、ここではまず、探検隊の最前線で、南極の大氷原に「トウトウ、カイカイ」というアイヌ語の掛け声とともに、犬橇を巧みに操った山辺と花守という2人のアイヌ民族のプロフィールを簡単に紹介しておきたい。

　白瀬によれば、花守信吉はカラフト島東海岸の中部に位置するタライカの出身で、妻の名はナイロ、2人のかわいい子どもがいる、と記録されている。タライカには、カラフトの先住民族であるウィルタ民族やニブフ民族が集められた居留地「オタスの森」もあり、この地域が1905年のポーツマス条約で日本領となったことを考えると、花守も山辺と同じようにそれ以前から日本との関係を持っていたアイヌであったかもしれない。

　白瀬の記録ではあまり言及されていないが、南カラフトにおいて、山辺安之助はアイヌ民族として最も有名な人物のひとりであった。彼は、南極から帰還後の、1912年11月に日露戦争での功績が評価されて、勲八等瑞宝章を授与され、一時賜金70円を支給されたが、この受勲の背景にあるカラフト・アイヌの歴史を最も象徴した人物ともいえる。カラフト島が日露雑居地だった時代にヤマベチという村に生まれた山辺は、生後すぐに両親を失い、1875年5月に「樺太千島交換条約（サンクト・ペテルブルク条約）」が結ばれると、親類縁者に手を引かれて北海道に渡り、石狩川中流の「江別太」に強制移住させられた841名のアイヌ民族のひとりであった。その後、移住者の3分の1がコレラや天然痘の伝染病で倒れると、故郷への思いを断ちがたく、1893年家族を連れ小さな船で日露国境を自らの意思で強引に越え、故郷に近いトンナイチャ（富内村）で総代ラマンテのところに落ち着き、当時認められていた日本の漁業権の下で出漁していた日本人の漁場主佐々木平次郎の漁場で働いていた。

　1904年2月に日露戦争が勃発すると、1905年5月の日本海海戦の勝利後もない同年7月、日本軍は突然カラフト上陸作戦（「樺太作戦」）を敢行した。7月21日小樽を出発した1万4000名の日本軍占領部隊は、同日中にカラフト島南部アニワ湾に上陸、さらに25日には北カラフト中部にあった州都アレクサンドロフに上陸、これを占領、31日にはすべてのロシア軍守備隊が降伏してカラフト全島の占領が完了した。

　この作戦は、全体から見れば、小規模な軍事行動ではあったが、その政治的

意味は決して小さくなかった。なぜなら、日露戦争の期間中、このとき唯一かつ初めてロシアの「公式領土」を日本軍が占領したからで、この占領はポーツマス講和会議での交渉の切り札となった。ロシア側の全権セルゲイ・ウィッテ（Sergei Witte）と交渉のテーブルについた、小村寿太郎を首席とする日本側の全権代表団への訓令には、「絶対的必要条件」に次ぐ「比較的必要条件」として「樺太島割譲」が盛り込まれ、ロシアの領土はまったく占領されていないと主張する予定だったロシア政府代表団に譲歩を迫る有効な手段となった。[23)]この点、占領作戦そのものが、講和の仲裁に入った米国のセオドア・ルーズベルト大統領に、外交交渉のための必要条件と示唆されたものだともいわれている。そして、その重要な樺太占領作戦の中、ロシア軍を追って、カラフト島東岸を北上する日本軍に、山辺は積極的に協力した。地域のアイヌ民族をとりまとめて、宿舎を提供し、兵員を輸送する船を調達してこれを支援し、伝令を務め、日本軍斥候の道案内をかって出た。[24)]これが、1912年の勲章授与の理由であった。

その山辺は、白瀬の計画が公表された当時もカラフト島南東部チベチャニ湖の北に面したトンナイチャに居住していたが（第4章75頁、図2を参照）、1908年に開業したばかりの樺太日々新聞社が、白瀬の南極探検の後援事業として20頭の犬と犬橇をこのトンナイチャで購入し、探検隊に提供することを発表した。そして、1910年10月、山辺を世話係として、これらの犬と犬橇は南カラフトの大泊（現在、コルサコフ）から、船で小樽へ輸送され、探検隊へ引き渡すためさらに横浜へと搬送されたことが報道されている。[25)]

3 カラフト・アイヌの知識としての犬・犬橇

山辺は、帰国後まもない1913年、カラフト・アイヌ語で口述し、金田一京介が筆記する形で自らの半生を語った『あいぬ物語』を出版した。金田一とは、彼が1907年7月に初のカラフト調査を行ったときに山辺が通訳などで協力した縁であったが、そこには、白瀬が犬と犬橇を使うようになった背景が詳しく紹介されている。

それによれば、前述したように、白瀬に犬と犬橇の使用を提案したのは樺太日々新聞社であった。この新聞社は、南極探検事業に賛同し、義援金を南カラ

フトで集める一方、カラフト犬を探検隊へ贈ることを提案した。そして、1910年夏ごろ、トンナイチャの集落に犬 30 頭を提供し、アイヌ 1 人が付き添って東京へ移送できないかという話が警察から伝えられた。しかし、山辺によれば、トンナイチャの住民はこうした国家的事業の意味を理解せず、生活にとって貴重な犬をいくらで売却できるかという話ばかりしていた。先導犬 1 頭 50 円、一般の挽犬 1 頭 10 円と村人の話がまとまりそうなところを、1909 年にトンナイチャの総代となったばかりの山辺が、この探検は諸外国との競争であり、国家的事業であると説得して、先導犬 15 円、挽犬 3 円で話をまとめ、20 頭の犬を東京へ輸送することになった。東京においてさえ、日本政府をはじめ、白瀬の探検事業を諸外国との競争である国家的事業と考える者は限られており、その内容が日本のナショナリズムに迎合する危険性を孕んでいたとしても、山辺の国際感覚には脱帽するものがあった。

　白瀬は当初、スコットと同じ過ちを犯すところだった。白瀬は、輸送手段の主力として実は馬を使用する予定でいた。『南極探検』には、スコットと同じく中国東北地方（当時の満州）から良馬 10 頭を取り寄せ、北海道から（馬用の）橇を購入したという記述がある。

　この背景とその後は、白瀬探検隊の隊員で「開南丸」の事務長を務めた島義武の『南極探検と皇大神宮の奉斎』（1930 年）に、次のように書かれている。

> 「橇も……之を曳く動物は、最初馬がよいといふ説があったので、満州馬十頭を買入れたが、馬では小さい船に積み込めないし、食糧に於ても又南極の氷堤を登攀するに於ても、種々の不便があるので、樺太から屈強の犬二十六頭を取寄せて、一行の中に加へた」

　島の説明は、脚色の疑いが濃い。「食糧に於ても又南極の氷堤を登攀するに於ても、種々の不便がある」と記述されているが、経験豊かなスコットがそれでも馬を選んだ点を考えれば、南極に経験がなく、情報に乏しい白瀬隊が、この視点から馬を断念したとは考えにくい。むしろ、船の積載量と比較したとき、購入した馬を捨てても、樺太日々新聞社が発案した犬を使うという決断こそが、千載一遇のチャンスを探検隊に与えたと考えるのが自然である。

　しかし、探検の成功には、別の提案が不可欠だった。山辺は、アイヌ民族の

視点から、もうひとつの重要な提案を1910年9月に樺太日々新聞社の社主に行った。彼は、優れた犬と犬橇を贈るのはいいが、犬橇を操る人間がいないと役に立たないと指摘し、そして、自分が南極に行ってもかまわないとつけ加えた。さらに、もし同行できるのであれば、植民地官庁であった樺太庁から出国の特別許可をとってもらうよう要請した。財部熊二郎というこの新聞社の社主は、なるほどと考え、白瀬に連絡する一方、身近な関係にあった樺太庁から山辺の出国許可を取りつけることに成功した。[29]

そして、このもうひとつの提案こそが、探検成功の極めて重要なポイントとなった。この点は、アムンセンと比較するとより明らかである。

アムンセンの南極探検成功の背景の中で、最も重要だと指摘されているものに、1903年6月、約50トンの小型漁船「ヨーア号」に乗って彼が行った「北西航路」探検があった。「北西航路」探検はヨーロッパから北アメリカ大陸北方を通ってアジア・太平洋に抜ける航路を見つけようというもので、大西洋から西回りで太平洋に抜けるルートが当時南半球のマゼラン海峡しかなく、パナマ運河の開通を1914年まで待たなければならない時代にあっては、依然探検の重要な対象であった。[30] アムンセンは、この探検に乗り出したが、そこで思わぬ経験を積むことになった。彼は、グリーンランド西海岸を通った後、氷に閉じ込められ、1903年9月から約2年間、現在のカナダ、ヌナブト準州にあるキング・ウィリアム島南岸で先住民族イヌイットと生活をともにすることを余儀なくされた。1905年8月に再び西に向かったが、ベーリング海から来た捕鯨船と出会ったのち、9月には、アラスカに近いハーシェル島付近で再び氷に閉じ込められ、またもや越冬生活を送った。そして、その間、捕鯨船の船長とアラスカのユーコン川にある米軍基地まで犬橇での往復旅行が行われた。参加者は、アムンセンと捕鯨船船長そして近隣のエスキモー民族の夫婦の4名で、2台の犬橇と12頭の犬が一緒であったが、そこで驚くべきことは、往復80日の旅行中、犬橇の御者をアムンセン本人が務めたことだった。[31] この3年間の北極圏での先住民族との生活と民族学的調査で、彼は十分先住民族の知識を自らのものとしていた。アムンセンは自著『南極点』(初版、1912年) に、探検の準備作業について、次のようにはっきりと記している。

「それ以上に必要だったのは犬ぞりの熟練者を見つけることだった。これこそ事の成否を分けるかぎになると私は考えていた」[32]

　アムンセンは、1910年の南極探検を前にして、まずコペンハーゲンに向かい、さらにデンマーク領のグリーンランドで97頭にもおよぶ大量の犬を購入したが、これらの犬は、彼がその扱い方を熟知したいわゆるエスキモー犬であり、彼自身が、これらの犬の世話とそれに挽かせた犬橇を操縦する技術を完全に身につけていた。さらに、彼は、アラスカ・エスキモー式の犬用挽き具100組をフラム号に積み込んだ。アラスカ・エスキモー民族の挽き具は、橇の前に犬を1列につないで、その力を効率よく使うことができ、犬の負担も少なかった[33]。また、イヌイットの知識から、アザラシ製で、空気を十分に溜めることができ、さらに耐水性に優れたダブダブの毛皮服を隊員1人に1着ずつ用意した[34]。
　しかし、白瀬は、最初に馬を購入したように、犬および犬橇に関する知識を身につけていなかったことがうかがわれる。また、この探検隊には、山辺と花守を除いては、犬橇を操る技術を持ったものは誰もいなかった。犬橇を挽く犬には先導犬と挽犬があり、個性の強い犬たちはたとえ同じ挽犬でも相性に合わせてつながないと、橇は決して前には進まない。ましてや1台の橇を十数匹の犬が挽く場合、その操縦技術こそが重要なポイントになる。
　この技術において、当時の日本の領土内において卓越した技術を持っていたのが、カラフト・アイヌであった。その社会では、犬は他の社会のラクダや牛以上の働きをした。それぞれの家庭には5頭から13頭程度の犬が飼育され、選別した上で訓練がほどこされた。また、橇用の犬を去勢する獣医学上の技術なども十分に発達していた[35]。この点、山辺の提案は、アムンセンが指摘するように、白瀬探検隊の成否を分ける転換点だったといっても決して言い過ぎではない。
　山辺は、11月5日に横浜に上陸して探検隊と合流したが、そこで出発を待つうちに、同じカラフトのタライカ地方シスカから花守信吉が来ることを知らされ、11月18日、花守と彼が連れてきた5頭の犬と邂逅した。同じころ、函館新聞社の支援でさらに5頭の犬が鉄道を使って新橋駅に到着し、山辺が迎えに行って、探検隊の本当の意味での中核をなす30頭の犬と2台の犬橇、2人

のカラフト・アイヌがここに揃うことになった。

4　郡司の北千島探検失敗と千島アイヌ

　白瀬は南極に関しても犬橇に関しても知識に乏しかったが、彼が馬から犬への輸送手段の変更を認め、犬橇の御者として2人のアイヌの探検隊への参加を認めた背景には、何か理由があったのではないかと想像できる。島義武のような、別の日本人であれば、その決断はできなかったかもしれない。それは、島の著書が、山辺や花守の名前さえ記しておらず、アイヌ民族とその功績を完全に無視するという点で「差別的」であるのに対し、白瀬は、『南極探検』の随所で山辺、花守に言及し、「花守、山辺君」という題の1節まで設けて2人の貢献を特別にねぎらっているからである。[36] それは、白瀬が「異民族」の「誇りや尊厳」あるいは「人権」を配慮したということ以上に、探検隊の中での2人の重要性を高く認識していたからに他ならない。そして、先住民族からその知識を学ぶという視点は、白瀬が、30代のころ北極探検の一環として実施された北千島探検から自ら学んだ、苦く悲惨な体験と大きく関係していたと考えられる。

　南極探検にあたって白瀬が準備した船は、その出発直前海軍元帥東郷平八郎によって「開南丸」と命名されたが、この船は、郡司成忠（しげただ）という人物から購入した「第二報効丸」を東京・石川島のドックで修理、補強したものであった。実は、この船こそは白瀬にとっては「切っても切れぬ縁」のある船である。[37]「第二報効丸」は、1896年に千島列島の最北端の島シュムシュ島に郡司に率いられた「第二次報効義会」という探検・入植団体の会員が入植した際所有した船の1隻であったが、[38] 白瀬は、それをさかのぼること3年の93年3月その郡司成忠海軍大尉（当時予備役）を隊長に隅田川を出発した、「第一次報効義会」の北千島探検・入植隊の隊員のひとりであった。そして、同年8月から95年8月まで、準備不足と経験不足という厳しい条件の中、2回のシュムシュ島越冬に成功した唯一の人物でもあった。[39]

　この北千島地域には次のような歴史がある。いわゆる北千島と呼ばれるウルップ島以北の千島列島は、1855年2月の「日露和親条約」でロシア領となっ

たが、1875年5月に「樺太千島交換条約」が結ばれ、ウルップ島からシュムシュ島間の島々は日本領に編入された。これによって、シュムシュ島を中心に生活していたアイヌ民族（千島アイヌ）109名の国籍選択が問題となったが、ほとんどのアイヌが同じ場所で生活することを希望して日本国籍を選択した。しかし、日本政府は、これら千島アイヌがロシア語などに堪能で、ロシアのスパイあるいはラッコやオットセイなどの海獣をねらって頻繁にこの海域に出没する欧米の密漁船の手引きをするのではないかと恐れ、再三エトロフ島への移住を勧告した。ところが、この勧告がアイヌ民族の住民にまったく受け入れられないことに業を煮やした日本政府は、初代根室県令・湯地定基の指揮の下、1884年7月ついに千島アイヌの家屋や船を焼却し、当時の94名（3名は失踪）全員のアイヌ民族をシコタン島に連行、強制移住させた。そして、シコタン島という強制収容所に入れられたその後の千島アイヌの運命は極めて過酷であった。

　他方、強制連行が行われた後の千島列島はシュムシュ島に設けられた警備拠点などの他ほぼ無人の地となった。無人であったというよりも、千島列島北部は、日本海軍の管轄下に置かれ、時折北洋担当の警備艦（郡司、白瀬の探検時は軍艦「磐城」）がシュムシュ島南西部のチボイネ（片岡湾）までを巡回する「軍事緩衝地帯」とされた（図1参照）。しかし、この時期、ロシアの南下に積極的に対応して、北千島を国防の拠点とすべく、具体的行動をとった人物が2人いた。ひとりは、明治天皇その人であった。1891年、天皇は侍従・片岡利和に千島探査を命じ、片岡は同年11月函館を出発し、翌92年7月にチボイネからシュムシュ島に上陸した。その後、さまざまな調査や命名（チボイネが面するパラムシル島に面した湾は彼の名前から「片岡湾」と命名された）を行ったのち、片岡探検隊は同年8月シュムシュ島に別れを告げた。

　そして、国防の視点から北千島の探検と開拓に関心を寄せたもうひとりの人物が郡司成忠であった。郡司は、資金調達が難航する中、海軍から払い下げられた訓練用カッター（複数の人間がオールで漕ぐ大型ボート）を中心に千島探検隊の編成と入植を企画し、1893年3月に探検隊を隅田川の河岸から意気揚々と出発させた。しかし、その計画の杜撰さから、第一次先遣隊38名中19名が途中の航海で遭難し、また、シャスコタン島に残留した9名も死亡、同年8月にシュムシュ島に上陸した隊員は、郡司、白瀬を含めてわずか9名にすぎず、こ

図1 千島列島

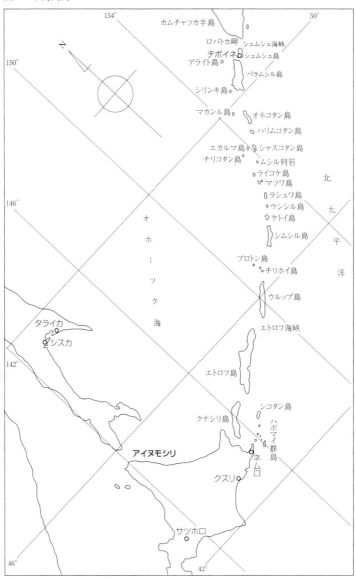

の年越冬に参加した者はさらに7名になった。さらに、94年6月郡司らが日清戦争で応召すると、新たな5名の会員と白瀬の6名が2年目の越冬を行い、そのうち半数の3人が「水腫病（ビタミン不足による壊血病の一種）」で帰らぬ人となった[43]。のちの白瀬の南極探検と比較すれば、郡司の第一次千島探検は犠牲者の数が当初の隊員数38名に対して31名という惨澹たる結果に終わった。そして、白瀬は、シュムシュ島越冬で多くの学ぶ点を見つけたが、日清戦争終了後も北千島入植に意欲を燃やす郡司の再参加の要請を強く拒絶し、二度と行動をともにしなかった。

短期の片岡探検隊や郡司の第一次探検隊に共通していることは、探検に千島列島やシュムシュ島の先住民族であった千島アイヌを参加させず、その情報収集が聴取や文献調査など通り一遍であったことだ。

片岡は、1891年11月16日に、千島アイヌにとっての強制収容所と化したシコタン島に上陸しその首長ロシア名ストロー・ソープ・ヤーコフ、当時53歳にシュムシュ島および周辺地域に関する聞き取り調査を行った[44]。ヤーコフの証言によれば、シュムシュ島には、かつてチボイネと北西部のベットブの2つの集落があり、最盛期には40戸、206名のアイヌ民族の人口を数えた。また、ロシアの教会や商店もあり、西洋牛37頭も飼育していた。さらに、耕作も可能で、大根、蕪、じゃがいもなどが栽培されていたこともわかった[45]。つまり、シュムシュ島は、千島アイヌの知識では、大きな集落ができるほど、気候は「穏やか」で、生活が十分に成り立つ場所であった。しかし、その聞き取りはわずか1日で、翌17日早朝には、片岡はシコタン島を後にしている。

他方、郡司はシコタン島にも寄らなかった。わずかに、根室に寄港した際、シュムシュ島出身のアイヌの話を聞いたこと[46]と、エトロフ島からシャスコタン島に向かう船中で、収集した文献の中に、シュムシュ島のアイヌ首長スロービエツの報告を発見し、読みふけっただけであった。その報告とは、「樺太千島交換条約」が締結された翌年の1876年9月、開拓使判官・長谷辰造がシュムシュ島においてスロービエツに聴取を行った結果をまとめたものであった[47]。記録を読む限り、片岡も郡司も先住民族の知識を通り一遍の参考以上には、重要視していない。しかし、その限られた情報の中でも、千島列島中、最北端のシュムシュ島が冬期の1、2月においても列島中部の島々やエトロフ島などよりもむ

しろ温暖であり、また、シュムシュ島では、パラムシル島に面したチボイネが居住に最も適しているなどの知識は、アイヌ民族からもたらされたものであった。ともかくも、先住民族の知識を重視しなかった郡司は、その勇敢さと同居する無謀さや甘さによって、多くの犠牲者を出し、白瀬のような優秀な人材の信頼と協力を失ってしまった。

　つまり、白瀬は、アムンセンのように先住民族の知識を十分に知り尽くして探検に臨んだわけではなかったが、それでも、その体験から先住民族の知識の重要性を肌に感じていたに違いない。そして、2人の「成功」は、極点到達以上に、スコット隊の全滅と比較したとき、探検隊の全員が無事生還したという事実に表されていると、考えられる。

5　先住民族の伝統的知識と帝国の軍事的拡大

先住民族を利用した「もうひとつの総力戦」

　極地探検という事例を通して、近代国家の「国威発揚」と先住民族の伝統的知識の基本的関係を見たつもりである。しかし、先住民族の伝統知識を近代社会が利用した最も典型的な例は、まさに軍・国家とそれによって動員された先住民族との直接的関係に見ることができる。

　例えば、日本軍がアイヌ民族の寒地生活の知識や技術を利用した最初の事例のひとつとして、1902年の有名な「八甲田山遭難事件」がある。日清戦争時冬期寒冷地での戦闘に苦戦した日本軍では、同年1月、日露開戦を想定した寒地演習として、陸軍青森歩兵第五連隊がその歩兵210名を十分な冬期装備と計画のないまま冬の八甲田地域に送り出した。精神主義に基づくある種の人体実験であったが、結果は199名の凍死者（うち6名は救出後死亡）を出すという惨澹たるものであった。しかし、次の問題は、その凍死者の遺体を極寒の八甲田渓谷から誰が回収するかということで、当然ながら二重遭難の危険が存在した。師団司令部は、第五連隊から選抜捜索隊を派遣する一方[48]、北海道からアイヌ民族による特別捜索隊を派遣するよう関係機関に連絡した。これにより、内浦湾に面した現在の渡島支庁管内山越郡八雲町生まれのアイヌ、弁開凧次郎（アイヌ名、エカシパ）を中心に7名のアイヌ民族から構成される「アイヌ民族特別

捜索隊」が八甲田山に派遣された。彼らは、遭難直後の2月初めから、吹雪の中、実に3週間にわたり最も危険といわれた駒込川渓谷で遭難者の遺体の回収にあたったが、地名から遭難者の避難しそうな場所を割出し、捜索するという手法も利用したといわれる。[49]

　日本軍と先住民族の関係は、さらに、第二次世界大戦時には、飛躍的に拡大する。大日本帝国の「領土」内での典型的な例は、ウィルタ、ニブフなどの南カラフトの先住民族と、当時「高砂族」と呼ばれた台湾の先住民族（自らは、漢語で「原住民族」と呼称する）であった。

　1905年以降、日本の「領土」に植民地として編入された南カラフトには、山辺、花守のようなカラフト・アイヌのほか、ウィルタ民族、ニブフ民族、ナナイ民族などの先住民族が生活していたが、1941年7月ナチス・ドイツが不可侵条約を破って突然ソ連に宣戦し、ソ連領内への侵攻を始めると、この地域も慌ただしくなった。1939年5月に始まったモンゴルでの「ノモンハン事件（ハルハ河戦争）」で、守備隊のソ連軍に大敗北を喫したこともあり、日本軍はソ連国境沿いでの「静謐」を表面上装ったが、対ソ連情報戦は激しい火花を散らすようになった。1942年8月南カラフトのシスカ近郊では、先住民族の居留地として指定された「オタスの森」に、ウィルタ民族、ニブフ民族の青年たちが集められ、その中から選抜された17名の第一期生が「特務機関兵」としての訓練を受けることになった。[50]

　零下に冷え込む寒地での射撃技術のほか、夜間を含む雪原での行動、視力、聴力、機敏な反応、雪中の野営といったサバイバル技術など、国境の北緯50度線沿いや国境を越えた北カラフトでの作戦行動では、日本兵は先住民族兵士の足元にもおよばなかった。特務機関から派遣された日本軍の下士官は、ソ連軍の階級の見分け方、兵器の種類・性能、爆破や切断工作などの要領をたたき込んだ。そして、具体的な作戦行動は、1943年6月から、131キロメートルにおよぶ国境線を越えて東西の海岸から北カラフトに潜入することから始められた。これらの作戦行動で、ソ連兵に射殺されるという形で犠牲になった先住民族兵は少なくなかったが、戦後の運命はさらに悲惨であった。ソ連軍の占領とともに、彼らは「日本兵」として、ソ連軍に拘束されたのちに取り調べを受け、最終的には、シベリアの収容所に抑留された。[51]そこでも多くの犠牲を出しなが

ら、抑留が終わると、生き残った先住民族の兵士は、「日本」に「帰国」する道を選んだ。しかし、日本政府は、特務機関への召集は正式な召集令状が発行されておらず、軍人としての身分を証明できないとして、帰国した彼らを一切の補償法の対象外とした。また、故郷を失った彼らには、戦後の日ソ関係から、故郷に戻ることだけでなく家族や友人の消息を知ることさえも極めて困難な日々が続いた。

こうしたカラフト先住民族の中で、ウィルタ民族自身の名前を取り戻し、権利回復運動の中心的存在となったダーヒンニョニ・ゲンダーヌによれば、日本軍の教官は、訓練に際して、立派な軍人になって勲章をもらっている「アイヌ」に負けるな、そして、南方戦線で命を投げ出して戦っている台湾の「高砂族」に負けるなと叱咤した。[52] アイヌ民族の兵士が、琉球民族の兵士と同じように「日本兵」として徴兵され、対外戦争で戦い始めたのは日露戦争である。そして、山辺のような協力者のほか、北風磯吉のように奉天会戦で金鵄勲章を与えられるアイヌ兵も現れるようになり、まさに多民族を抱える「大日本帝国」の格好の宣伝材料として利用された。他方、南方の台湾では、1930年10月の「霧社事件」後、先住民族社会の「治安」を回復させると、1942年から「高砂義勇隊」という名称で、先住民族兵の実質的な徴兵を始め、彼らも激戦の続く南方戦線に次々と投入された。

植民地であった台湾は、長い間徴兵制は敷かれず、まず、最初の軍制として太平洋戦争が始まる直前になって「志願兵制度」が制定された。具体的には、1941年6月に陸軍の「台湾特別志願兵制度」が実施され、43年5月には「海軍特別志願兵令」が施行されている。[53] これをさかのぼる1940年には、日本軍の台湾守備軍である「台湾軍」内部に「熱地作戦研究所」が設置され、南方作戦の研究、調査、試験が積極的に始まったこともこうした軍制の改革と無関係ではない。[54] そして、42年3月から始まった有名な「高砂義勇隊」の募集と編成は、43年5月まで七次にわたって行われた。さらに、44年9月には台湾にも日本本土と同じ「徴兵令」が施行されたが、こうした制度のすべてによって、先住民族出身の兵士が戦線に動員された。その中でも、先住民族が名指しで「特別部隊」を編成させられ、「徴兵令」が敷かれるまで、総数で4200名の若者を過酷な戦場に動員した「高砂義勇隊」は、日本における先住民族兵の軍事利用

の点で最も典型的な事例だろう。

　かつて台湾軍司令官を務め、太平洋戦争が勃発した直後フィリピン方面軍の最高司令官となった本間雅晴は、台湾総督府に対して、先住民族から1000名の後方勤務用の「労務者」を供出するよう要請した。この結果編成された部隊が「第一回高砂義勇隊」であったが、この部隊は早速1942年1～5月にフィリピンのバターン半島、その南端東方にあるコレヒドール島をめぐって米軍と戦うことになった「コレヒドール要塞攻略戦」に投入された。「後方勤務」の本来の目的は、山岳・ジャングル地帯での軍需物資の輸送、道路建設、日本軍負傷兵の搬送というもので、彼らは「軍人」とは認められず、「軍属」の地位を与えられたにすぎない。また、この点から、部隊の指揮官は先住民族地域で支配の要となった警察官（「理蕃警察官」）がそのままあてられた。例えば、大隊長には警察の警部補クラス、中隊長には巡査部長クラス、小隊長には巡査クラスの日本人が任命された。しかし、この最初に投入された「コレヒドール要塞攻略戦」は、米軍が世界に誇る難攻不落の要塞を占領するという困難な作戦であったため、激戦が続き、「労務者」として徴用された先住民族兵士の任務は瞬く間に変更された。日本軍司令部は、「後方勤務」どころか、召集された「軍属」の約半数の500名を選抜し、この特別部隊にコレヒドール島の米軍要塞への直接攻撃を命じ、先住民族兵士は島の断崖絶壁をよじ登って梯子をかけ、要塞内への手榴弾攻撃を敢行して、この戦いで大きな戦果を日本軍にもたらした。ここで、日本の多数派の市民が理解しなければならないことは、前線において「軍人」と「軍属」の違いなどほとんど意味がなかったということだ。むしろ、民族差別を前提としたこうした「軍属」は訓練においても、装備においても不利な条件の下で、「軍人」以上の活躍を要求されたことを記憶すべきだろう。

　ともかく、この成果に味をしめた軍部は、その後も「高砂義勇隊」を募集、編成し、偵察、斥候、ゲリラ部隊などとして主にジャングル戦で過酷な戦場となったニューギニア島やブーゲンビル島など南方戦線の島々に配備していった。その中でも、1943年3月に募集された「第四回高砂義勇隊」200名はやや特筆される価値を持っている。この部隊は、海軍の「嘱託」という身分で、「海軍陸戦隊」として上陸作戦用の特別訓練を受けたのち、ニューギニアに上陸し

たが、そこで与えられた任務は、撃墜された敵パイロットの逮捕などを含む海軍の基地警備と、極めて興味深いことに、ニューギニア先住民族の村を訪ねて日本軍への協力を呼びかける「宣撫工作」であった。先住民族の「宣撫工作」を別の先住民族が行うというケースは決して例外だったのではなく、「差別」の構造化という意味で普遍的な問題でもあった。もちろん、日本軍があえて台湾先住民族の部隊をニューギニア戦線に投入した主な理由は、彼らのジャングル戦、とくに夜間のゲリラ戦における優秀さにあった。日本軍の軍靴はジャングルでは物音を立てすぎ、水たまりの水を飲んだ日本兵は下痢を起こして次々と倒れた。例えば、東部ニューギニアの作戦（ココダの戦い）に投入された日本軍兵士の総数は約16万名、そのうち生きて帰還できた兵士は1万1000名にすぎなかったが、むしろこれだけの人数が帰還できたのは、「高砂義勇隊」が押し寄せるオーストラリア軍を多大な犠牲を出しながらも防いだからだと評価する証言が多い。ちなみに、この南方戦線には、当時の「委任統治領」であった「南洋群島」からも先住民族チャモロ人やカナカ人の部隊が「パラオ調査隊」「パラオ挺身隊」「ポナペ決死隊」として送り込まれた。「パラオ調査隊」は1943年2月に西パプアのマノワクリに派遣、「パラオ挺身隊」は1943年9月にニューギニア戦線に投入され、29名中7名が戦死、また「ポナペ決死隊」はニューブリテン島のラバウル海軍基地の守備隊として動員され、実に20名中17名が戦死している。

　日本の傀儡国家であった「満州帝国」では、国境周辺に居住する先住民族の中で、オロチョン民族が日本軍によって最も重用された。日本軍の工作の結果、オロチョン民族の中に自警団が結成され、やがてこれは警察機構に発展した。そして、こうして集めた青年を、日本軍はソ満国境の「警備兵」として徴用した。彼らがその地理的状況の中で射撃の技術に優れていたこと、これまでの交易の歴史から中国語とロシア語に堪能であること、さらに、ソ連領内に多くのオロチョン民族が居住しておりスパイ活動をやりやすい環境にあったことなどがその理由であった。

　占領地であったインドネシアでは、カリマンタン（ボルネオ）島において、1941年12月の占領以降、海軍民政部の置かれた北部のタラカンを拠点に、ダヤクと総称される先住民族、とくにカヤン河一帯の住民が、軍によって、ニュー

オーストラリア軍の斥候としてニューギニア戦線（ココダの戦い）に従軍した先住民族（右端）の貢献を記録した記念碑（メルボルン）

ギニア戦線に投入されたという記録がある。[62]彼らの主要な任務は「労役」だったとされるが、その造船技術は、当時から日本軍の間で高く評価されていた。カリマンタン島やニューギニア島など比較的大きな島でのジャングル戦では、その主要な兵員、物資の内陸部への輸送ルートは河川に依存していた。そして、このダヤク民族は、直径75センチメートル、長さ約10メートルの規模の丸木舟を、ジャングルの大木から短時間で、かつ、伝統的な刃物一挺しか使用しない独特の技術で作ることができ、また、浅瀬の多い河川での操船技術に優れていた。[63]たとえ、日本海軍の大型輸送艦が海岸に無事接岸できたとしても、内陸への輸送はこうした先住民族とその技術に頼るほかなく、こうした地域では「宣撫工作」と呼ばれる民族懐柔政策が重要な位置を占め、「第四回高砂義勇隊」がそうであったように、新しい占領地には比較的「宣撫工作」の成功した地域から先住民族部隊が送り込まれた。

　軍と先住民族のこうした関係は、もちろん、日本ばかりではない。日本軍がソ満国境で利用したオロチョン民族を19世紀に利用したのは、まず清朝であった。中国政府は、年に1度この民族に軍事訓練を施し、ロシア兵やロシア人の金盗掘者に対する北辺防衛の要とし、その一方でロシアに対するスパイとして活用した。[64]また、米軍は、第一次世界大戦では6000名、第二次世界大戦では2万4000名の先住民族を兵士として動員したが、[65]先住民族の知識を利用した

という意味ではナバホ民族の「暗号部隊（code talker）」の存在が知られている。1942年に海兵隊は、ナバホ民族から構成される「暗号部隊」を創設し、その先住民族の言語そのものを通信手段として戦争に利用した。具体的には、400名のナバホ人兵士が、サイパン島、グアム島、硫黄島、沖縄と激戦地を次々と転戦させられた。ナバホ語が太平洋戦線で使われたように、ヨーロッパ戦線では、クロー語とクロー人の兵士が暗号部隊として利用された。ニューギニア戦線などに展開したオーストラリア軍は、ニューギニアやソロモン諸島の先住民族を「斥候（スカウト）」として徴用し、食糧、弾薬や負傷兵の輸送に使ったことはよく知られている。また、イギリス軍は、各地でネパールのグルカ兵を使い、日本軍は少なくともインパール作戦でこのグルカ兵と戦っている。

　冒頭で触れた、近代社会の知識や技術のもうひとつの問題は、これらの知識や技術が本当に人間を「幸せ」にしてきたのかということだろう。複数の携帯やipadなどの電子機器を駆使し24時間世界各国の為替市場の動向を把握できること、あるいは200も300もあるチャンネルから自由にさまざまなジャンルのテレビ番組を視聴できることが本当に「幸せ」なのだろうか。その点、地域やコミュニティに根差し、自然環境にフレンドリーで、歴史の検証を耐え抜いた知識や技術が「伝統的知識（traditional knowledge）」として注目を集めており、先住民族の知識もその中核にある。もちろん、こうした再評価の方向性は重要なことだ。しかし、忘れてはならないことは、すでにこうした知識を都合よく、場当たり的に利用してきた歴史があることだろう。その認識がない限り、本当の知識の所有者からその知識を「収奪」する構造は決してなくなることはなく、それは全体として人類の英知の損失に帰結する。

註

1）　太壽堂鼎『領土帰属の国際法』東信堂、1998年、212頁。
2）　「南極条約」の「非核条項」は、「すべての核爆発」と同時に「核廃棄物の処分」を明確に「禁止」（第5条）しており、最初の非核条約でありながら、他の「核兵器禁止条約」よりも厳しい内容になっている。
3）　太壽堂鼎、同上、82～85頁。
4）　太壽堂鼎、同上、213頁。

5） 林司宣「『南極条約体制』の課題とその将来」『国際問題』№ 353、日本国際問題研究所、1989 年、40〜42 頁。
6） 中央学院大学地方自治研究センター編『国際関係法』丸善プラネット株式会社、1996 年、571 頁。
7） 西村熊雄『サンフランシスコ平和条約（日本外交史 27）』鹿島研究所出版会、1971 年、78 頁。
8） 白瀬矗『白瀬矗――私の南極探検記』日本図書センター、1998 年、260〜263 頁。本書は、『私の南極探検記』皇国青年教育協会、1942 年を改題したもの。
9） 白瀬矗、同上、297 頁。
10） 白瀬矗、同上、88〜89 頁。
11） 山辺安之助著、金田一京助編『あいぬ物語』博文館、1913 年、176〜177 頁。（復刻版『アイヌ史資料集』第 6 巻〈樺太編〉北海道出版企画センター、1980 年。）
12） 白瀬矗、同上、233 頁。
13） 本多勝一『本多勝一集』28「アムンセンとスコット」朝日新聞社、1999 年、34〜37 頁、45〜49 頁。スコットは、1901 年ディスカバリー号による英国探検隊の隊長として、アムンセンは、1897 年ベルジカ号によるベルギー探検隊の隊員として参加した。
14） 本多勝一、同上、111 頁。
15） Paine, Lincoln, *Ships of the World : An Historical Encyclopedia*, Conway Maritime Press, 1997, pp.509-510.
16） 本多勝一、同上、127〜128 頁。スコットが、さらに犬を軽視した理由は、1902 年 11 月に彼が最初に行った南極探検で、犬が病気になったことにあった。しかし、この病気は南極そのものとは関係なく、スコットがまさに犬の扱いに慣れていなかったことによる。
17） 本多勝一、同上、52〜56 頁。
18） 白瀬矗、同上、245 頁。
19） 白瀬矗、同上、104 頁。
20） 『樺太日々新聞』1912 年 11 月 23 日「山辺愛奴の勲章授与式」。山辺は、金を貰うために戦ったのではないと、この賜金をトンナイチャに寄付している。
21） 山辺安之助、同上、1〜3 頁。山辺安之助に関しては、以下の文献を参照。
・佐藤忠悦『南極に立った樺太アイヌ――白瀬南極探検隊秘話』東洋書店、2004 年。
22） 和田春樹『北方領土問題――歴史と未来』朝日新聞社、1999 年、116 頁。
23） 和田春樹、同上、117〜118 頁。
24） 山辺安之助、同上、52〜65 頁、101〜138 頁。
25） 『樺太日々新聞』1910 年 10 月 29 日「南極探検隊の出発・樺太犬を携帯して十一月十五日」。
26） 山辺安之助、同上、155〜158 頁。
27） 白瀬矗『南極探検』博文館、1913 年、59〜60 頁。（復刻版『出にっぽん記――明治の冒険者たち』第 12 巻「南極探検／南極探検と皇大神宮の奉斎」ゆまに書房、1994 年。）
28） 島義武『南極探検と皇大神宮の奉斎』思想善導図書刊行会、1930 年、18 頁。（復刻版『出にっぽん記――明治の冒険者たち』第 12 巻「南極探検／南極探検と皇大神宮の奉斎」ゆまに書房、1994 年。）
29） 山辺安之助、同上、159〜160 頁。
30） エティエンヌ・タイユミット（中村健一訳、増田義郎監修）『太平洋探検史――幻の

大陸を求めて』創元社（「知の再発見」双書33）、1993年、100〜104頁。1776年7月にプリマスを出港したジェームズ・クックの第三次航海は、「北西航路」の発見が目的であった。
31) 本多勝一、同上、38〜40頁。
32) ローアル・アムンセン（中田修訳）『南極点』ドルフィンプレス、1990年、17頁。
33) ローアル・アムンセン、同上、37頁。
34) ローアル・アムンセン、同上、26頁。これに対して、スコットは身体にピッタリしたババーリー製で牛皮を主体とした防寒服を採用した。保温性には優れていたが、汗などの水分を吸い込み、氷結するなど耐水性に弱点があり、南極大陸では致命的であった。
35) テッサ・モーリス゠鈴木（大川正彦訳）『辺境から眺める——アイヌが経験する近代』みすず書房、2000年、54〜55頁。
36) 白瀬矗『南極探検』、298〜300頁。
37) 白瀬矗『白瀬矗——私の南極探検記』、83頁。
38) 豊田穣『北洋の開拓者——郡司成忠大尉の挑戦』講談社、1994年、281頁。
39) 豊田穣、同上、250〜252頁。
40) 豊田穣、同上、58頁。
41) 上村英明『北の海の交易者たち』同文舘、1990年、274〜281頁。
42) 豊田穣、同上、71〜82頁。
43) 白瀬矗『千島探検録』東京図書出版合資会社、1897年、101〜122頁。（復刻版『出にっぽん記——明治の冒険者たち』第11巻「千島探検録／龍睡丸漂流記」ゆまに書房、1994年。）
44) 豊田穣、同上、71頁。
45) 豊田穣、同上、78頁。
46) 豊田穣、同上、172頁。
47) 豊田穣、同上、160頁。
48) 鈴木孝一編『ニュースで追う明治日本発掘』7「日露戦争、旅順攻防戦、八甲田遭難の時代」河出書房新社、1995年、110〜116頁。
49) 北海道ウタリ協会『先駆者の集い』第48号、1988年11月20日、4頁。
50) 田中了、D. ゲンダーヌ『ゲンダーヌ——ある北方少数民族のドラマ』徳間書店、1978年、90〜93頁。
51) 田中了、D. ゲンダーヌ、同上、135〜145頁。
52) 田中了、D. ゲンダーヌ、同上、91〜92頁。ゲンダーヌの日本名は「北川源太郎」である。
53) 近藤正己『総力戦と台湾——日本植民地崩壊の研究』刀水書房、1996年、48〜51頁。
54) 近藤正己、同上、46頁。
55) 近藤正己、同上、394〜395頁。
56) 林えいだい編著『証言台湾高砂義勇隊』草風館、1998年、69〜70頁。
57) 林えいだい、同上、175〜179頁。
58) 林えいだい、同上、5頁。
59) ヤノ・ケベコル・マリウル「ニューギニアに派遣された「パラオ挺身隊」」『反核太平洋パシフィカ』反核パシフィックセンター東京、1991年8月号、1〜8頁。
60) 川村湊『「大東亜民俗学」の虚実』講談社、1996年、228〜229頁。
61) 川村湊、同上、221頁。

62) 大室政右『秘境ボルネオ戦記——生き残り海軍民政要員の手記』総和社、1996 年、159〜160 頁。
63) 大室政右、同上、177〜180 頁。
64) 加藤直人「大興安嶺地区における「民族」と「地域」」『歴史学研究』No.698、青木書店、1997 年、7〜9 頁。
65) 上村英明『先住民族——「コロンブス」と闘う人びとの歴史と現在』解放出版社、1992 年、49〜52 頁。
66) 『朝日新聞』（夕刊）、1993 年 11 月 10 日。第一次世界大戦では、チェロキー民族やチョクトー民族の「暗号部隊」が編制された。
67) 清水知久『米国先住民の歴史』明石書店、1986 年、127〜128 頁。

第3章

「合州国」と「国際連合」を生み出した先住民族
近代民主主義を超える試み

　地球環境の危機などが叫ばれる中、先住民族に対する関心は徐々にではあるが高まっているようにみえる。が、そのほとんどは、自然と調和した伝統的な生活様式であったり、その中で生み出された固有の文化や芸術への再評価である。それは意地悪ないい方をすれば、生活の主軸となる社会システムでは欧米型の近代制度を維持しながら、生活のゆとりで多様な文化や芸術を楽しみたいという志向にすぎないともいえる。本章では、この視点を大きく変えて、先住民族の伝統的知識と近代政治制度の関係性に焦点を当ててみたい。

1　「アメリカ合州国」の誕生と「連邦制」というアイデア

　1776年7月4日、北アメリカ大陸東部にあった13の英国植民地は、高らかに本国に対して「独立」を宣言した。いわゆる「アメリカ独立宣言（Declaration of Independence）」である。しかし、この宣言は、独立後の「政治システム」については何も触れていない。「独立戦争」いわゆる米国人のいう「アメリカ革命」は、前年の1775年から、パリ条約で英国がその独立を承認した1783年まで継続しており、考えれば、開戦1年後の1776年の勝敗も定かでない時点で、「アメリカ合州国」の政治機構が確定するはずもない。[1]

　では、スローガンとしての華々しい「独立」ではなく、「合州国（United States）」という独特の政治機構の誕生としての「独立」はいつの時点だろうか。この「連邦」という政治機構の形成という視点で見るとき、重要な事件として、次の2つをあげることができる。ひとつは、その第1条で「アメリカ合州国（United States of America）」の名称を決定した最初の連邦憲法といえる「連合規約（Articles of Confederation）」の1777年11月の採択である。この「連合規約」は、その後1781年3月に13植民地すべての批准を経て法的に有効な文書とし

て発効した。もうひとつの、そして、最も重要な事件は、「合州国」をより完全な政治機構にするため、1787年5月にフィラデルフィアに招集された「憲法制定会議（Constitutional Convention）」であった。この会議の審議を経て、その年の9月に「アメリカ合州国連邦憲法（Constitution of the United States of America）」が採択され、翌88年6月には、「合州国」の政治システムを規定したこの憲法が施行された。もし、この最後の時点を「アメリカ合州国」の実質的な意味での「独立」と考えれば、この国家は、「独立宣言」を発して以来、実に13年間もその政治システムのあり方を模索したことになる。

そして、この視点から見て、米国連邦憲法の施行200周年にあたる1988年10月21日、米国連邦議会が、上院・下院の合同決議（Concurrent Resolution）として、一見意外に見える、ある「感謝決議」を採択したことは極めて重要なことだ。それは、先住民族のある国家制度に対して、その政治システムが「連邦憲法」に与えた貢献に関する感謝を表した「イロクォイ連邦とインディアン国家──合州国への貢献を認める（Iroquois Confederacy and Indian Nations - Recognizing Contributions to the United States）」と題する決議であった。この決議は、簡単にいえば、五大湖南部に形成された「イロクォイ連邦」という先住民族の連邦国家が、米国連邦制度の成立に大きな貢献をしたというものである。決議は以下のようにその政治制度を評価している。

「合同決議331／
ジョージ・ワシントン、ベンジャミン・フランクリンなどの連邦憲法の起草者たちが、「イロクォイ連邦（Six Nations of Iroquois Confederacy）」の考え方（concepts）を深く賞賛していたことはよく知られている。
　13の原植民地の単一の共和国への統合は、「イロクォイ連邦」が発展させてきた政治制度に影響されており、その民主的な原則の多くが「連邦憲法」に取り入れられた。
　「合州国（United States）」の形成以来、「連邦議会」は、インディアン部族の主権上の地位（sovereign status）を承認し、「連邦憲法」の「通商条項（第1条第2節第3項）」で「連邦議会」に留保された権力の行使により、インディアン部族を政府対政府関係として取り扱い、また、その条約条項（第2条第2節2項）により、インディアン部族国家（Indian tribal Nations）と370の条約を締結してきた。
　インディアン国家と締結された最初の条約、1778年9月17日のデラウェア・インディアンとの条約以来、「連邦議会」は、インディアン部族とその構成員に対する信託上の責任および義務を負っている。

この信託上の責任は、「連邦議会」に対し、1787年の「北西部領土条例（Northwest Ordinance）[4]」に規定されたように「インディアンとの交渉には最大の誠実さをもって臨む」ことを要求する。
　「合州国」の司法制度もこの特別な関係を一貫して認めており、再確認する。それゆえに、ここにおいて、以下の事項が下院と上院の合同によって決議される。
　(1)「連邦議会」は、連邦憲法の200周年にあたり、「イロクォイ連邦」および他の「インディアン諸国家（Indian Nations）」によって、「合州国」の形成および発展に果たされた貢献の事実を認め、感謝をささげる。
　(2)「連邦議会」は、この結果として、本国家の公式なインディアン政策の基礎である、「インディアン部族（Indian tribes）」との憲法上認められた政府対政府関係（government to government relationship）を再確認する。
　(3)「連邦議会」は、アラスカ先住民を含む「インディアン部族」に対する以下のような「連邦政府」の信託上の責任と義務のはっきりとした存在を認め、再確認する。それは、必要とされる保健、教育、社会的・経済的援助の提供、さらに、部族がその政府の責任の遂行上その構成員に社会的・経済的福利を提供し、部族の文化的アイデンティティや遺産を保存することを支援する義務を含む、部族の維持、保護および強化を目的としている。
　(4)「連邦議会」は、また、締結した諸部族が有効であると理解する条約を支持する点で最大の誠実さをもって臨む必要、および、市民とその子孫が「合州国憲法」に明記された権利を末永く享受し続けることができるようにすべての市民の利益のためにその法的かつ道徳的義務を支持する偉大な国家の義務の存在を確認する。」

　「イロクォイ連邦」とは、当初、モホーク、オノンダガ、セネカ、カユーガ、オネイダの5つの民族で構成された連邦国家で、英国人は「ファイブ・ネーションズ（Five Nations）」と呼んだが、後にタスカローラ民族が加わって6つの民族による連邦となり、英語では「シックス・ネーションズ（Six Nations）」と呼ばれるようになった。[5] 他方、フランス人は、この連邦国家を「イロコワ（Iroquois）」と呼んだため、これを英語読みにした「イロクォイ連邦（Iroquois Confederacy）」が使用され

イロコイ連邦の連邦旗で、中央にあるのが、すべての武器を埋めた上に植えられたといわれる「平和の松の木」

ることもある。しかし、自称は「フーデノサウニー（Haudenosaunee）」であり、連邦に属する人びとは現在でも「フーデノサウニー」のパスポートを持って世界各地で活躍している。ただし、本稿では、連邦制という政治制度を紹介する点から、「イロクォイ連邦」という言葉で、この先住民族の連邦国家を表記することにしたい。

2　「イロクォイ連邦」とフランクリンの提案

　アメリカ合州国連邦憲法の起草者たちは、当然のことながらヨーロッパの法律知識を身につけていた。やや極端にいえば、彼らは、「王制」という政治制度に関しては豊富な具体的知識を持っていたが、「民主制」についてははるか遠くギリシアの事例と17世紀後半にヨーロッパに端を発したばかりの「啓蒙主義（Enlightenment）」の理念を知っているだけであった。ましてや「連邦制」に関する知識はスイスに関するもののほかは皆無に近い状態だった。もちろん、植民地の独立を回避するために、英国政府から、大英帝国の各部が共通の国王への忠誠を誓うという「連合王国（United Kingdom）」型の「連邦論」が議論されたこともあった。しかし、これらの提起が「合州国」という政治制度と大きくかけ離れたものであったことは事実であり、独立戦争後に「連邦」を形成するために費やされた大量の時間やエネルギー、そしてさまざまな議論の内容からも、それは明らかである。

　ともかく、合州国連邦憲法の起草者の中で、最も長く連邦政府の形成に関わった人物のひとりは、ベンジャミン・フランクリンだろう。彼は、ピューリタン的なイデオロギーを排し、プラグマティズムの先駆者として実業や科学の世界でも活躍し、最も米国人らしい米国人と呼ばれたが、そのプラグマティズムの持ち主であるフランクリンを魅了した政治制度が、「イロクォイ連邦」の連邦制であった。あるいは「イロクォイ連邦」とフランクリンの関係が、1988年の感謝決議の最大の背景だといってよいかもしれない。少なくとも1744年以来、先住民族によって生み出されたこの政治システムに最も強い関心と興味を持った人物が他ならぬフランクリンであった。

　1744年7月、モホーク民族を除く「イロクォイ連邦」の代表とペンシルバ

ニア、メリーランド、バージニア植民地の代表とがペンシルバニア植民地のランカスターで会合を開き「ランカスター条約」を締結したが[8]、このとき、オノンダガ民族の代表カナサテゴ（Canasatego）が意見のまとまらない植民地代表に業を煮やして、「連邦」を形成してはどうかという提案を、当時「合州国」の形成など夢想だにしなかった入植者たちに行った。

> 「我々の賢明な祖先は連合を設立し、5国の間に友好関係を築いた。これが我々を偉大にした。近隣諸国との間で、我々が大きな力と権威を持っているのは、このためである。
> 我々は強力な連合を結成している。我々の祖先が採った方法を参考にすれば、あなた方は新たな力と勢力を手にすることができるだろう」[9]

つまり、最初の「連邦制」の提案とそのモデルの提示は、先住民族からヨーロッパ人に行われた。そして、まさにこの提案を記録した人物が当時38歳で、ペンシルバニア植民地政府の公認印刷業者として会議に参加していたフランクリンであった。その後、彼は米国独立に向けてさまざまな活動を行う一方、先住民族に対する偏見から自由とはいえなかったが、「イロクォイ連邦」の研究に専心し、1751年には友人に次のような手紙を送るまでになった。

> 「無知な野蛮人（ignorant savages）である6国家がある種の連合組織（a union）を形成する力を持ち、長きにわたってそのままの形態を維持し、揺るぎなく見えるのに対し、10や12あまりのそれをより必要としている……植民地が同じような連合の形態をとれないというのは、いかにもおかしなことである」[10]

いわゆる「フレンチ・インディアン戦争（French and Indian War）」の戦端が開かれると、1754年6月、英国政府は、総督に命令し、土地問題で関係が悪化していた「連邦」との友好を回復するため、7つの英国植民地の代表と「イロクォイ連邦」の代表が出席する会議を英国植民地軍司令部が置かれたニューヨーク植民地オルバニーで開催した[11]。英国植民地側の要求は、「連邦」に属する諸民族やその友好民族が、英軍に対して敵対行動をとらず、少なくとも中立を守ってほしいというものであった。これに対し、モホーク民族の代表ヘンドリック（Hendrick Theyanoguin）は、交渉を円滑に進めるためには植民地側が調整を行って「一人の交渉責任者（one spokesman）」を任命し、また、連合を形成して交渉にあたるようカナサテゴの要求を繰り返した。「連邦」の代表との

話し合いが成果を生まずに終わったのち、当時ペンシルバニア植民地で、対先住民族「大使」ともいえる「インディアン弁務官（Indian Commissioner）」を務め、この会議に参加していたフランクリンは、各植民地代表の発言を聞きながら、ひとつの連邦案を提案した。これは、「イロクォイ連邦」を参考にして、各植民地がその基本法を維持しつつも、中央評議会（a central council）を設立してこれに代表を送るという提案で、「オルバニー連合案（Albany Plan of Union）」と呼ばれている。この案は、英国植民地全体を代表する、国王より任命される「連合総督（President General）」、各植民地議会で選出された代議員から構成される「連合会議（Grand Council）」、そして「連合政府（General Government）」という政治機構を設置するという提案であった。オルバニー会議ではほぼ満場一致でこの草案は承認され、批准を求めて各植民地議会と、戦争に対する共同防衛責任を負っていた英国政府に送付された。だが、フランクリンの予想通り、競争意識の強い植民地議会のほとんどで批准されず、また、軍事的連合案しか発想になかった英国政府もこれを一方的に無視してしまった。

「オルバニー連合案」が入植者および本国政府の関心を呼ばなかった理由は、この近代的な「連邦制」がいかにヨーロッパ人に理解されていなかったかを物語っている。問題とされた点は、次のようなものだった。まず、連邦政府にあたる「連合政府」の権限が強すぎた。対インディアン交渉、新定住地の管理、徴兵、沿岸警備、課税権などとともに、インディアンの土地購入の権利が定められ、これには土地獲得と投機に狂奔する各植民地の「理解」をまったく得られなかった。また、「連合政府」は、「連合財務長官（General Treasurer）」をはじめ小規模な官僚機構を持っており、政府の権限を「連合政府」と「植民地政府」に分割し、一定の所管事項を各「植民地政府」が「連合政府」に委託するという思想が貫かれていた。もちろん、英国政府の承認を得るため、「連合総督」の設置と同意、国王の裁可を必要とする帝国的色彩もなくはないが、この案に賛同が得られなかった大きな理由は、むしろ「連邦制」という自治的かつ民主的政体にあるといってよい。

英国政府の政策への不満が膨らむ中、1775年4月レキシントンとコンコードで独立戦争の火の手が上がると、同年5月フィラデルフィアに「第2回大陸会議（Continental Congress）」が招集され、戦争の遂行に関連して「インディア

ン問題」も重要議題とされた。その中で、各植民地に置かれていた「インディアン弁務官」は統合され、植民地全体を代表して、北部、中部、南部の3つの地域を管轄する新たな「インディアン弁務官」が任命された。具体的には、北部担当がフランクリン、中部担当がパトリック・ヘンリー（Patrick Henry）、そして、南部担当としてジェームズ・ウィルソン（James Wilson）という大物たちがその職に就任した。[15] 早速、新しい「弁務官」たちは、「イロクォイ連邦」が独立戦争に中立を保つよう要請することを目的にした会議をニューヨーク植民地のジャーマン・フラッツで開催した。この会議でも、「連邦」は植民地側の相変わらずの意思不統一を問題にしたが、植民地を外交的に代表する弁務官たちは、新しい政治機構の成立が取り組まれており、それは「イロクォイ連邦」と同じ連邦形成への過程であると説明した。例えば、弁務官たちは、1774年以来開催されている「大陸会議」をフィラデルフィアの「偉大な評議会の火（a great Council Fire）」と表現し、ここに「全体の代表」として65名の「代議員（Counselors）」が送られていると新しい政治制度を説明した。「議会の火（Council Fire）」は、「イロクォイ連邦」の統治権の象徴として、オノンダガ民族の土地に置かれた連邦議会を意味する言葉であった。ここでフランクリンは、形成されつつある植民地連邦の、つまり、最初の「合州国」の国旗として、「連邦」の平和の象徴を使った「松の木旗（Pine Tree Flag）」、また、そのシンボルとして、同じく「連邦」の象徴である「鷲」を採用することを提案した。[16]「イロクォイ連邦」の思想では、「鷲」は「松の木」の頂上に止まって周囲を見回す「平和の守護者」であり、「創造主」のメッセンジャーを務めると考えられた聖なる生き物である。現在、米国の国章に描かれている「鷲」はもともと「イロクォイ連邦」の統合の象徴である5本の矢を持つ、先住民族のシンボルであった。[17]

こうして、連邦構想は、独立戦争を契機とし、また、フランクリンの「オルバニー連合案」を土台に、やっとその実現に向けて議論されるようになった。具体的には、最初の連邦憲法として1777年に採択された「連合規約」は、その中で先住民族を主権国家（sovereign nations）と認め、各州は連合して「友好同盟（League of Friendship）」を形成すると「オルバニー連合案」の構想をその中に明記している。[18] さらに、この「連合規約」に従い、最初の連邦議会といえる「連邦議会（Congress of Confederation）」も設置された。カナサテゴの提案は、

フランクリンの仕事を通してここにひとつの形として実現した。しかし、この連邦議会では、依然各州の主権が圧倒的に強力で、連邦と州の権力はバランスを欠いていた。例えば、「連邦議会」は各州議会が任命した代表によって任命され、各州が1票を行使する権利（重要事項の決定には、13票のうち9票が必要）を持っていたが、その権限は国防、外交、貨幣発行、「インディアン対策」などに極めて限られていた。[19]

3 「連邦制」の形成過程と「連邦憲法」の成立

17～18世紀のこの当時、ヨーロッパで「連邦制」を実現させていたのはスイスだけであった。スイス連邦の建国は、1291年8月に中東部の3州がハプスブルグ家に対して「永久同盟」を締結したことに始まるとされるが、この本質は軍事同盟であった。例えば、同盟の発展として1393年には「ゼンパッハ協定（Sempacherbrief）」[20]が締結されたが、その協定の中核は同盟軍内部に共通の軍規を定めることにあった。さらに、1400年以降、各州の代表から構成される「同盟会議」が設置されたが、この機能は、共同支配地域の軍事的管理問題、各州間の紛争調停の軍事的機能に限定され、その性格はますます強化された。また、1647年には、ヨーロッパを席捲した「三十年戦争（Thirty Years War）」を契機に連邦の「武装中立」政策が確認された。具体的には「防衛軍事協定」が締結されて、同盟軍の設置と同盟領防衛規定が定められたが、いずれも独立性の高い「州」という政治単位を軍事同盟で結びつけるという基本構造は変化しなかった。[21]そして、ヨーロッパの「啓蒙主義」に影響を受けた北米13植民地の連邦主義者たちの多くが、モンテスキューやルソーの説く、唯一の実例としてのスイス「連邦制」を新国家のひとつのモデルとして検討していたことも興味深い。[22]

もちろん、米大陸の英国植民地でも、いくつかの「連合」案が構想された歴史も存在する。例えば、1643年5月には、プリマス、コネチカット、ニューヘイブン、マサチューセッツの各植民地が「ニューイングランド連合（New England Confederation）」を結成した。しかし、これによって成立した「弁務官委員会（Board of the Commissioners）」の所管事項は、宣戦・講和、対外協定の

締結、戦争の共同遂行と共同防衛で、1636～37年にコネチカット植民地で戦われた「ピークォト戦争（Pequot War）」[23]以来緊張が高まった対先住民族戦争に対する軍事同盟以外の何ものでもなかった。

また、1685年から、ジェームズ2世統治下の英国政府が、対外戦争に備え、また、植民地政策の効果的な執行を目的に、諸植民地を統合した「ニューイングランド自治領（Dominion of New England）」の形成に乗り出したが、これもここで問題とする「連邦制」とは異なる帝国概念の展開のひとつにすぎなかった[24]。他方、1754年の「オルバニー連合案」は、「イロクォイ連邦」の実例を知るフランクリンの手になるもので本格的な「連邦制」への一歩を踏み出したが、その重要な意味はほとんど理解されなかった。さらに、1773年12月の「ボストン茶会事件」、それに対する英国政府のボストン港封鎖を受けて、1774年9月フィラデルフィアで、各植民地の代表が集まり最初の「大陸会議」が開催され[25]、ここでは、英国およびアイルランドからのあらゆる商品の「非輸入非消費」に関する決議が採択された。そして、10月にはこれを実行するための「通商断絶大陸同盟規約」が採択され、全植民地にまたがる抵抗組織が誕生し、これを連邦制への重要なステップとみなす考えもある[26]。しかし、この同盟規約は、単発の問題を扱ったもので、連邦制の基盤の実現とはいえても、政治システムとしての連邦制の進展にもたらした貢献はそれほど大きいものではない。

やがて、1777年最初の連邦憲法「連合規約」が制定され、連邦機関としての「連合会議」も形成されたが、いまだ米国の連邦制は「不十分」であった。その問題の中心は、「連合規約」が関税賦課権を含む課税権、通商規制権、常備軍の設置・指揮権などを「連合会議」に認めなかった点である[27]。もちろん、それは「イロクォイ連邦」と比較しても基本的な点で「不十分」だと見ることができる。その大きな理由は、当時の米国の指導者たちは貴族でなかったにしても、都市の大資本家、大地主、大農園主、弁護士などで、先住民族やアフリカ人奴隷を含めすべて市民の民主的な政治参加や分権化を決して歓迎しなかったからである。

しかし、独立戦争の戦後問題の処理には、より強力な新国家の建設がいやがうえにも急務となった。そこで、ロードアイランド州を除く、12州の代表が1787年5月にフィラデルフィアに集まって、「連合規約」を改定するための会議、

「憲法制定会議」を開催した。これには任命された代表74名のうち55名が出席したが、その中心人物は議長のジョージ・ワシントンのほか、フランクリン、ジェームズ・マディソン（James Madison, Jr.）、アレクサンダー・ハミルトン（Alexander Hamilton）などの独立の立役者たちであった。ここでもフランクリンが「イロクォイ連邦」の専門家であることはよく知られており、議長のワシントンも「イロクォイ連邦」との関係は決して浅くはなかった。ワシントンが率いた部隊のインディアン担当補佐官を務め、1777年には革命軍の大佐に任命されたジョージ・モルガン（George Morgan）は、ワシントンの信任も厚かったが、「イロクォイ連邦」との交渉に関する膨大な記録を残した人物でもあった。また、ワシントン自身は、「イロクォイ連邦」のオネイダ、タスカローラ民族、友好関係にあるデラウェア民族に、自らの部隊が冬のフォージ渓谷で飢餓状態になったとき救援された経験を持っていた。しかし、「イロクォイ連邦」の過半数が英国支持に回ると、1779年には4000名からなる米軍部隊を「連邦」領内に派遣し、これを徹底的に破壊するよう命令した。これにより、とくに、セネカ、オノンダガ、カユーガ民族の多くの都市や貴重な作物が根こそぎ焼き払われた。

　ともかく、これら「イロクォイ連邦」に関して少なからぬ知識を持つ起草者たちによって作られた「連邦憲法」には「連合規約」と比較して、次のような特徴があった。第一に、議会と並んでその決定を執行するための「連邦政府」が形成されたことだ。第二に、「連邦議会」には、「連合規約」にはなかった独自な課税権、通商規制権、常備軍の設置・募集・指揮権が認められた。第三に、「連邦政府」の権力では、行政・立法・司法（最高裁判所の設置）の三権が分立し、立法府には、人口比で代表を送る「下院」と各州が同数の代表を送る「上院」の二院が設置された。こうしたシステムによって、権力が相互に監視する「抑制と均衡（check and balance）」の制度が実現した。そして、米国の政治学者のブルース・ヨハンセンは、1982年の著書の中で、連邦憲法に書き込まれた「連邦制」は「建国の父たち（Founding Fathers）」の発明によるものではなく、「イロクォイ連邦」に起源を持つものだと断言した。さらに、この主張を米国連邦議会が正式に確認した公的文書が、冒頭に紹介した感謝決議に他ならない。

4 「イロクォイ連邦」の構造と機能

　フランクリンあるいはワシントンなどの関わった「オルバニー連合案」や「連合規約」「連邦憲法」にどれほど影響を与えたかは、1988年の感謝決議を見るまでもなく、「イロクォイ連邦」そのものの構造や機能を知ることによって理解できる。「イロクォイ連邦」は、ヒューロン民族の指導者デガナウィダ（Deganawidah）とモホーク民族のハイアワサ（Hiawasa）の提案と調停により、ヨーロッパ人が到達する以前の1500〜1600年代に形成されたと推定されている[33]。たぶん最も古い連邦制のひとつであるこの政治制度は、しかしながら、先住民族の伝統的哲学や宇宙観の形式に、近代連邦制のモデルとしての条件をほとんど満たしていたといってよいだろう。

　モホーク、オネイダ、オノンダガ、セネカ、カユーガの5つの民族は、それぞれの「氏族（Clan）」を代表する「セイチェム（Sachem）＝代議員（Chiefs）」を選出し、セイチェムによって構成される「州議会＝民族評議会（National Council of Chiefs）」を持っている。各民族は、それぞれの領土を支配し、「民族評議会」は自らの民族の内部問題に関する主権を保有していた[34]。しかし、5つの民族に共通する問題に関しては、主に次のような連邦の政治機構を動かすことができた。

　第一に、「連邦」には、「ネ・ガイアネシャゴワ（Ne Gayaneshagowa）＝偉大な平和の法（Great Law of Peace）」と呼ばれる「連邦憲法」が存在した[35]。これは先住民族の伝統的価値観から「連邦」が形成される過程を「物語」という形式で説明するが、そこには、「連邦」の3つの基本原則・価値が明記されている。それらは、まず「高潔、公正（Righteousness）」で、この原則の下では、すべての集団や個人、具体的には、氏族、首長、「氏族の母（Clan Mothers）」、民族は平等に扱われる権利を持っていた。この公正や平等の概念は、人びとが文民政府（a civil government）を支持する際の基礎になると考えられた。次の価値は、「健康（Health）」で、心（mind）、身体（body）、霊（spirit）の健全さは、強い個人を作るとともに、平和（peacefulness）の源泉とも考えられた。民族間の問題を解決するためには、この健康に基づく強い心が必要とされた。そして最後の

価値は、「力（Power）」である。力は、ひとつの法の下に、ひとつの心となった人民の共同行動から生み出される。こうした力は、正義と健全さを約束するものでもある。人民や民族は、連邦のすべての構成員の平和や福祉を維持するためにこの力を行使する必要があるとされた[36]。

　第二に、「連邦議会＝大評議会（Grand Council）」が設置され、各民族から代表が送られた。代表は、全体で50名であったが、各「民族評議会」を構成する「セイチェム」が、この「連邦代議員（Confederacy Chiefs）」を兼任した。そのため、「連邦代議員」の数は各「民族評議会」の「セイチェム」の数、モホーク民族9名、オネイダ民族9名、オノンダガ民族14名、カユーガ民族10名、セネカ民族8名で、全体で50名となった[37]。「連邦」に属する各民族内部での「セイチェム」の選出や意思統一は母系の氏族で行われた。各民族は異なる文化や歴史を持っていたが、共通して母系制の社会を形成し、母の氏族を中心に「ロングハウス」と呼ばれた細長い共同家屋で生活していた。この「ロングハウス」1棟は、長さが45〜55メートル、幅が11メートルほどで、普通の町には50棟、大きな都市には200棟もの「ロングハウス」があったと記録されている[38]。この社会では、意思決定の核は「氏族会議（Clan Meeting）」で、これには、男性・女性そして老人も子どもも誰でもが参加できた。この会議の議長は、「氏族の母」と呼ばれる年長の女性であり、彼女はその決定を「セイチェム」に伝えた。そして、「セイチェム」はこの決定を持って自らの「民族評議会」に臨み、全会一致をもって民族の意思を決定した。さらに、「連邦議会＝大評議会」の所管事項に関する決定は、「民族評議会」から「連邦議会＝大評議会」に送付された[39]。

　当時の米国連邦憲法ですら、普通選挙を認めず、参政権は自由人の男性だけにあった（第1条第2節3項）のに対し、「氏族会議」に女性や子どもも参加できたことを考えると、イロクォイの政治制度こそより「近代民主主権」に近いものだった。

　第三に、「連邦議会＝大評議会」は見かけ上一院制であったが、二院あるいは三権分立にあたる「抑制と均衡」の民主的機構を持っていた。6つの民族は、2つのグループに大別された。オノンダガ、モホーク、セネカの各民族は「年長の兄弟（Elder Brothers）」と呼ばれ、オネイダ、カユーガ、そして、新しく

加盟したタスカローラの各民族は「年少の兄弟（Younger Brothers）」と呼ばれた。また、「年長の兄弟」の中では、オノンダガ民族は「議会の火（Council Fire）」の「火の守護者（Firekeepers）」として特別の地位を与えられた。

　こうした構造の中で、「連邦議会＝大評議会」の審議は次のように進められた。まず、議事堂であるロングハウスの東に座ったオノンダガ民族の代表が、「連邦憲法＝偉大な平和の法」に照らして、その議題が審議に値するかどうかを判定する。次に、北に座った「年長の兄弟」のモホークかセネカの代表が問題の発議を行い、合意に達すれば、その結果を南に座った「年少の兄弟」に提示する。「年少の兄弟」はこれを受けて審議を行い自らの決定を発表する。

　「年長の兄弟」と「年少の兄弟」の意見が一致した場合には、「年長の兄弟」がこれをオノンダガ民族代表に報告し、オノンダガ民族の代表はこの決定が「連邦憲法＝偉大な平和の法」に違反していないかどうかを再確認する。もし、意見が異なる場合には、モホーク民族の代表がオノンダガ民族の代表に状況を説明し、議題は次の会議まで棚上げにされることが多かった。すべての民族の全会一致が決定の原則であり、多数決の原理はここでは認められなかった。そして、再確認が終了すれば、オノンダガ民族は、決定が「連邦議会」の正式決定であることを発表した。[40]

　「大評議会」という「連邦議会」は会議場の部屋を１つしか使わないという意味では一院制だが、「年長の兄弟」「年少の兄弟」という区分は、「上院・下院」「衆議院・参議院」という二院制の発想に他ならない。このことは、米国のヨーロッパ人たちがどちらかといえば一院制主義者（このためフランクリンも熱心な一院制支持者であった）が多かったことに比較できる。1777 年の「連合規約」で設置された「連合議会」も一院であり、1787 年の「連邦憲法」制定によって、初めて二院制の「連邦議会」が設置されたことを想起する必要がある。その理由は、ヨーロッパからの入植者たちが二院制を英国のような身分制社会の産物だと考え、貴族のような特権階級が議会という制度を使って市民を支配する手段だと考えたからであった。米国のヨーロッパ系市民は、二院制を「抑制と均衡」の政治機構に使えるとは考えてもみなかった。[41]

　さらに、オノンダガ民族の「火の守護者」という役割は、議長という役割と同時に、いわゆる「違憲立法審査権（judicial review）」を持った「最高裁判所」

にあたると考えられる。例えば、「連邦」の決定が「偉大な平和の法」の規定や精神に反していないかどうかを厳しくチェックする機能は、「最高裁判所」のそれにあたる。さらに、会議の開始時に「火の守護者」が行う所管事項のチェックは、「連邦議会」と各「民族評議会」の権限の分担がきちんと行われることを示している。「連邦」の権限は、対外関係のすべて、宣戦布告、戦争の終結、連邦への加入、外交使節の派遣・受入れ、交易、同盟条約の締結など幅広いものがあり、ヨーロッパで考えられた軍事同盟の領域をはるかに超えており、ここで下された決定は、連邦全体の決定として、速やかに「民族評議会」「氏族会議」に伝達され、「連邦」全体の行動が実行された。1613年に「イロクォイ連邦」とオランダ人との間に最初の条約（Two Row Wampum Treaty／Tawagonshi Treaty）が結ばれて以来、米国独立戦争の中で「連邦」が分裂するまでの約160年間、この「連邦」がヨーロッパの強国と共存し、それによってその侵略に対するより西方の先住諸民族のある種の防波堤となってきた理由であった。

　第四に、ヨーロッパの伝統にはない明確で独特な「解職請求（recall）」あるいは「弾劾（impeachment）」の制度を持っていた。とくにこれが女性の政治的権利であったことは、「イロクォイ連邦」の重要な特徴といえる。「連邦」の社会では、「連邦議会」の「連邦代議員」や「氏族長」を含めて、政治の担当者はすべて男性で、基本的には世襲制であった。しかし、その任免権は、母系制氏族の長である「氏族の母」と呼ばれた女性たちに帰属していた。「連邦議会」や「民族評議会」の審議で女性は公式に発言することはできなかったが、「氏族の母」に率いられて女性の多くが男性たちの議論を自由に傍聴することができた。彼女たちは、男性の議論が間違った方向に進めば、後ろから議論の方向が「氏族会議」の決定や「偉大な平和の法」に外れていると注意を喚起した。そして、明らかに能力がなく、その言動が不適切だと判断され、選挙民の信頼を失った「セイチェム」に対して、「氏族の母」を中心とする女性たちが弾劾権を行使した。女性たちは、その「セイチェム」を批判し、公式にその資格を剥奪し、新しい「セイチェム」を任命する権利があった。つまり、政治上の執行権は男性にあったが、その管轄権は明確な権利として女性が握っていた。

　米国連邦憲法は、第1条第2節5項で「下院」に対して「弾劾訴追の権利」

を与え、第1条第3節7項で「上院」に対して「弾劾裁判の権利」を付与することを明記し[45)]、「抑制と均衡」の発想による「弾劾制度」を設置した。しかし、この当時、米国では女性の参政権など一顧だにされなかった。米国の女性参政権が、連邦憲法修正第19条によって、1920年に初めて保障されたことと比較すると[46)]、1787年の連邦憲法は、むしろ「イロクォイ連邦」の持っていた多くの民主的視点を切り捨てて成立したことが理解される。

　もちろん、「イロクォイ連邦」の社会はヨーロッパと異なる母系制社会だということを前提に評価すれば、その政治的意味は、イロクォイ社会にはどちらかの性は政治に関与すべきではないという偏見がなかったということが重要だろう。男性は男性として、またとくに興味深いことに女性は女性として、この社会では、政治はすべての人の生活に関わる問題だと認識されていた。

　第五に、「イロクォイ連邦」は、新しい民族の対等な連邦への加盟を認めていた。5つの民族からなる「イロクォイ連邦」に、6番目の民族であるタスカローラ民族が加盟したのは、1722年に他ならない。タスカローラ民族は、もともと現在のノース・カロライナ州に領土を持っていたが、1712、13年に入植者の軍隊に徹底的に侵略された。戦争終了後もヨーロッパ人入植者は、かかった戦費の賠償をタスカローラ民族に要求し、これが無理だとわかると、400人のタスカローラ人を新たに捕虜にし、1人10ポンドで奴隷として売却した。生き残りのタスカローラ人は、「イロクォイ連邦」に保護を求め、1714年に加盟を申請したが、「連邦」は1722年この民族を等しい兄弟としてその加盟を承認した[47)]。これは、「イロクォイ連邦」には、「属領」や「植民地」という概念がなかったからだといわれているが、米国連邦憲法が新しい州の加盟、その準備としての「準州」の規定を設けている点が興味深い。

　そのほかにも、米国連邦憲法に影響を与えたと思われる「イロクォイ連邦」の制度は少なくないが、フランクリンなどから検討の提案があったにもかかわらず無視された制度もあった。例えば、フランクリンは、「セイチェム」が自らの仕事に対し何ら財政的報酬を受け取らなかったことから、連邦政府の公務員は給与を受け取るのではなく、公共の福祉のために無償で働くべきだと提案した。また、軍隊の指揮官は、部下の兵士によって選ばれるべきだという先住民族の制度を模倣した、ヨーロッパ人には極めて刺激的な提案さえ行った[48)]。「イ

ロクォイ連邦」をはじめとする先住民族の政府の多くでは、軍人と文民の区別、軍内部での民主主義はあたりまえのことであったからだ。その社会では「軍事政権」は基本的に存在しなかった。例えば、「イロクォイ連邦」では、「セイチェム」は平時の立法者としてのコミュニティの首長であり、戦時の指揮権を持つ首長は兵士によって選出された。「セイチェム」が従軍する場合には、彼はその職を放棄して、一兵士として参加しなければならなかった[49]。例えば、米国独立戦争に対して、中立を宣言した「イロクォイ連邦」を分断し、英国側についたモホーク民族のジョセフ・ブラント（Joseph Brant＜タイエンダネギー（Thayendanegea）＞）は、この「戦時首長（War Chief）」であった。

　ともかくも、「イロクォイ連邦」に強い影響を受けた米国連邦制は、基本的にそれとは異なる発展の道を歩いていった。その方向は、当初の連邦政府と州政府の権限のバランスの問題を逆のベクトルで追求することになった。具体的には、連邦政府を中央集権的に強化するという流れで、その中心は強大な権限、つまり、連邦政府を掌握しながら、連邦軍の指揮権をも併せ持つ、あたかも「国王」か「皇帝」のような「大統領」の地位に象徴されている。「イロクォイ連邦」と米国連邦制を比較研究を行った民族学者で、人種的偏見の持ち主でもあったルイス・ヘンリー・モーガン（Lewis Henry Morgan）でさえ、「イロクォイ連邦」の特徴を次のように書き記した。

> 「いかなる人物にしろ一個人の手に権力が集中するのを嫌い、平等の権力を持つ、複数の人物が分担するという、我々と正反対の原則に傾斜していた」[50]

　少なくとも、「イロクォイ連邦」には、連邦政府の見解を表明する「報道官」は存在していても、強大な権限を持つ「大統領」は存在しなかった。そして、こうした米国大統領の異様な権限の行使やそれに影響された帝国主義的政策の実行は、その後の米国史を特徴づけるものでもあった。例えば、「ジャクソニアン・デモクラシー」を掲げたアンドリュー・ジャクソン大統領は、先住民族の権利とこれを一定認めた1832年連邦最高裁判所判決（マーシャル判決）を無視してまでも、1830年の「インディアン強制移住法（Removal Act）」を盾に、1838年にはチェロキー民族をはじめ10万人以上の先住民族の強制移住を武力と強権で実行するなど、入植者のための「フロンティア」を西へ西へと広げた。

1875年には、南北戦争の結果、北部政府による南部諸州の制圧が行われ、中央集権型国民国家の性格はますます強化された。そして、米国は、ハワイを武力によって併合すると、米西戦争の後1898年にはフィリピン、グアム島などを「イロクォイ連邦」の概念にはなかった「植民地」として支配するようになった。また、1945年以降の沖縄に対する統治も、その影響と考えることもできる。

5　先住民族の政治機構のもうひとつの貢献：「国際連合」への道

「連邦制」という政治制度の起源が「イロクォイ連邦」という先住民族の政治機構にあるとすれば、彼らの政治的アイデアと深く関連するもうひとつ政治機構の意味を考えることができる。

それは、「イロクォイ連邦・フーデノサウニー」が現在自ら主張している「われわれは、最初の国際連合である」という歴史観だろう。今日の一般的な「常識」では、「最初の国際連合」といえば、1919年に連邦国家スイスのジュネーブに設立された「国際連盟」を想起することだろう。思い起こせば、この最初の一般的国際機関（a general association of nations）の設立構想は、第一次世界大戦の講和条件案として1918年1月に米国連邦議会で行われたウッドロー・ウィルソンの年頭教書、いわゆる「平和のための14箇条（Fourteen Points）」の提案第14項目にさかのぼることができる。ウィルソンは、米国の国際社会に対する狭量ではなく、普遍的な視点からの貢献を主張していたが、その根拠は、その後の世界制度の枠組みとなるはずの「連邦制」という政治制度の形成に成功したからだというものであった。つまり、「合州国」のような「連邦制」をモデルに「人類会議（parliament of man）」としての国際機構の設立を彼は自らのライフワークとして夢見ていたのである。

パリ・ベルサイユで開かれた講和会議では、第一次世界大戦で連合国中最大の戦死者を出したことを盾に、フランスの首相ジョルジュ・クレマンソーが、ウィルソン案に対し、自らの帝国主義的利権を主張し、敗戦国には過酷な賠償を課し、戦勝国の軍事同盟としての国際機構の形成を逆提案した。これに対し、ウィルソンは「国際連盟規約」の起草委員会（League of Nations Commission）に自ら出席し、国際協力と戦争防止を目的とする新しい、普遍的意味を持った

国際平和機構の設立に全力を注いだ。「国際連盟」の機構は、今日見る限り、建国後連邦政府の中央集権化が急速に進んだ米国に比べても、より「イロクォイ連邦」に似ている。例えば、連盟規約第11条には加盟国の関係として国際平和を破る恐れのあることを総会や理事会に持ち込むことは「加盟各国の友好上の権利

国際連盟はウィルソンの努力により、世界最初の一般国際機関として、スイス・ジュネーブに置かれた。これは、その本会議場のあったパレ・デ・ナシオンで、現在は国連欧州本部となっている。

(friendly rights of each Members)」と明記された。また、特別の場合を除いて、連盟総会の決定は「全会一致」の原則が第5条で規定された。米国の「連邦制」をモデルに設立された「国際連盟」そしてその発展形としての「国際連合」は、連邦憲法としての「連盟規約」や「国連憲章」、連邦議会としての「総会」を中核に持つ構造になっている。しかし、連邦政府にあたる執行機関は、権限が決して強力ではない「事務局」が担当し、その機関の長は「大統領」ではなく「事務総長（Secretary General）」というある種の「報道官」であるという構造において、ウィルソンによる新連邦構想は、米国連邦制の原点を追求する結果として、より「イロクォイ連邦」に近いものであった。その点、「イロクォイ連邦」自身が主張する先住民族固有の国際貢献に関する歴史観は決して誤ってはいない。

　「連盟規約」には、世界最初の国際平和機関を誕生させたウィルソンの功績を称えて第5条3項で、「連盟総会の第1回会議および連盟理事会の第1回会議は、アメリカ合州国がこれを招集する」という特別条項が挿入された。しかし、狭量な視野からしか国際政治を評価できなかった米国連邦議会は、自らの独立当初と同じ発想の下でこの「連盟規約」を批准せず、国際連盟の創設者であるウィルソンを失意のうちに死の淵に追い込んでしまった。ウィルソンが亡くなったのは、「連盟規約」が発効してわずか4年後の1924年のことであった。

また、極めて皮肉なことに、1920年代には、できたばかりの「国際連盟」に「イロクォイ連邦」はデスカヘー（Deskaheh）という代表を送って自らの民族自決権を主張した。しかし、「国際連盟」の加盟国は、とくにヨーロッパの大国と日本は、この新しい「連邦」を大国の共同利権の場として利用し、その最初の「発案者」にもまったく敬意を払わず、デスカヘーを失意のままに本国に送り返した。

　だが、「イロクォイ連邦」型の「連邦制」の意義と可能性は決して時代遅れではない。ウィルソンの没後にも、不戦条約の締結に活躍したフランス外相アリスティード・ブリアンは、1929年、国際連盟の成立を背景に「ヨーロッパ合州国（United States of Europe）」の形成を提案した。この提案は、それから約60年遅れたものの、1992年2月に調印され、翌1993年11月に発効した「マーストリヒト条約（Maastricht Treaty）」で成立した「ヨーロッパ連合」に結実したことはよく知られている。そして、「国際連合」自身も「改革」という提案の中で、より優れた「連邦制」の形成に向けての努力が続けられているといってよい。それは、「イロクォイ連邦」が示したように、民族の平等な権利を実現する政治制度として優れた機能を少なからぬ点において持っているからだろう。

　この視点からすれば、「国際連合」では、その設立50周年にあたる1995年に、「イロクォイ連邦」の代表も参加した「第13回国連先住民作業部会（UN Working Group on Indigenous Populations）」で、ギリシアの国際法専門家で、国連人権小委員会の委員を務め、この作業部会の議長を長年務めてきたエリカ‐イレーヌ・ダイスが、次の半世紀に達成されるべき「国際連合」の姿として「すべての民族の国際連合（United Nations of All the Peoples）」を提唱したことが印象的であった。それは、これまでの「ソ連」や「米国」のように中心となる集団が「上」から強制する「連邦」ではなく、もう一度各民族が自らの意思と平等の原則で「下」から構成する「連邦」をていねいに再構築しようという提案に他ならず、民族の平等が、まもなく訪れる新しい世紀の課題のひとつであることを示唆しているからだ。

　ヨーロッパに起源を発するとされる「民主主義」、具体的には、議会制民主

主義、その政党政治、選挙による代表の選出、多数決原理といった制度や原則で政治や社会のあり方を評価する視点には、世界各地で、限界や機能不全が見え始めている。米国では、民主的に選ばれたブッシュ大統領の下で「対テロ戦争」という名の侵略戦争が繰り広げられ、日本では、選挙の投票率が低迷する中で、首相はほぼ世襲制の様相を呈し、好戦的で排外的な社会風潮が推し進められている。そして、依然として多くの民主主義社会で、右上がりの経済成長や無限な科学技術の進歩という「神話」に別れを告げる事業は難航を極めている。とくに、議会制民主主義や選挙、多数決原理という制度は、経済を適切な規模に縮小したり、社会の成員ひとりひとりに一定の責任や負担を求める政治改革を進めるには、根本的に不適合なのではないかと思えるほどだ。また、異なる歴史や文化、社会的背景を持ったグループが等しく共存できる多民族・多文化社会を作る試みにも難題が多い。その意味で、グローバル社会は、改めて「民主主義」の再検討に迫られている。

　その点、社会の構成員が、政治の意思決定に公正にまた具体的に参加する制度が、ヨーロッパ社会以外の社会で、これまでどのような形で存在し、どのように機能してきたかを研究し評価する必要性が政治学の重要な課題となることだろう。もし、社会の構成員が政治の意思決定に公正にまた具体的に参加する制度を広義の「民主主義」と定義すれば、アフリカにはアフリカ型、アジアにはアジア型、そして、先住民族の社会にも、それぞれ独自の「民主主義」が存在し、その中には、「イロクォイ連邦」のように普遍的価値を持った政治制度が存在するかもしれない。「イロクォイ連邦」の再評価は、こうした意味で、「民主主義」の新たな形成に向けてそのヒントになるかもしれない。

　　＊　「米国」の英語表記を正確に訳せば「合衆国」ではなく「合州国」である。本多勝一氏の提起に従い本書では「合州国」を使う。

註

1）「独立宣言」には、「unites States of America」という表現が見られるが、この時点では、unitedは小文字で始まっており、また、明確な国家ビジョンは提出されていない。（飛田茂雄『アメリカ合衆国憲法を英文で読む』中央公論社（中公新書）、1998年、34〜35頁）
2）清水博編『アメリカ史〔増補改訂版〕』山川出版社、1986年、74〜76頁。
3）U.S. Government, *United States Statutes 1988：Public Laws 100-677*, U.S.

Government Printing Office, 1990, pp.4932-4933.
4）「連合規約」の下に設置された「連合議会」は、北西部領土に関する基本政策を明記した「北西部領土条例（正式には、Ordinance of Northwest Territory）」を連邦憲法の制定と同じ1787年に公布した。ここでは、先住民族に関して次のように書かれている。「インディアンに対しては、つねに最大限の誠意をもって臨むものである。彼らの土地と財産はその同意なくして奪われることは決してない。彼らの財産、権利ならびに自由については、連合議会によって承認された正当で合法的な戦争の場合を除き、彼らがその権利を侵害されたり奪われたりすることは決してない……」（W.T.ヘーガン（西村頼男、野田研一、島川雅史訳）『アメリカ・インディアン史〔第3版〕』北海道大学図書刊行会、1998年、58頁）
5）Robbins, Rebecca L., "Self-Determination and Subordination: The Past, Present, and Future of American Indian Governance", in M. Annette James (ed.), *The States of Native America*, South End Press, 1992, pp.87-88.
6）Nies, Judith, *Native American History*, Ballantine Books, 1996, p.184.
7）清水博編、同上、58～60頁。
8）Jennings, Francis (ed.), *The History and Culture of Iroquois Diplomacy*, Syracuse University Press, 1985, p.181.
9）ロナルド・ライト（植田覺監修、香山千加子訳）『奪われた大陸』NTT出版、1993年、151頁。
10）Judith Nies, ibid., p.181. 訳文に関しては、ロナルド・ライト、同上、151頁の訳文を参考にした。
11）トーマス・R.バージャー（藤永茂訳）『コロンブスが来てから──先住民の歴史と未来』朝日新聞社、1992年、113～114頁。
12）Nies, Judith, ibid., pp.181-182, pp.184-185.
13）斎藤眞『アメリカ革命史研究──自由と結合』東京大学出版会、1992年、113頁。
14）斎藤眞、同上、113～115頁。
15）Nies, Judith, ibid., pp.200-201.
16）Nies, Judith, ibid., p.201.
17）ロナルド・ライト、同上、151～152頁。「イロクォイ連邦」の成立に成功したデガナウィダは、各民族から武器を集めて地中に埋め、そこに平和のシンボルとして「松の木」を植えたと伝えられる。
18）Nies, Judith, ibid., p.203.
19）清水博編、同上、75～76頁。
20）今来陸郎編『中欧史〔新版〕』山川出版社、1971年、159～160頁。このほか、スイスでは、6つの「カントン（州）」が地域的な連合を形成することを定めた「プファッフェン協定（Pfaffenbrief）」が、1370年に締結されており、現在でも26の州によって連邦が構成されている。
21）矢田俊隆、田口晃『オーストリア・スイス現代史』山川出版社、1984年、254～260頁。
22）百瀬宏「国民国家と地域──歴史の文脈で」『エスニシティと多文化主義』（初瀬龍平編著）、同文舘、1996年、23～25頁。
23）斎藤眞、同上、107～108頁。
24）斎藤眞、同上、109～111頁。
25）斎藤眞、同上、118～121頁。

26) 斎藤眞、同上、124〜125 頁。
27) 清水博編、同上、83 頁。
28) 清水博編、同上、82〜84 頁。
29) Nies, Judith, ibid., p.184. Jennings, Francis (ed.), ibid., p.246.
30) Nies, Judith, ibid., pp.203-205.
31) トーマス・R. バージャー、同上、117 頁。
32) トーマス・R. バージャー、同上、110 頁。さらに、Bruce E. Johansen に関しては以下の著作を参照されたい。
 ・*Forgotten Founders : Benjamin Franklin, the Iroquois and the Rationale for the American Revolution*, Harvard Common Press, 1982.
 ・*Debating Democracy : Native American Legacy of Freedom*, Clear Light Publisher, 1998.
 ・*The Iroquois*, Chelsea House Publisher, 2010.
33) Fenton, William N., "Structure, Continuity, and Change in the Process of Iroquois Treaty Making", in Francis Jennings (ed.), *The History and Culture of Iroquois Diplomacy*, Syracuse University Press, 1985.
34) ジャック・M. ウェザーフォード（小池佑二訳）『アメリカ先住民の貢献』パピルス、1996 年、179 頁。
35) ジャック・M. ウェザーフォード、同上、178 頁。
36) Haudenosaunee home page, "Great Law of Peace : The Three Principles of the Great Law", 〈http://sixnations.org/〉, April 12, 1999.
37) Fenton, William N., ibid., p.9.
38) ロナルド・ライト、同上、153〜154 頁。
39) Haudenosaunee home page, "Great Law of Peace : How Does the Grand Council Work?", 〈http://sixnations.org/〉, April 12, 1999.
40) Haudenosaunee home page, "Great Law of Peace : How Does the Grand Council Work?", 〈http://sixnations.org/〉, April 12, 1999.
41) 有賀貞『アメリカ革命』東京大学出版会、1988 年、226 頁。例えば二院制を主張したグヴァヌア・モリスは、第一院は貧者の擁護者、第二院は富裕者の代表とすることを提案した。当時の植民地社会を基盤にした「身分制」の考え方である。
42) Fenton, William N., ibid., p.13. ジャック・M. ウェザーフォード、同上、180 頁。
43) Jaimes, M. Annette with Theresa Halsey, "American Indian Women: At the Center of Indigenous Resistance in North America", in M. Annette Jaimes (ed.), *The State of Native America*, South End Press, 1992, p.317.
44) ジャック・M. ウェザーフォード、同上、182 頁。
45) 飛田茂雄、同上、51〜52 頁、56〜57 頁。
46) 清水博編、同上、258 頁。
47) ジャック・M. ウェザーフォード、同上、182〜183 頁。
48) ジャック・M. ウェザーフォード、同上、185 頁。
49) ジャック・M. ウェザーフォード、同上、181 頁。
50) ロナルド・ライト、同上、152 頁。
51) 百瀬宏、同上、26 頁。
52) Haudenosaunee home page, "Great Law of Peace : How Does the Grand Council

Work?", 〈http://sixnations.org/〉, April 12, 1999.
53) 「Woodrow Wilson, "The Fourteen Points, Wilson's Address to Congress, January 8, 1918"」. 斎藤眞編『アメリカ政治外交史教材』東京大学出版会、1972年、114〜116頁。
54) アーサー・S.リンク（松延慶二、菅英輝訳）『地球時代の先駆者──外政家ウィルソン』玉川大学出版部、1979年、28頁。
55) アーサー・S.リンク、同上、117頁。因みに、ウィルソンは1915年にイーディス・ボーリング・ガルト（Edith Bolling Galt）と再婚するが、彼女はバージニア植民地一帯を領土とするポウハタン民族の指導者の娘ポカホンタス（Pocahontas）の子孫にあたる。
56) アーサー・S.リンク、同上、143〜144頁。
57) Egerton, George, "The League of Nations: An Outline History 1920-1946", in United Nations (ed.), The league of Nations 1920-1946, United Nations, 1996, pp.24-25.
58) Hanptman, Laurence M., *The Iroquois Struggle for Survival : World War II to Red Power*, Syracuse University Press, 1986, pp.206-207.
59) 百瀬宏、同上、26頁。
60) UN Document, E/CN.4/Sub.2/1995/24, p.11.

第2部

「国民国家」形成という名の植民地化
■アジアにおける先住民族の成立■

第4章

日本と「北海道」「沖縄」の植民地化
東アジア史への視座

　先住民族の権利問題を扱う国連の人権機構では、現在、「先住民族」と「植民地主義・帝国主義」との関係をめぐり極めて重要な論争が繰り広げられている。それは、単純化すれば、アジア、アフリカに「先住民族」は存在するのかという論争である。

　この議論がとくに大きな波紋を呼ぶようになったのは、1996年7月にスイス・ジュネーブの国連欧州本部で開かれた「第14会期国連先住民作業部会」に中国政府代表が出席するようになってからだ。この年の作業部会で、中国政府代表は、台湾の先住民族（自らは漢語では「原住民族」を使う）代表の発言に再三警告を発するとともに、次のような歴史的声明を読み上げた。

　「先住民族[1]の根本的問題は、西欧諸国の植民地政策によって引き起こされたものである。西欧植民地大国の侵略と拡張のために、何世代にもわたって固有の土地に生活していた先住民族は数万人の単位で殺害された。こうした民族の伝統的領土は奪い取られ、固有の文化は破壊された。これは近代史の中で人類が経験した最悪のものである。……
　中国には、他のほとんどのアジア諸国と同じように、先住民族問題は存在しない。中国の5000年の文明史の中で、中国のすべての民族は平等に扱われ、国家の統一と発展に向けて、それぞれの民族がともに独自な貢献を行っている」[2]

　日本政府はこの発言にあからさまな賛意を示さなかったが、これまで同じ主張を繰り広げてきたインド政府やバングラデシュ政府はこれを支持すると発言する一方、台湾をはじめとする多くのアジアの先住民族はこれに拳をあげて抗議を行った。確かに、百歩譲って今日の中華人民共和国が民族の平等原則の上に成り立っていると認めたとしても、中国政府が5000年にわたって関係するすべての民族を平等に扱ってきたという主張にはまともな神経の持ち主であれば、誰もが首を傾げるに違いない。もし、それが真実であれば、国家間の問題

を公正に調整するための機構改革に悪戦苦闘している国連など無用の長物というに等しいからだ。

「先住民族」の権利問題は、確かに植民地政策と深く関連している。そして、国連は、1960年の「植民地独立付与宣言」に代表されるように、植民地の解放あるいは脱植民地化をその主要な目的として取り組んできた。しかし、その大きな成果である「植民地独立付与宣言」にも、落とし穴があった。宣言は、その第6項で、「国の国民的統一と領土保全」を破壊する試みにこの宣言を利用してはならないと釘を刺したのである。つまり、植民地とは、宗主国の領土から海を隔てた所に存在し、しかも、宗主国が「植民地」と宣言した所しか植民地とみなさないという極めて政治的で不公正な原則（青海説（blue water thesis）／塩水説（salt water thesis））を設定した。「先住民族」の権利運動は、これに抗して、国家の内部に残された「植民地」を総点検しようという試みに他ならない。中国政府の論理は、ヨーロッパ人の遠隔地からの入植が「先住者」に対して行われ、入植者やその子孫によって国家が形成された南北アメリカ大陸やオセアニアの地域でのみ、国家内部に「先住民族」が存在するというものである。このヨーロッパの植民地主義と「先住民族」を結びつける考え方は、その存在を否定するアジアやアフリカの諸政府には歓迎すべきものであったが、同時にそれは次のような問題を抱えている。アジアやアフリカには、国家の内部に「植民地」を取り込むような植民地主義はもともと存在しなかったという考え方であり、また、少なくとも、植民地解放後の国民国家建設において既存の国家は、領域の住民を公正かつ自発的に統合してきたという考え方である。つまり、先住民族の権利回復運動においては、「先住性（indigenousness／indigeneity）」を明らかにすることが、その権利を語るための本質的問題ではない。地球上に現在存在するすべての「近代国家」が形成された過程で、実質的な意味で、「植民地化・植民地支配」が存在しなかったかどうか、あるいは、現在もそれが存続していないかという問題を検証することである。

この視点からすれば、少なくともアジアにも、まず、民族の支配─従属の概念と制度が近代以前から存在したことを証明する必要がある。そして、アジアの地域で誕生した近代国家建設の過程で、特定の民族をその「国家機構形成（state-formation）」あるいは「国民形成（nation-building）」の名の下で「植民地化」

してきた事実と論理、つまり「先住民族」を生み出してきた歴史を証明する必要がある。その文脈では、ひとつの「植民地解放」が別の新たな「植民地建設」だったことを証明することになるかもしれない。ともかく、その一例として、アジアにおいて近代国家を形成した日本が、その過程でどのように日本の「先住民族」の問題を生み出すようになるかを本稿では検証してみたい。

1 「日露交渉」の論理と「アイヌモシリ併合」：日本の帝国主義の登場

1854年3月31日（安政元年3月3日）、日本を「開国」という名で国際社会に投げ込んだ「日米和親条約」が、調印された。全文12条から構成されるこの条約には、下田・函館の開港のほか、米国の難破船と乗組員の保護、欠乏品の供給、米国領事の駐在などが規定されている。その後、同じような内容の「日英約定」（1854年10月）、「日露和親条約」（1855年2月）、「日蘭和親条約」（1856年1月）が次々と調印されたが、この中で、とくに先住民族と植民地化という視点で注目されるのは1855年2月（安政元年12月）下田で調印された「日露和親条約」であった。

その理由は、この条約のみがロシアというヨーロッパの国家と日本というアジアの国家間の領土問題に関する条文を持っていたからである。この意味で、安政諸条約の中でのこの条約に対する評価は再考されるべきだと考えるが、その条約締結の過程を検証すれば、近代化を始めた日本が直接ヨーロッパの大国と国境交渉をするという事実を通して、どのように「領土概念」をヨーロッパ化させ、「帝国」に変化していったかを見ることができる。

そのポイントとなる条約第2条は、千島方面においては、エトロフ島とウルップ島の間に日露国境を引き、同時に、カラフト（サハリン）島は日露雑居地であると定めている[3]。そして、アイヌ民族とその権利を巻き込んだ条約交渉、とくに、国境交渉は、現在の北方領土や戦後補償にまでつながる問題だけでなく、琉球・沖縄問題を再考する鍵であり、日本のみならず、東アジアの近代史にとって、重要な意味を持つものであった。

ロシア政府の論理と「国際法」

　ロシアの特派大使エフィミィ・プチャーチン（Jevfimij Putjatin）は、英国で旗艦パルラーダ号の修理を終え、対日交渉にあたるため1853年1月18日に僚艦ボストーク号とともにポーツマスを出港した。プチャーチンに、ロシア政府から与えられた訓令、および長崎入港前に小笠原諸島の父島でオリバーツァ号、メンシコフ号と合流し、そこで手渡された追加訓令には、領土交渉に関する交渉原則が明記されていた。

　これによれば、ロシア政府は千島列島方面ではウルップ島までの領有を主張したが、その根拠は国策会社としてロシア帝国領の管理権限を持っていた露米会社（Russian-American Company）がウルップ島をすでに管理し、そこにロシア人が居住しているというものであった。他方、カラフト島に関しては、日本に南端のアニワ湾一帯の権利を認めることがあるとしても、それ以外は「無主地（terra nullius）」であり、近い将来この地域を占領するつもりであるので、日本にアニワ湾以外の権利を認めてはならず、交渉が最悪の事態を迎えた場合には問題を現状のまま維持するよう指令されていた。[4)]

　この訓令は、当時のヨーロッパを主体とする「国際法」（日本では「万国公法」と呼ばれた）に基づいたものであった。千島列島に関していえば、ウルップ島以北に対して「露米会社」の管理とロシア人の居住をもって「実効的占有（effective occupancy / possession）」あるいは「実効支配（effective rule）」が行われている領土であることを主張し、また、カラフト島に関しては「無主地」を前提にまもなく「先占・占領（occupation）」の行動をとる予定であるから、日本の領土権を認めてはならない、というものであった。

　1853年8月21日、プチャーチンは4隻の艦隊とともに、長崎湾に現れ訪日の意図、国境画定と開港通商を求めるロシア帝国政府の総理大臣カール・ネッセルローデ（Karl Nesselrode）の手紙を提出して、日本政府の対応を待った。[5)]当時の日本政府であった徳川幕府は、対応に手間取り、老中・阿部正弘が、長崎奉行・筒井政憲と勘定奉行・川路聖謨（としあきら）を交渉の全権代表である「露西亜使節応接掛」に任命したのが11月8日、さらに、この2人の政府代表が長崎に旅立ったのは12月4日になってしまった。しかし、この間、ロシアは、領土確保のための布石を忘れていなかった。1853年10月3日、ロシア人として「間宮海

峡（ロシア名：ネヴェルスコイ海峡）」を「発見」したゲンナディ・ネヴェルスコイ（Gennady Nevelskoy）大佐と露米会社の遠征隊が、日本人が居住するアニワ湾のクシュンコタンに上陸し、「ムラビヨフ哨所」と呼ばれる警備用の軍事施設を建設して、カラフト島がロシア領であることを宣言した。訓令書にある通り、ロシアはカラフト島を「無主地」、つまり、ロシア政府が認知するところのいずれの国家も領土主張をしていない土地として、遠征隊による領有の意図のある「占領」を行い、「先占」の儀式を敢行した。

　日本政府は、この事件をロシアによるものとは確認できないまま、「露西亜使節応接掛」を派遣することになったが、プチャーチンはロシア政府によるカラフト島「先占」の報告をボストーク号から受けると、11月18日第二の書簡を日本政府に提出して、長崎から一旦離れる行動をとった。この手紙では、領土交渉に関し、次のような新しい提案が行われた。千島列島方面では、ロシア人がかつて居住していたエトロフ島の帰属を議論すべきだとし、また、カラフト島に関しては最近ロシア領となったので、交渉上の問題となるのは、「臨時的住居」を建設してアニワ湾一帯に住んでいる日本人が残留するかどうかの選択だけだと主張した。

　交渉の第一段階でのロシア政府の論理は興味深い。まず、領土主張には、必ず国家機関との関連の深い、いわゆるロシア軍による占領や露米会社に属するロシア臣民の居住権をもって行い、決して支配下にある北方先住民族のそれを利用していない。そして、カラフト島に関しては、日本人の居住は「臨時的」なものと断定し、日本人の居住権に基づく領土権を一切認めていない。この論理は「無主地」の先占が成立するための近代国際法上の一般的な要件である「実効的占有」を根拠にしている。しかし、「実効的占有」では、自国民が土地を一時的に利用あるいは居住しているだけでは十分ではなく、継続的で実質的な利用や占有の他、対象となる土地に管轄権を持つ恒常的な地方権力機構などの成立が不可欠となる。この点、アニワ湾一帯に季節労働の形をとって居住する漁業関係者を中心とする日本人の存在は国際法上の「実効的占有」に値しないというのがロシア政府の主張であった。

日本政府の論理とアイヌ民族の権利

　プチャーチンは1854年1月3日再び長崎に入港し、筒井、川路の日本代表も1月12日に到着して、1854年1月18日から「日露和親条約」の具体的な交渉が開始されたが、この交渉の中心は、もちろん他の条約と大きく異なり「領土・国境画定」であった。

　18日の第1回交渉で、プチャーチンが、11月18日の第2書簡に従い、エトロフ島はどこの領土だと思うかと日本側に切り出すと、「開明派」といわれた川路は、次のように切り返した。まず、千島列島はすべて日本の「属領」であり、それは、島の名前が「蝦夷言葉」（アイヌ語）であることが証明している。しかし、ロシアの海軍軍人で軍艦ディアナ号の艦長であったヴァシリィ・ゴロヴニン（Vasilii Golovnin）がクナシリ島に来訪した際、ウルップ島を中立地帯として国境を分けたいというので、エトロフ島には外国人を入れず、松前藩の警備基地（番屋）が設けられている。つまり、川路は、千島列島にはアイヌ語の地名が使用されているから日本の領土であるという説得性の乏しい論理を展開し、少なくとも実効支配を行っているエトロフ島以南を渡すわけにはいかないという日本政府の意思を表明した。そして、この日、日本の暦では、嘉永6(1853)年12月20日、プチャーチンと川路の間では、アイヌ民族の地位と居住権をめぐって、これに続く次のような議論が行われた。プチャーチンは、エトロフ島に言及して、ロシア人が居住するようになるまで、この島には日本人は住んでいなかったのだから、ロシア領だと主張すると、川路は、アイヌ民族は日本に所属する人民で、アイヌが住んでいたということは日本の領土という証拠だ、と初めてヨーロッパ人にも理解できる論理で反論した。この川路の論理展開は、その後の日本の北方地域における領土交渉の中心理論となり、この交渉過程での極めて重要なポイントとなった。

　他方、カラフト島に関しては、川路からのクシュンコタンへのロシア軍の上陸に対する抗議と撤兵要求に始まったが、プチャーチンは、もともとロシア人が住んでいた土地ではないが、カラフト島の住民がロシアに帰属したいと願い、また、外国の勢力が占領をねらっているので、守備隊を派遣し、住民の防衛を行っただけであり、日本領に属する土地があれば、これに干渉しないというかなり柔軟な姿勢を見せた。

1月20日の第2回交渉では、日本側からカラフト島を北緯50度で分割したいという、のちに紹介する新しい提案が提出されたが、これに対し、ロシア側からはカラフト島南端のアニワ湾さえ日本人はわずか20名しか生活しておらず、日本人の居住する所には手を出さないつもりだが、むしろその実地検分を行いたいとの逆提案が出された。さらに、ロシア側は、エトロフ島に関しても半分に分割したいと提案したが、日本側はその理由はないとしてこれを拒絶している[15)]。

　この交渉でのもうひとつ重要な点は、日本政府がロシアに対して、カラフト島の「北緯50度国境」という論理を初めて公式に表明したことだ。1854年に始まるこの「北緯50度国境」の主張は、その後も、日露間そして日ソ間の外交交渉の遊び道具として、カラフトの先住民族の生活や権利をずたずたに切り裂いてきた悲しい歴史を刻むことになる。例えば、1905年5月日露戦争の最中に、日本軍はカラフト全島を占領するが、1905年8月の「ポーツマス条約（Portsmouth Treaty）」第9条にこの北緯50度以南のカラフト島の主権を日本が獲得することが明記され、日本軍はその南部に撤兵した。1920年5月にはロシア革命の混乱の中で「尼港（ニコライエフスク）事件」が起こり、日本軍は北サハリンを再び占

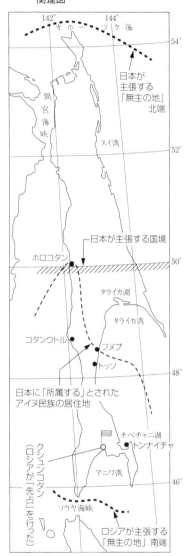

図2　サハリン島と日ロ国境交渉関連図

領するが、1925年1月に「日ソ基本条約」が調印され「ポーツマス条約」の有効性をソ連政府が確認すると、同年5月日本軍は北カラフトからの撤兵を完了させた。また、1945年8月8日にソ連が対日参戦すると、ソ連軍部隊が北緯50度を越えて南下して戦闘が始まり、8月20日からはコルサコフ（真岡）に上陸したソ運上陸軍を加えた激戦に展開し、この南カラフトにおける戦闘が基本的に終結したのは8月23日のことであった。さらに1951年9月に調印された「サンフランシスコ平和条約」第2条c項で、日本は南カラフトの主権を放棄したが、その主権がソ連・ロシアにあるとは現在も認めておらず、日本の公式地図ではこの地域はいまだに「領土未確定地域」とされている。こうした歴史は、国籍や市民権、教育制度の選択を含めて、カラフトの先住民族に筆舌に尽くしがたい苦難をなめさせることになった。

　ともかく、この長崎交渉は、日露両政府の領土主張を述べ合っただけで、次回下田における交渉への継続をもって1854年2月に終了した。長崎を離れたプチャーチンは、米国の全権使節であるマシュー・ペリーの動向を探るため、船首を南に向け、2月13日には琉球王国の那覇に入港した。他方、日本政府のその後の重要な対応は、説得力の最も高い論理である、日本の「属民（従属民）」であるアイヌ民族の居住地域が「北緯50度線」までおよぶことを確認する作業であった。地名がアイヌ語である、あるいは、外国の地図に日本領として色分けされているという長崎交渉で持ち出した別の根拠は、近代国際法を使った領土交渉に利用できるとは考えられず、「北緯50度国境線」の主張をより正確な事実で構成する必要があった。老中・阿部正弘は、交渉以前から計画していた蝦夷地調査隊に勘定吟味役・村垣範正、目付・堀利忠を任命し、次回の交渉に連動させるべく1854年4月には江戸を速やかに出発させた。

　近代国際法による領土交渉の考え方そのものは、ある意味では日本政府の一部の「開明派」からさらにその周辺に広がりつつあったと考えることができる。蝦夷地調査隊が出発する直前の同じ1854年4月に水戸の徳川斉昭は、長崎交渉を受けて、領土確保のためにはカラフト島への日本人の入植が必要との「実効的占有」を示唆する提言を阿部に行った。しかし、堀利忠は「蝦夷種居住之地ハ信証眼前ニ有之誣難き儀も御座候」と、日本に帰属するアイヌ民族の居住の事実を根拠とすれば、日本人の植民はなくとも領土権を主張できると反論し、

阿部自身も徳川斉昭の提言を却下している[19]。

そして最も注目すべき点は、調査終了後、1854年11月に、村垣・堀から提出された「北蝦夷地」調査報告書と、そこで展開された「領土権」の根拠であった。もともと村垣・堀はアイヌ民族の居住地までは日本領を主張し、それより北に関しては領土交渉の対象にするという方針を立て、これを実地検分することを目的にカラフト島に足を踏み入れた[20]。そして、当初2人が立てた予想は、1854年3月阿部宛に提出された上申書の中に次のように読み取れる。カラフト島における日本領は、たぶんその南端から約120～160キロメートル程度北上した所で、その地域までは日本の「介抱」を受けたアイヌ民族が居住している。だが、北緯50度まではカラフト南端から約520キロメートルもあり、ここまで領土権を主張することは難しい、というものであった[21]。しかし、調査の結果は、より積極的なものになった。アイヌ民族は日本人の予想以上に遠隔地交易に従事していた。報告書によれば、日本の「領土権」に関して次のような見解が示されている。日本に「従属する」アイヌ民族の居住地は、カラフト島の東岸はフヌプ（約北緯48.5度）、西岸はホロコタン（約北緯50度）まで確認できた上に、それ以北の北カラフトの地も中国に帰属することはあっても、ロシアに帰属する領土ではないというものであった[22]（図2参照）。

「日露和親条約」の締結と日露の領土

長崎交渉の継続として、場所を伊豆に移しての下田交渉が始まったのは、1855年1月31日であった。実は、前年12月22日に交渉は一旦開始されたが、翌日「安政の大地震」が発生し、プチャーチンの新しい旗艦ディアナ号は大破してしまった。

震災の復興作業の中で再開された下田交渉に対して、1855年1月阿部から出された指示は、忠実に「北蝦夷地」調査報告書に基づき、その北部においてもロシアに帰属する民族は存在しないから、カラフト島に国境を引く理由はそもそもなく、交渉においてカラフト全島を日本領として確保すべし、いわゆる「唐太全島は本邦所属」というものであった[23]。日本側がカラフト島北部に関して提示した理論は、まさに「無主地」理論であったといえる。

この日の交渉では、前回の交渉以来、日本領は日本人が住む南端のアニワ湾

だけだと主張するロシア側に対し、日本側は「アイノ居住丈ハ日本領、其余とても、スメレンクルハ満州所属之由」と反論した。つまり、アイヌ民族の居住する地域は日本領であり、「スメレンクル人」の居住する地域は中国領であるとの主張で、村垣・堀の報告書にあるようにロシアの領土権を原則的に認めなかった。「スメレンクル人」とは、現在のニブフ民族を指すアイヌ民族による呼称で、ロシア人はこの民族をギリヤーク（Gilyak）人と呼んだ。そして、アイヌ民族の居住権に基づいた粘り強い交渉で日本政府は、ロシア側から「日本人及ひ蝦夷アイノ住む丈ケハ、是迄之通日本所属と可認」[24]するという確認をとり、また、カラフト島の国境はこれまで通り設定しないという合意に達した。[25]

翌2月1日の第2回交渉では、条約の基本草案が決定し、「領土」に関する第2条の草案も次のように確定した。

> 「第二条草案
> 今より後、露西亜国と日本国との境、エトロフ島とウルップ島の間にあるべし、エトロフ全島は日本に帰属し、ウルップ全島夫より北にあるクリル諸島は露西亜領に属す。カラフト島に至りては、是迄之通日本国と露西亜国との間に於て界を分たず。
> 附録
> カラフト島之儀は、嘉永五年暦数千八百五十二年まで、日本人ならびに蝦夷アイノ居住したる地は日本所領たるべし」[26]

これによって、日本政府は、千島列島方面ではゴロヴニンとの交渉を尊重しつつ、他方では、アイヌ民族の居住権をもってカラフト島南部の「領土権」をロシア政府に認知させたと見ることもできる。しかし、最後の段階でプチャーチンから、「附録条項」中の「蝦夷アイノ」を「蝦夷島アイノ」に書き換えるように申し入れがあり、議論の結果、「附録条項」はすべて削除となった。[27]その他若干の字句の修正をした後、1855年2月7日（安政元年12月21日）「日露和親条約」の調印式が行われた。確定した条約の第2条は以下のようになった。

> 「今より後、露西亜国と日本国との境、エトロフ島とウルップ島との間にあるべし、エトロフ全島は日本に帰属し、ウルップ全島夫より北にあるクリル諸島は露西亜領に属す。カラフト島に至りては、日本国と露西亜国との間に於て界を分たず、是迄仕来之通たるべし」

そして、日本側が採択された条約の「是迄仕来之通たるべし」という文言をカラフト全島に対する日本の領土権の確保と考え、「附録条項」の削除にも合意したのに対し、ロシア側はこの文言は国境を単に設定しないと理解するという行き違いの末、歴史的ともいえるカラフト島の「日露雑居」が決定してしまった[28]。

アジア型からヨーロッパ型への支配論理の転換

　この交渉の基本論理は、ロシア政府が訓令や追加訓令を通して持ち込んだヨーロッパ型の近代国際法にある。しかし、日本政府は、この論理の展開に極めて巧妙にアジア型の国際秩序の論理を組み込んでいった。その中核となる考え方は、日本に対し「朝貢関係」にあったアイヌ民族を日本の「（従）属民（vassal people）」とする論理である。

　阿部に提出された「北蝦夷地」報告書には、この「従属民」を規定する論理が明確に述べられている。アイヌ民族が松前藩に「介抱」あるいは「撫育」されていると述べた村垣・堀の報告書は、スメレンクル人は「満州江貢之皮類持渡り、人別之増減等申立」てるから中国に帰属する。また、カラフト島中北部に生活するウィルタ人、報告書にいうオロッコ人はこうした行動をしないのでどこにも帰属していないとみなした[29]。この報告書が、阿部の「カラフト全島確保論」を生み出し、下田交渉でのその強気な「領土権」確保の根拠となったことは疑う余地がない。

　村垣・堀の報告書の背景には、次のような事実がある。中国政府と北方諸民族との「朝貢関係」はかなり古くまでさかのぼると見られているが、清朝が成立すると、1700年ごろには「満州仮府」

ウィルタ（オロッコ）商人〈「東西蝦夷山川地理取調紀行」『多気志楼蝦夷日誌集』3巻より〉

と呼ばれる施設が設置された。18〜19世紀にはこの「仮府」はアムール河畔を移動し、デレンという場所に最も長く置かれたが、ここには周辺の民族が集まり、中国政府の官人との間で儀礼の交換と制度化された交易が行われた。つまり、村垣・堀報告書が指摘するように、ニブフ人（「スメレンクル人」）は、中国政府が珍重した毛皮を持って満州に渡り、「儀礼」をもってこれを「進貢」しながら、人口などの情報を中国の役人に伝え、中国政府から一定の「官職」や厚手の絹織物である「山靼錦」など高級な中国製品が与えられた。かなりの変形ではあるが「冊封」と「進貢」で構成される「朝貢制度」と呼ばれるアジア的外交関係である。そして、この「儀式」が終わると、「仮府」の周囲に沿って設けられた市場での、民族同士の自由な交易が行われた。しかし、アイヌ民族からオロッコ人と呼ばれたウィルタ民族は、この「朝貢制度」に直接関与せず、当時「山靼商人」と呼ばれたウルチ人の商人がもたらす中国製品を中継貿易してアイヌ民族と交易を行っていた。つまり、「朝貢制度」を「支配−従属」の形態と見れば、「スメレンクル人」は中国に帰属しており、「オロッコ人」はどこにも帰属していないという村垣・堀の評価は、ひとつの視点からは歴史的に正確であった。

　そして、次の問題は、松前藩が行っていたアイヌ民族に対する「介抱」や「撫育」を日本政府が異民族に行った「もうひとつの朝貢制度」として、「領土権」主張の中核の根拠にすえたことだ。「介抱」や「撫育」は、日本人が設置した「会所」と呼ばれる交易基地で、ある種の儀礼を用いて商品の交換を行う、デレンで見られたのと同じような交易形態であった。

　この根拠がいかに重要であったかは、その補強が「日露和親条約」の締結後に改めて露骨に行われるようになったことで明らかである。条約締結後、日本政府によって、西海岸のコタンウトルやホロコタン、東海岸のトッソへの「出張会所」や「元陣屋」などの建設が次々と提案された。そして、興味深いことは、1856年12月カラフト島東海岸に住むウィルタ民族への「撫育」が、阿部によって決定、指示されたことだ。阿部の説明によれば、今後北緯50度以南を確固たる日本領と主張するためには、そこに居住する民族が日本に所属することを証明しなければならない。しかし、村垣・堀の調査では、東海岸では、日本の「撫育」を受けているアイヌは北緯48.5度のフヌプに住むアイヌ民族

までで、そこから北緯50度までに居住するアイヌ民族は60人を数え、その60人は日本の「撫育」を受けていなかった。さらに、北緯50度までに居住するウィルタ民族も日本の「撫育」を受けておらず、彼らを「撫育」しない限り、日本の固有の「領土権」の主張を維持できないというのが、この政策決定の本音であった。[32]

　この段階では、日本の「帝国主義」の論理は明確な形をとっていないが、それでもその原型をスケッチすることは不可能ではない。整理をすれば、日本政府が日露国境交渉でとった論理は次のようになる。中国の「朝貢体制」の模倣である日本の異民族交易制度に参加する周辺諸民族を一方的に日本の支配下にある「従属民」とみなすことにあった。その最初の対象は、アイヌ民族であった。また、その「従属民」が居住する範囲には、国家としての固有の「領土権」が主張できるとした。そして、北カラフトのように、その周辺に広がる地域は、交渉の余地のある、あるいは、他の国家が「領土権」を主張していないのであれば、先に「無主地」の論理を用いて「領土権」を主張することができるところと考えた。さらに重要なことは、日本政府のこの論理は、ロシア政府がカラフト島を「無主地」として「先占」しようとした、ヨーロッパの「帝国主義」の論理に見事なまでに接続する。

アイヌモシリの「植民地」支配

　日本政府が、この日露交渉で得た最大の利益は、むしろアイヌモシリの中核である北海道本島の領有であったということができる。「従属民」であるアイヌ民族の居住地には、日本の固有な主権、領土権が成立するという論理を確立する一方、交渉相手であるロシア政府が、カラフト島と千島列島のみを交渉の対象としたため、北海道本島は、この論理に従ってそのまま日本の固有の領土とされた。アイヌ民族の居住権を利用して、現在の日本の22パーセントにあたる地域を領土とすることに成功したが、北海道の沿岸の一部を除いて日本の実効的占有や実効支配が行われていなかったことは明らかであった。もし、ロシア政府が、アイヌ民族の居住権を領土権の根拠と認めず、あるいは、北海道本島に日本の実効的占有や実効支配を認めなかったとすれば、日本政府が容易に北海道を領有することができたかどうかは疑わしい。もちろん、当時の日本

政府は、この領土権主張の根拠に弱点を感じており、これを隠すため、あるいは、消滅させるためにさまざまな政策を採用したが、それこそがアイヌ民族政策の根幹をなすものであり、北海道の植民地統治を基礎づけるものとなった。

まず、固有の領土権を主張するためには、アイヌ民族の民族性を抹殺する（エスノサイド）ための同化政策、強制同化政策が必要と考えられた。1855年2月に「日露和親条約」が締結されると、日本政府（江戸幕府）は、ただちに「蝦夷地」をその直轄地とし、日本語や日本の風俗の奨励、仏教の布教などを推し進めた。そして、それまでアイヌ民族に使用していた外国人を意味する「夷人」や「異人」という用語を、もともと日本の領土内で土地の人を表す「土人」に変更し始めた。また、明治政府の下に、1869年7月「開拓使」が設置されると、入墨、耳輪、亡くなった人の家を焼く自家焼却など、アイヌ民族の伝統、習慣、文化を禁止する政策（強制同化政策）が1871年からより組織的また徹底的に行われるようになった。アイヌ民族の同化政策に始まった、日本の異民族政策は、その政治機構を支配する間接統治を行わず、個々の家庭生活に至るまで日本の文化様式と日本語を押しつけたが、その契機は、北方地域における領土権の確保と大きく関係していた。

この地域に固有の領土権を主張するためのもうひとつの不可欠なものは、アイヌ民族の居住地域に日本の実効支配が行われていることを示す行政上の証拠を積み重ねることであった。江戸幕府の「直轄地化」がその一例ともいえるが、明治政府も、中央政府の直轄官庁である「開拓使」を設置し、同じ1869年8月にアイヌ民族の領土を「国内化」するため次のような行政改革を行った。まず、地名呼称の日本的変更であった。日本政府は、外国ともとれる「蝦夷地」を「北海道」、「北蝦夷地」と呼んでいたカラフト島を「樺太

東京タワーの近くに残る開拓使仮学校跡の碑。開拓使は当初、「北海道」には置かれず、東京芝の増上寺内に設置された。

州」、そして、クナシリ島とエトロフ島を合わせて「千島国」と改称した。また、その中心である「北海道」に「国郡制」を実施し、11国86郡の行政区画を設定した。[35]

　名目的な日本的行政区画が実施されても、日本政府の本音は、「北海道」は「日本」の外という認識であった。明治初年のこの矛盾に関する最も典型的な例は、国防計画に見出される。1873年は、近代国家となった日本にとって重要課題である国軍の整備が行われた年であった。この年1月「徴兵令」が施行され、国防は、「国民皆兵」の原則の下、封建武士団から平民中心の国軍に移行した。この年の実績でいえば、当時の日本軍は、天皇を直衛する近衛都督と鎮台と呼ばれる地方軍団による体制で、平時3万1680人、戦時4万6350人の規模しか維持できなかった。[36] また、同じ1月の「鎮台条例」の改正で、日本の国防は近衛都督と六鎮台体制になった。これは、近衛都督のほか、東京鎮台、仙台鎮台、大阪鎮台、熊本鎮台、名古屋鎮台、広島鎮台の6つの鎮台と呼ばれる常設の軍隊が編成され、それぞれの軍管区に鎮台司令部が設置された。(1888年5月には、この鎮台が廃止され、師団が設置されて、近衛師団および第一師団(東京)〜第六師団(熊本)の七個師団体制に移行した。)

　しかし、名目的に日本の行政区画ができあがったばかりの北海道には、「第七軍管区」という名称が与えられただけで、鎮台も、常備軍も配置されなかった。「北海道」は日本の防衛圏の「枠外」に置かれたことになる。「固有の領土」内に置かれた「植民地」が示す独特の特徴である。

　当時「開拓使」の開拓次官で、この問題を憂慮した黒田清隆は、1873年11月、太政大臣に対し、北海道防衛に関する建議書を提出した。それは、北海道に1500戸6000人規模の「屯田兵」を設置しようという計画であった。翌1874年6月に日本政府によって決定された「屯田兵」制度には、次のような極めて矛盾した、しかも植民地としての独特の性格が与えられている。

　まず、「屯田兵」は、国民皆兵の時代に逆行して、世襲制の士族兵であった。当時、士族の軍事部隊は、この「屯田兵」と警視庁の部隊「警視隊」だけであり、これらの士族部隊は重要な戦争に動員された。次節で説明する1874年5月に強行された「台湾出兵」の中核には、元警察官で構成された300名の「徴集隊」が編成され、1877年2月に「西南戦争」が勃発し、平民中心の国軍と

北上する薩摩士族軍の戦線が熊本で膠着すると、「警視隊」と「屯田兵」が戦闘に投入された。また、1879年3月の「琉球併合」において那覇に上陸した部隊にも160人の警視庁部隊が配備された。つまり、士族兵は、外征や反乱鎮圧用の特別部隊であり、北海道にこの強力な部隊が軍事力として展開したことは注目に値する。[37]

次に、「屯田兵」は、開拓と国防に従事するだけでなく、すべて「憲兵」として配備された。「屯田兵」には、軍事警察権のほか、行政警察権、司法警察権という広範囲な警察権が付与されていた。[38]具体的には、北海道に侵入した外国のスパイを逮捕する権限、これと内通する国内の協力者を調査、摘発する権限が与えられた。この「屯田兵」が「憲兵」として配置された当初の目的は、アイヌ民族に関する治安管理が考えられる。日本政府は、アイヌ民族の実効支配を強調しようとしたが、アイヌ民族の自治意識は強く、日本の支配を快く思っていないことは明らかであった。

例えば、1853年にネヴェルスコイがカラフトを占領したときのロシア側報告書では、アニワ湾のアイヌ民族はロシア人を歓迎し、日本人による差別と搾取を次々に訴えた、と記録されている。[39]1859年9月に江戸に来航したロシア政府の東シベリア総督ニコライ・ムラヴィヨフ（Nikolai Muraviyov）は、こうした情報を根拠に、カラフト島のアイヌ民族は日本に服属しておらず、日本の臣民ではないという主張まで展開した。[40]こうした状況は、日本政府自身も把握していた。1869年5月に日本政府自らが発し、「蝦夷地」を「皇国の北門」と位置づけた「蝦夷地開拓方針」は、次のように述べている。

　「是迄官吏之土人を使役する、甚だ過酷を極め、外人は頗る愛恤を施し候より、土人往々我邦人を怨離し、彼を尊信する」[41]

この点、日本政府の認識からは、アイヌ民族が外国人、とくにカラフト島やウルップ島以北に居住するロシア人を手引きする可能性は小さくなく、この先住民族は十分治安管理の対象とされたと考えられる。

そして、最後に最も重要な点は、「屯田兵」の指揮権が問題となったことだ。これを問題にしたのは、黒田であった。当時、各鎮台の常備兵の指揮権は、1872年2月以来兵部省に代わって設置された陸軍省・海軍省に直属していた。

また、黒田は、1870年に着任しても、「開拓次官」という役職は文官であり、文官に軍の指揮権は与えられなかった。1874年6月の日本政府決定はこれを「名案」で解決する。それは、文官である黒田を、同時に武官として任命し、「屯田兵」に対する一定地域内における指揮権を承認した。これによって、「開拓次官」黒田清隆は、「陸軍中将」に任じられ、同時に強大な警察権を持つ「北海道屯田憲兵事務総理」に就任し、「開拓使」管轄地域における「屯田兵」の指揮権を手に入れた。この余勢をかって、同年8月には、黒田は国務大臣にあたる「参議」を兼任し、「開拓使」の最高位である「開拓長官」に昇りつめた。いいかえれば、1874年をもって、北海道は現役武官による軍政下に置かれたことになり、政務権と兵権を併せ持つ独裁的な「開拓長官」のポジションは国内行政制度からは異質なものであり、同時に、明治官僚の重要な出世コースのひとつとなった。因みに、この「屯田兵」を母体に第七師団が北海道に編成されたのは、1888年5月のことである。「固有の領土」といわれながら、実効支配が行われていなかった地域では、こうした「奇妙な制度」が平然と確立されていた。

2 「台湾出兵」とアジアの国際秩序

　「日露国境交渉」が近代日本の北方における国境画定だとすれば、南方における国境画定は1872年9月に始まる「琉球併合」の経過を見ることによって理解することができる。しかし、これを考察する前に、1871年12月の「琉球宮古島民遭難事件（牡丹社事件）」に端を発し、1874年5月に行われた近代日本の最初の本格的な外征であった「台湾出兵」を考察することによって、ここにはっきりと表れるアジアの帝国主義概念の形成を検討してみたい。

中国政府の領土概念と日本政府の対応

　まず、「琉球宮古島民遭難事件」とは次のような事件であった。宮古島の住民69名が首里王府に納税の帰り、台風のため台湾南東部に漂着した。69名のうち、3名は水死、54名は現地の先（原）住民族に襲われて殺害され、残り12名は中国人に救助されて帰郷した。この事件の情報は、「日清修好条規」改定

図3 リゼンドルが日本政府に提出したと思われる地図と境界概念

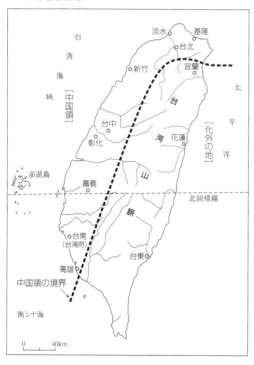

のため天津に滞在中の日本の外務省の代表から、1872年5月東京の本省に送付された[44]。この時点では、「琉球王国」は存続しており、「琉球藩」はまだ設置されていない。1872年9月、この事件を知った鹿児島県参事官・大山綱良や鎮西鎮台第2分営長（鹿児島）で、後の初代台湾総督を務めた樺山資紀から討伐軍を派遣するよう中央政府に強い働きかけがあったが、当時の日本政府に外征の力はなく、行動を起こしたのは2年後の1874年5月であった。西郷従道に率いられ、4隻の軍艦に分乗した日本軍約3600名は台湾南部に上陸し、先（原）住民族の掃討作戦を展開した。

樺山が強硬論を展開し、日本政府上層部に働きかけた背景には、彼がこの地域を中国の主権がおよばない地域と考えた認識があった。1867年3月、台湾南部に漂着した米国船ローバー号の船員14名が先（原）住民族地域で殺害されたが、中国政府はこの事件に積極的に対応しなかった。そこで、米国は軍艦を出動させ責任追及を行おうとしたが、効果は上がらず、1866年7月に厦門の米国領事に就任したばかりのチャールズ・リゼンドル（Charles LeGendre）が乗り込んで南部一帯の先住民族の大首長トウキトク（Tauketok）と直接交渉し、米国国旗を掲げた船には危害を加えないとの「遭難救助条約」を取りつけることに成功した[45]。この事件を1872年10月の樺山の日記は次のように書いている。

「台湾蕃地は支那の主権外に属し、各社統領あって之を主宰す。先年米人暴殺に逢い戦争を起こしたるときは、……将来国旗を掲げ、相互危害を受けざることに条約をなし置きたり」[46]

そして、カラフト島で日露双方から展開された「無主地」の論理は、この「台湾出兵」で再び精緻な形をとって登場することになる。1874年2月、この出兵を閣議決定した「台湾蕃地処分要略」は、その第1条で、侵攻の根拠を次のように展開している。

「台湾土蕃の部落は清国政府政権およばざるの地にして、その証は従来清国刊行の書籍にも著しく、ことに昨年、前参議副島種臣使清の節、彼の朝官吏の答えにも判然たれば、無主の地と見なすべきの道理備われり。ついては我藩属たる琉球人民の殺害せられしを報復すべきは日本帝国政府の義務にして、討蕃の公理もここに大基を得べし」[47]（傍点引用者）

ここでいう「前参議副島種臣使清の節」とは、1873年6月副島種臣外務卿（外務大臣）が北京を訪れた際、6月21日、中国政府の外務省「総理各国事務衙門」（総理衙門）でこの事件について日本の駐清公使・柳原前光が言及したのに対し、外務担当大臣・毛昶熙が次のように発言したことを指している。

「ただ生蕃の琉球国民を掠殺せしを聞き、未だ貴国人に係ることを知らず。……未だ服せざるを生蕃と謂うてこれを化外に置き、甚だ理むることをなさざるなり。……生蕃の暴横を制せざるは、我が政教の逮及せざる所なり」[48]（傍点引用者）

つまり、台湾先（原）住民族に殺害されたのは我が中国の「属国」である琉球国民であるから、日本国民が被害を受けたわけではなく、また、台湾先（原）住民族は中国政府の支配がおよばない「化外」だから、中国政府が日本に対してこの問題の責任を負う必要はない、と答えた（図3参照）。

ここで、中国政府は、「琉球」は「属国」であり、台湾先（原）住民族地域は「化外」であると述べたが、問題はこの意味をアジア型の国際秩序の視点から考察することである。それを示唆する答は、この議論を引き出した中国「総理衙門」での日中政府間の問答に表れている。柳原は、琉球・宮古島民の事件に言及する前に2つの質問を毛大臣に行った。ひとつは、マカオはポルトガル人に占領されているがポルトガルの属領になったのかと質問した。これに対す

る答は、貸したけれども返さないだけだという苦しいものであった。国際法的にいえば、実効支配されているが、主権・領土権は中国にある、いわゆるマカオは中国「本土」に属するといういい方で、今日日本政府が「北方領土」に言及する論理と変わらない。

　そして、もうひとつの、本稿に関係して重要な質問は次のようなものであった。中国政府は、米国政府からの問い合わせに対し、朝鮮は「属国」だがその「内政」には関与しないと答えたことは事実かというものであった。これに対して、毛大臣は、朝鮮とは「朝貢」関係にあってもその「和戦権利」には関与しないと回答した。この問答が非公式のものであったとしても、のちの「領土権」に対する中国政府の対応を見れば、中国のいう「朝貢制度」の下での「属国」が、宗主国の「領土権」や「主権」の下にある「従属国」を意味するものでないことを確認することができる。

「無主地」と日本政府の侵略の論理

　しかし、この交渉では、日本政府は「属国」の意味よりも、「化外」という文言を極めて重要視した。「台湾蕃地処分要略」が北カラフトに比べて、台湾原住（先住）民族地域を明確に「無主の地」と記している理由は、明治政府の外交・法律顧問グスタフ・ボワソナード（Gustave Boissonade）やその外交・軍事顧問となったリゼンドル、あるいは国際法による行動を日本政府に再三勧告した米国の駐日公使チャールズ・デロング（Charles DeLong）の近代国際法に関する強い助言の影響である。

　例えば、1872年10月25日、デロングは外務省に副島を訪ね、台湾で原住（先住）民族と直接交渉したリゼンドルが横浜に滞在していることを告げた。そして、注目すべき発言を行った。台湾は「即ち浮きものにて、取る者の所有物と相成り申すべく」と進言した。つまり、台湾は近代国際法上「浮きもの＝無主地」なので、「先占」をした国に自国領土とする権利があると仄めかした。そして、副島の質問に対し、台湾は中国政府の管轄内ではあるが、東部および南部の原住（先住）民族地域では「政府の命令は行われず」、実効的支配は行われていないと説明した。「無主の地」と「先占」の理論は、興味深いことに、まずロシア人から、そしてここでは米国人から日本政府に伝えられた。

この理論に興味を示した副島は、翌10月26日横浜で、その翌日の27日には東京でリゼンドルと会見した。そして、この会見で、台湾原住（先住）民族地域の情勢を副島に説明したリゼンドルは、日本が台湾を領有すべきであるとまで進言した。その後、リゼンドルは、4通の覚書を外務省に提出し、外務省はこれに基づいて、対処方針を決定していった。とくに、重要な影響力を持った「第一覚書」に日付はないが、同じ10月中に作成されたものらしく、台湾先住（原住）民族地域問題について、次のような内容の提言を行った。

　中国政府は台湾島の先住（原住）民族を文明化（開化）する努力を怠ってきたため、漂着者の安全が脅かされている。もし、先住（原住）民族地域が未開の地であれば、「無主地」としていずれ欧米列強によって植民地化されるだろう。日本政府は近隣の地に欧米の植民地が建設されることを好まないが、もし中国政府がこの地を領土とみなす気がないのであれば、欧米人の手に落とすよりは、日本政府が領有すべきだ、というものであった。

　法的に整備されたこの論理は、「無主地」と「先占」を領土獲得の根拠として巧妙に展開した理論であり、1854年にプチャーチンがネヴェルスコイの遠征隊によるカラフト島の「先占」を正当化した際にも用いた論理構造を持っていた。そして、1873年6月に中国政府で行われたやりとりは、この日本側の論理を中国政府に確認し、台湾先住（原住）民族地域は「無主地」に最も近いアジア的概念である「化外」であるという言葉を中国外務省から引き出すために行われたと考えてもよい。そして、結果的には、「化外の地」には「先占」が可能であるというこの理論を実践する形で、1874年5月の「台湾出兵」が実行された。

　もちろん、中国政府の国際秩序概念が、日本が行った「台湾出兵」により大きく動揺させられたのも事実である。

　1874年9月、掃討作戦が終了した後、日本政府は大久保利通を全権代表として、北京に送り込み事件の外交交渉による決着を図った。ボワソナードを伴った日本政府代表団は、近代国際法の論争を挑み、一貫して、先住（原住）民族地域を「無主野蛮の地」と主張し、交渉を進めようとした。これに対し、中国政府は、この地域は清国流のやり方で治めている「属地」であるとの反論を繰り返した。中国政府は、自ら「化外」と主張した先住（原住）民族地域をこの

時点から「属地」と主張するようになり、日本政府が読み替えたように、国際法上の「無主地」と主張されないため、「開山撫蕃」と称し、「撫育」を通しての同化政策と支配をおよぼし始めた。中国もまた、交渉において近代国際法に沿って行動を始めたことになる。もちろん、この地域における「撫育」の開始はまさに1870年代であったにもかかわらず、本章の冒頭で紹介したように、中国政府は、先住（原住）民族の権利を一切無視して、この地域に固有の領土権があると主張している。

3 「琉球併合」ともうひとつの植民地形成

「付庸」の関係と近代国家

　日本の南方における国境確定では、従来「琉球処分」といわれてきた事件を再検討しなければならない。これを検証する視点は、1850年代以降、日本政府が、明治政府に移行後もとり続けた近代国際法に沿った外交関係の維持である。1868年に誕生した明治政府は、江戸幕府が欧米各国との間に結んだ不平等条約の改正に大きなエネルギーを注ぐが、例えば、これは明治政府が国際法上の「国家承継（state succession）」という論理を認めていたことに他ならない。つまり、「先行国」（徳川将軍国家＝江戸幕府）が負った国際法上の権利・義務は、「承継国」（大日本帝国＝明治政府）が引き継ぐという考え方である。そして、アジア的国際秩序概念から近代国際法概念への恣意的な変換を明治政府は、その南方での領土獲得においてより巧妙に利用することになるが、ここでもその特徴は、北方地域で展開した論理と同じ、「朝貢」関係にあった「従属国」に対して、その主権を確立できるという強引な理屈であった。

　1872年7月、鹿児島県から、日本の天皇の命令（「朝命」）として、明治維新に対する「慶賀使」の派遣要請が琉球政府に伝えられた。琉球政府内部では、「朝命」の意味を警戒しながらも、徳川幕府に対する「慶賀使」と同じものとして、使節の派遣を決定した。つまり、「慶賀使」派遣の要請主体が、将軍から天皇に代わったとしても、それは「先行国」政府と「承継国」政府の国内事情にすぎず、その「外部」にある「琉球」にとっては本質的な問題ではないと考えられたからである。

ともかく、琉球政府は、伊江王子朝直（尚健）を正使、宜野湾親方朝保（向有恒）を副使として、東京に派遣することに決め、一行は船で9月3日品川に着き、9月14日明治天皇に面会した。琉球政府のあいさつ文は、政治が天皇の下に一新されたのを聞き、使節を派遣してこれを慶び、土産の品々を献上する、という一般的な文章であった。あいさつの主体は、原文では「琉球国中山王尚泰」とあったものを、日本政府の「外務省」での打ち合わせで「琉球尚泰」と書き改められた。これに対し、天皇から勅語があり、その中で「琉球ノ薩摩ニ附庸シタル年久シ」く、今回維新にあたって、使節を派遣し、土産を献上するという忠義をうれしく思う、との言葉があった。

　天皇は、さらに、外務卿（外務大臣）に詔勅を授け、読み上げさせた。重要な部分は、尚泰王を「陞シテ琉球藩王ト為シ、叙シテ華族ニ列ス」という件である。つまり、琉球国王を琉球藩王に格上げし、華族の身分を与えるということで、日本政府の認識としては、「琉球王国」を廃して「琉球藩」を設置することで、「琉球」を日本に統合したことを意味していた。ここでも、その措置を行う理由のひとつに「薩摩附庸ノ藩」という言葉が添えられている。[58]

　ここでの日本政府の論理構成としては、琉球は「附（付）庸」＝従属国であり、従属国には日本の領土権がおよぶという日露和親条約のときと同じものであったが、その対応は、樺太・千島列島の交渉と比較してもむしろ混乱しており、相手がロシアというヨーロッパの政府代表ではなかったことだけが幸いした。この詔勅によれば、琉球を近代国家日本の領土に組み込む根拠は、再三薩摩藩の「附庸」となって久しいからという理由が繰り返された。例えば、この琉球使節が東京に着く、3カ月前の1872年5月30日付で、大蔵大輔（今日の事務次官クラスにあたる）であった井上馨は、琉球を日本に併合するための建議書を提出したが、そこには次のような論理が描かれていた。琉球は、1609年の薩摩の侵攻以来、薩摩藩の「附庸」であるが、従来、中国からも冊封を受けるという「両属」状態であった。しかし、日本が明治維新によって近代国家となった今日これを認めるわけにはいかず、その「酋長」（井上は、琉球国王を「酋長」と蔑称で呼称した）を説得して、「我所轄ニ帰シ」、「内地一軌ノ制度」を実施する必要がある、と主張した。[59] 天皇の勅語にあった「琉球ノ薩摩ニ附庸シタル年久シ」は井上の建議書から類推すれば、1609年3月の薩摩侵攻以来を意味して

いる。そして、その時点から琉球は薩摩藩の「付庸」＝従属国になったのであるから、維新に際し、国王を説得して、日本に併合し、国内制度を一律に実施するというもので、これが、「琉球藩」を設置した詔勅の下敷きになったことは間違いない。この論理は、アイヌ民族の統合あるいはアイヌモシリ併合の論理と同じであった。アイヌ民族は、政府機構を持っていないとみなされたために、「従属国」ではなく「従属民」と称され、古くから日本に服属していたこの「従属民」が居住する地域に、日本政府は領土権を主張できるとした。江戸幕府を承継した明治政府も、琉球は「従属国」であるから、領土権を主張することができると考えた構造に大きな違いはない。井上のほかにも、内務省大丞（局長クラスにあたる）で、のちに琉球問題の「処分官」となった松田道之は、さらにさかのぼって古代から琉球は天皇家に帰服しており、中世以降の騒乱の中で、天皇の権威をおよぼすゆとりがなく、中国との「両属」という不合理な関係が誤ってできてしまっただけだと論じたこともあった。[60]

しかし、この交渉が対等で、もし、琉球使節に欧米人の外交顧問がいたとすれば、プチャーチンが、千島列島全域はアイヌ語の地名がついていることからあるいは外国の地図に日本と同じ色で塗られているから、古くからの日本の領土だという川路の飛躍した主張を笑ったように、日本政府の論理は一蹴されたことだろう。近代国家を名乗る日本が、主権や領土権を主張するのであれば、それは基本的に近代国際法に従うものでなければならない。そして、これに従って考えれば、琉球に「日本」の固有の領土権がおよぶとすれば、琉球人に「日本人」としての帰属意識があるか、もしくは、日本政府が実効的占有や実効支配を行ってきたかを証明する必要があった。日本政府は、この時期、後者の論理、「従属国」として日本は琉球を実効支配してきたという点を強調した。[61]しかし、実効支配を主張するならば、いくつもの反論が可能であった。1871年7月に、国内で「廃藩置県」が行われた直後に、あえて「琉球藩」という奇妙な藩を新設し、日本の国内制度になかった「藩王」という特別の地位をなぜ創設しなければならなかったのか。あるいは、国内の旧諸藩が大蔵省の管轄（内務省の設置は1873年）であったにもかかわらず、なぜ、「琉球藩」のみが外務省の管轄とされたのかの説明を求めたに違いない。ましてや、琉球使節が井上の建議書を読んでいたとすれば、「我所轄ニ帰シ」、「内地一軌ノ制度」を実施すべ

きという箇所を指して、日本政府の高官自らが、近代国際法的に読めば、実効支配はなかったと指摘しているではないかと反論したことだろう。

　そして、ここでは琉球に課せられた「付庸」＝従属国の内容をやや詳細に検討する必要がある。薩摩藩は、1609 年 3 月に琉球侵攻を開始し、4 月には首里城を攻撃して、国王尚寧および高官百余人を捕虜にして鹿児島に凱旋した。この時期から「付庸」の国という言葉が使われるようになるが、この戦争ののち、薩摩藩が琉球に課した条件は、次の内容であった。まず、1611 年、薩摩藩は、琉球王国領であった奄美大島から与論島までの五島の割譲を琉球国王に認めさせた。また、同年琉球全域で行った「検地」に基づき、琉球の石高を 8 万 9000 石と定めて、薩摩藩に対する貢租の内容を決定した。その他、国王・摂政の就任に関する承認、薩摩藩事務所（在番奉行所）の琉球設置などの取決めも行われた。この関係は、19 世紀末に、アジアにヨーロッパの近代国際法システムが取り入れられる中どう考えればよいだろうか。

　例えば、この「付庸」は戦争の敗戦による戦勝国の「支配」と考えるべきだろうか。19 世紀後半の時点で、薩摩藩を介在させた「日本」に対する琉球は、まず、国際法上の「保護国（protected state）」あるいは「付庸国（vassal state）」と考えてみることができる。前者は、条約によって他の国家の保護下に置かれ、通常の外交機能が一部制限された国である。他方、後者は、ある国の一部が国内法によって独立的な地位を与えられたもので、大国の一部が分離独立する過程で生まれるが、国際社会では宗主国の一部とみなされ、宗主国が条約を締結すれば、これに拘束される国である。「保護国」の典型としては、「韓国併合」の過程の中で、「ポーツマス条約」締結直後の 1905 年 11 月「第二次日韓協約」で、日本政府が韓国（当時は「大韓帝国」）を「保護国」にした事例がある。このとき、ソウルには強力な日本軍が駐屯し、この協約によって日本政府の直轄機関である「統監府」が設置され、大韓帝国政府のすべての外交権が停止された。具体的には、ソウルにあった各国の外交公館は退去を命じられ、海外にあった大韓帝国政府の公館はすべて閉鎖された。また、後者の例では、オスマン帝国の下でのエジプト（1840 年～1914 年）やブルガリア（1878 年～1908 年）がそれにあたるが、2 つの国ともその後独立を達成した。

　1609 年の侵略戦争とその講和の条件交渉の中で、琉球は「領土」の一部を

確かに失い[64]、また、国王の最終承認権や貢租の徴集権の一部など主権の一定の部分を他国に委ねたことになる。しかし、ここで重要なことは、薩摩藩が目的としたものは、主権を剝奪して、琉球全域に実効支配をおよぼすことではなかった点である。名目的には、中国の進貢貿易と冊封制度を小規模ながら実現して自らの藩の威信を示し、実質的には、毎年確実な経済的利益を琉球から吸い上げることがその目的であった。逆に、琉球政府の視点に立てば、国王の最終承認権は中国政府が持っていた冊封の権利と同種のものを委ねるものであり、服属の意思を表す朝貢制度によって中国からの安全保障を獲得するように、経済的権利の一部を譲渡することで、薩摩藩からの武力侵攻を受けない状態を確保することができた。そして、前節で見たように中国は、朝貢制度による支配－従属関係を基本的に、中国政府の統治権をおよぼす地域を示す領土権と結びつけていなかった。つまり、琉球の実態は、アジアの常識的な国際秩序の中で、自らの主体的、総合的な外交政策の視点から、知恵を駆使して巧妙な安全保障を実現していたのであり、この国家の状態を「保護国」や「付庸国」とみなすことはできない。むしろ、琉球政府の視点から見れば、琉球は「日清両属」状態だったのではなく、大琉球時代に比較すれば制限を受けたとはいえ、外交政策を駆使して、中国にも、日本にも帰属しない固有の国家と領土を維持してきたとみなすことができる。その状況では、当然のことながら、日本の領土権や主権が琉球に存在するわけはないと行動したはずである。そして、歴史上の琉球政府の行動はこの仮説を事実として明らかに証明している。

琉球政府の抵抗と国際環境の変化

1872年の天皇の詔勅そのものに対する反応が、まず琉球政府の主体性を意味していたと考えることができる。「琉球藩王」の称号の付与は、日本政府の意図とは異なり、琉球使節にとっては、薩摩藩が持っていた国王の承認権が、天皇からの「冊封」に代わっただけだという認識であった[65]。アジアの国際関係の常識からいえば、それはむしろ当然の反応だった。そして、「国家承継」が行われたこの時期をねらい、琉球使節一行は、この機会を「外交交渉」の場として果敢かつ迅速に行動した。天皇と会ったのち、伊江王子らは、外務省に副島外務大臣を訪ね、薩摩藩が17世紀の琉球侵攻によって併合した奄美大島か

ら与論島までの五島の返還、防衛協定の担保にあたる貢租の軽減を要求した。[66]
日本の新政府に対して、領土の返還交渉が、最初の琉球政府の「外交政策」で
あったとすれば、その姿勢はまさに意気盛んだったと評価してよい。そして、
副島は、領土返還に関して「琉球のために善処したい」と答えたが、その約束
は今日と同じように守られなかった。[67]

　これに対し、日本政府は、重要なことだが、近代国際法に従った「併合」の
手続きを一方的に進め始めた。最初の手続きは、国際法の主体に認められる外
交権の一部「条約締結権（treaty-making right）」の剥奪である。1872年9月28
日に、1850年代に琉球王国と米国、フランス、オランダの間に結ばれた条約
を日本の外務省の所管とする「太政官布告」を発して、条約正文を東京に没収
した。[68]琉球政府は、1854年7月11日に那覇において「琉米修好条約」を米国
全権マシュー・ペリー提督と琉球国総理大臣尚宏勲[69]との間で締結した。この条
約は、1855年3月9日連邦議会の批准という重要な手続きを経て、米国大統
領から正式に布告されたものであった。また、「琉仏修好条約」は1855年11
月24日、そして、「琉蘭修好条約」は1859年7月6日にそれぞれ締結され
た。[70]そして、これらの条約は欧米諸国から、国際条約とはっきりと認められて
いたため、日本の外務省に、条約上の権利は、琉球政府から日本政府に承継さ
れるのかという問い合わせが寄せられた。1872年10月20日付で、米国公使
デロングから問い合わせの手紙が、副島外務大臣に送られたが、デロングの認
識は次のようなものであった。「琉球国王」の称号が剥奪されたことで、「琉球
が日本帝国の一部として併合されたこと（incorporating Lew Chew, as an integral
portion of the Japanese Empire）」を理解するが、「前王国の領土内（within the
territorial limits of the former Kingdom）」に関する条文は日本政府が遵守するの
か、というものであった。[71]

　琉球政府に国際法の主体としての権利があるという認識は、条約を締結した
当事国政府に限られなかった。イタリア代理公使コント・リッタ（Conte
Litta）からは、1873年8月27日付で次のような手紙が日本の外務大臣に寄せ
られた。それは、米仏蘭と琉球政府が結んだ条約に書かれた権利を、旧王国の
領域内においてイタリアの船舶および人民にも承認してほしいという内容で
あった。副島は、早速、その旨を琉球藩に申し伝えるという回答を行った。[72]こ

れらの議論の重要な点は、米国政府やイタリア政府が琉球政府に対して、「条約締結権」を認めた上で、さらに「領域管轄権（territorial jurisdiction）」が存在したことを前提に話を進めている点である。加えて興味深い点は、日本の外務省が、琉球政府が欧米諸国と結んだ条約を本来「無効」と主張せず、「承継」するという立場をとっている点である。外務大臣自らがイタリア船舶や人民への権利の拡大を「琉球藩」に申し伝える（「同様取扱候様同藩に相達し置可申候」）と回答して、依然として、条約に関する「領域管轄権」は琉球藩にあると思わせるような姿勢を見せてもいる。

　条約に関する琉球政府の「領域管轄権」は実は、副島がそのそぶりを見せたように、1879年に琉球併合が断行される以前には、完全には否定されていなかった。1873年3月、先島方面に測量のために赴いた日本船が外国人漂流者を連れ那覇に寄港した際、その取り扱いを外務省出張所が一方的に行ったため、「琉球藩庁」との間で対立が生じている。また、この事件の結果、1873年7月三司官の浦添親方朝昭が東京に出向し、外務省と三条実美太政大臣に対して、漂流民の措置については従来通り「琉球藩」に管轄権があると抗議した。[73]

　しかし、日本政府は、こうした中「併合」プロセスをさらに半歩進めた。やや前後するが、1872年9月の「太政官布告」と同時に、薩摩藩の事務所であった「在番奉行所」を廃止して、外務省の出張所を設置し、薩摩藩の官吏をそのまま外務省に採用した。他国を併合する際に、外交権をまず剥奪し、外交権を代行する中央官庁の出先機関を設置する方法は、「韓国併合」の前に行われた日本の「統監府」のソウル設置と外交権の停止を大韓帝国政府に認めさせた1905年11月の「第二次日韓協約」の原型ともいえる。しかし、日本外交の侵略手段は当時まだ「洗練」されていなかったし、琉球問題はあくまで「国内問題」として処理されようとしていた。

　1873年7月の浦添親方の外務省交渉時、副島外務大臣が渡清中で十分な交渉ができなかったと判断した琉球政府は、8月に与那原親方良傑を東京に再度派遣し、帰国した副島と再び交渉のテーブルを囲んだ。副島は、この交渉で外国との条約締結を除けば、「琉球の国体政体は永久に変更せず」、国内の政治は「藩王」に一任されていることを確認し、清国人漂流者の送還に関しては、従来通り、「琉球藩」に管轄権があることを認めた。[74]「琉球藩」を管轄する副島の

対応を見る限り、1873年の段階では、内政権は「琉球藩」にあり、また、外交権も中国との関係に関するものに限り同じく琉球政府にその一部が維持されていた。

中国政府の対応と日本政府の論理、琉球政府の行動

　1873年の対中国政府交渉に始まった台湾問題は、1874年5月「台湾出兵」として武力による解決が強行された。戦争そのものは6月には終了したが、この出兵を「日清修好条規」に違反した行動であると非難する中国との外交交渉が難航し、1874年9月14日に始まった北京での交渉が、駐清英国公使トーマス・ウェード（Thomas Wade）の仲介で、賠償金50万両を含む講和条約としてまとまったのは、1874年10月31日のことであった。

　この事件が日中の外交問題として交渉されている時期、「琉球」の地位に関しては次の3つの対応が行われた。

　まず、対中国交渉に全権代表として出かけることになった大久保利通内務大臣は、出発に先立ち、「琉球」が外務省の管轄であることは国際社会では交渉時には不自然なので、内務省に移管するよう、外務省に提言させた。これによって、「琉球藩」は、1874年7月12日に外務省から内務省に移管され、国内の地方自治体（府県）と同じ管轄になった。そして、那覇にあった「外務省出張所」は「内務省出張所」に改称された。内部から見ても、日本政府のこれまでの対応は「不自然」であった。

　また、10月31日に台湾出兵をめぐって日中間に締結された条約「互換条款」には、次のような文章が入った。「台湾生蕃曾テ日本国ノ属民等ヲ将テ妄リ、害ヲ加エルコトヲ為スヲ以テ」、日本はこれを問責したというその「義挙」を中国政府が認める内容であった。そしてこの文章は、琉球人を「日本国ノ属民」と中国政府に認めさせた。ボワソナードは、翌年1875年3月に日本政府に提出した意見書の中で、この文章に言及し、中国政府に琉球人を「日本臣民」と称させたことは「条約の最幸なる結果」であり、中国に「琉球」の主権が日本にあることを認めさせたことだと絶賛した。しかし、これは、アジアの国際秩序を知らないボワソナードの早合点と考えられる。確かに、それまで、琉球は「属国」としていた中国が「日本国ノ属民」と一歩譲歩したことは明らかである。

しかし、もともとアジア的概念である「従属国・従属民」に対して「主権」がおよぶと主張していたのは、これまで見てきたように日本政府だけであり、中国政府の立場は「主権」がおよばないというものであったから、中国が琉球に日本の主権を認めたかどうかは大いに怪しかった。

　こうした大国間の頭越し外交に対して最も痛快なことは、すでに内務省の管轄になっていた琉球政府が、日本政府の政策を無視して、国頭親雲上盛乗を代表とする180人、帆船2隻からなる「進貢使」を、1874年11月に中国に向け派遣したことである。琉球政府は、国際法上の外交権の一部である「使節権」を依然行使しており、中国に対して「特別使節（special envoy / emissary）」を派遣することが可能であった。最後の「進貢使」ではあったが、これを北京で知った日本政府は慌てふためいた。日本の駐清代理公使は、1875年3月24日に中国政府に対し、「琉球使節」への面会を申し込んだが、中国政府はこれをきっぱり断っている。ボワソナードの思い込みが誤りであったことは明らかであった。日本の駐清代表部は、同年3月28日に寺島宗則外務大臣にこれを打電して、訓令を求めたが、外務省本省からの指示は、内務省から近々「御所分」があるはずであるから、見逃して静観するようにというものであった。

　やや前後するが、大久保内務大臣は、1874年12月、太政大臣へ提出した「伺書」で、忠誠心の見えないこうした琉球政府の行動を厳しく批判し、いわゆる「琉球処分」の断行を決意する内容を明らかにした。「処分」とは「処罰」であるが、この中で、大久保は、「琉球藩」の行動は「頑僻固陋旧章」を「墨守」しているだけで、「条理」を尽くしても理解しないと批判した。これは単なる侵略者の一方的な論理にすぎなかったが、その結果として、清国との外交関係の断絶、日本軍駐屯地の設置（具体的には熊本「鎮台支営」の「那覇港内」への設置）、司法・教育などの制度改革など、のちの「琉球処分」で提示された処分条件がこの伺書には列挙されることとなった。

「琉球」の外交権、内政権の停止命令

　大久保の意見書を承認した日本政府は、1875年1月に「琉球藩」に対して、高官を東京へ派遣するよう求める命令書を発した。1875年2月5日「琉球藩」の代表として、池城親方安規、与那原親方、幸地親方朝常と随員8人が那覇を

出発し、3月18日には東京の内務省に出頭した。

　一方、日本政府は、「琉球」問題を内務省に移管したにもかかわらず、この問題を国際法上どう扱うべきかという点にも依然として固執していた。内務省は、ボワソナードに対してこの問題を諮問し、ボワソナードの「琉球島見込案」と題する意見書が内務省に提出されたのは、この「琉球使節」が内務省を訪れた前日の3月17日であった。ボワソナードの意見は、大久保と異なっていた。琉球に関して日本は主権を主張することが可能で、中国との外交関係はすべて廃止すべきであるとしたが、内政に関しては特命の理事官を送る程度で、政令の公布や裁判などは、従来のように「琉球藩王」の自治に任せるべきであると提言した。提言をまとめれば「多少の独立を許し置く可し」といういい方が象徴的だが、刑法に関してのみ、日本の刑法より過酷な部分を改正すべきだとつけ加えた。

　ボワソナードの意見は、要約すれば、琉球を間接統治すべきだという意見であり、これは、とくにヨーロッパにおいて英国が採用した植民地統治形式であった。植民地の間接統治では、その地域の主権と外交権は宗主国が握るが、内政権は現地の権力機構に任されていた。つまり、ボワソナードは、その本音では、琉球に対する日本の領土権の主張を明らかに「植民地」の形成と認識していたと思われる。

　日本政府内務省と「琉球使節」の交渉は、最終的には、ボワソナードの提言を退け、大久保の強硬案に沿って行われ、日本政府側の交渉責任者は、同年3月25日に滋賀県令から内務省大丞に着任したばかりの松田道之であった。なぜ、ボワソナードの意見が退けられたかは、幕末以来の日本政府の外交交渉を検証すれば明らかである。日本政府の論理は、「従属国・従属民」の居住地域には、日本の主権と固有の領土権が直接存在するとしたものであり、これは決して「植民地」を確保する論理としては用いられてこなかった、あるいは、用いてはならなかったからである。しかし、3月31日から5月4日までに8回にわたって行われた松田と「琉球使節」（4月18日の第3回から東京駐在の津波古親方政正が加わった）の会談では、松田の説得を使節側は断固として受け入れなかった。

　大久保内務大臣の上申書を受けて、ここに、日本政府は「琉球藩」を「処分」

（罰）するための方針を5月中に決定し、2通の「達書」を作成して松田に琉球出張を命令した。松田は、6月10日に天皇に拝謁して「処分官」に正式に任命された。そして、松田に率いられた総勢70余人の日本使節団は6月12日品川を出港し、7月10日に那覇に到着した。同月14日、首里城正殿に入った松田ら日本使節は、病気の藩王の代理である今帰仁王子朝敷に太政大臣からの2通の「達書」と自らが「処分官」として追加した条項を含む「説明書」を読み上げ、今帰仁王子に手渡した。[86]

ここで読み上げられた要求項目は次の9項目であった。
(1) 中国への「進貢使」の派遣、中国皇帝即位への「慶賀使」の派遣の禁止
(2) 中国からの「冊封使」の受入れの禁止
(3) 明治年号の全面使用
(4) 新刑法の採用、施行の準備・調査のため担当官3名の東京への派遣
(5) 職制を含む藩制改革
(6) 留学生10名程度の東京への派遣
(7) 中国・福建にある「琉球館」の廃止
(8) 謝恩としての藩王の東京訪問
(9) 日本軍鎮台分営の設置[87]

(1)(2)(7)は、中国に対して残されていた外交権の完全剥奪であり、(3)(4)(9)は内政権の剥奪の開始であった。

「琉球藩」の回答は、次の通りであった。留学生および刑法関係調査担当者の派遣は了承する。藩王の東京訪問は病気のため無理である。職制に関しては、琉球は日本と異なる事情を有しており、応じられない。鎮台分営に関しては、反対意見が強かったが、兵員数を最小限にするという条件で受け入れる。しかし、「進貢使」「慶賀使」「冊封使」の派遣、受入れと明治年号の全面使用は受け入れられない。[88]

松田の説得あるいは脅迫にもかかわらず、琉球政府は、外交権の剥奪に関する要求を断固として受け入れず、議論は平行線を辿ったままであった。激しい応酬の結果妥結した唯一の線は、琉球政府が再び東京に「嘆願」のための特使を派遣するというものであった。1875年9月11日、松田は、池城親方、与那原親方、幸地親方、喜屋武親雲上朝扶、内間親雲上朝直、親里親雲上盛英など

の新たな琉球使節とともに、2 カ月滞在した那覇をあとにした。しかし、怒り心頭に発した松田の、9 月 25 日付の太政大臣向け報告書には、予定通り「琉球藩の廃止」「沖縄県の設置」の設置が明記されていた。[89]

4　琉球政府の国際的抵抗と併合の完成

　東京に滞在した琉球使節は、1875 年 10 月 15 日付の「嘆願書」提出以来、日本政府の命令は受け入れられないという抗議を 1876 年 10 月まで再三粘り強く繰り返した。

　こうした抵抗によって、日本政府の併合政策は大きく遅らされたが、日本政府は、内政権の剥奪のプログラムを一歩一歩進めていた。1876 年 5 月 17 日付で、太政大臣から内務省に通達が発せられ、琉球藩にあった「裁判権」と「警察権」が「内務省出張所」に移管されることになった。これが「琉球藩」に伝えられると、藩庁からは「藩内人民相互」の刑事・民事事件は「琉球藩」に「裁判管轄権（jurisdiction）」があるとする強い抗議が行われたが、8 月 1 日から内務省出張所での裁判事務が開始された。[90]

　また、琉球・沖縄における最初の「外国軍」の軍事基地である日本軍基地は、1876 年 9 月 3 日那覇港に近い古波蔵村の土地に 1 万 8600 坪の兵営が完成し、熊本鎮台歩兵第一分隊の 25 人が着任した。[91]

　内政権の剥奪が続く中、ついに琉球政府は「最後の切札」を使って、日本政府の「併合」政策への闘いを挑んだ。次節で詳述するが、「琉球併合」のプロセスは、のちに行われた「韓国併合」プロセスの原型ともいえる。そして、「韓国併合」のクライマックスのひとつは、1907 年 6 月オランダ・ハーグで開催された「第 2 回万国平和会議（The Second Hague Conference）」に大韓帝国政府が、日本の併合政策の不当性を訴える密使を派遣した「ハーグ密使事件（Hague Secret Emissary Affair）」であった。であるとすれば、それをさかのぼる 30 年前、1876 年 12 月から行われた「琉球政府」の抗議行動は、もし現在の琉球・沖縄に教育に関する自己決定権があれば、その教科書には「中国密使事件」と紹介されていたであろう。

　琉球政府は、ここにおいて、幸地親方（向徳宏）、伊計親雲上（蔡大鼎）、名城

里之子親雲上（林世功）を密使として中国に派遣することを決定した。1876年12月6日、祈願のために伊平屋島に渡ると称して内務省出張所の目を搔い潜った「密使」は本部港から中国に向けて「マーラン帆船」で出港した。荒天のため彼らは、1877年3月にようやく福州に到着、福州総督、福建巡撫（州の長官）に「琉球国王」の親書を手渡して、日本政府のために朝貢が妨害されている事情を説明した。

　福州総督・福建巡撫からの北京の中国政府への上奏文は、興味深い。琉球は、中国の「外藩」「藩属」であるから、日本政府に朝貢を阻止する権利はないとした上で、駐日中国公使をもって交渉にあたらせると同時に、欧米各国の駐日公使を含めて「万国公法」（国際法）に照らしてことの善悪を判断すべきである、と提案した。欧米駐日公使を含めての「万国公法」による判断は、欧米各国とも条約を結んできた琉球の「密使」によって発案された可能性が高い。中国政府は、これに対し、東京に着任直前の駐日公使・何如璋に対し、日本到着後に「適宜処理」させることを約束した。

　1877年12月に着任した何公使の対応は、当初慎重であった。神戸で琉球政府の官吏に対日関係の実情を聞き、東京でも在京の琉球官吏と会談を持った。こうした慎重な事実調査を行ったのち、1878年5月、北京政府とその実権を持っていた直隷総督・李鴻章に対して、何公使は、確信を持って強硬な措置をとるよう要望した。また、自らは、1878年9月3日と27日の2回、寺島外務大臣と会談し、中国に対する琉球の外交関係の断絶を強く抗議し、さらに、10月7日付の書簡で、日本の外交政策は、「弱国」を欺く「不信不義無情無理」のものであると激しく非難した。

　この時期、琉球問題に関しては、さらに2つの展開があった。まず、1878年5月14日内務大臣・大久保利通が暗殺され、その後任に伊藤博文が着任した。1879年の「琉球併合」の完成は、伊藤内務大臣の下で行われることになるが、伊藤の就任によって、「琉球併合」と「韓国併合」の糸は実線でつながることになる。伊藤は、韓国に設置された「統監府」の初代統監として、まさに「韓国併合」を推し進めた人物だが、彼が、「琉球併合」をその最終段階で指揮した事実は重大である。

　もうひとつの展開は、「琉球処分」を直接決定づけることになった事件である。

在京の富川親方盛奎（毛鳳来）、与那原親方（馬兼才）の連名によって、日本政府の暴虐を訴える密書が東京にあった、米国、フランス、オランダの公使に送られた。フランスおよびオランダ公使はこの受け取りを拒否したが、米国公使ジョン・ビンガム（John Bingham）は本国政府の指示に従って処理することを回答した。この密書には、琉球政府が米国、フランス、オランダと結んだ条約に言及し、その正文がヨーロッパの各国語と中国語を使用した点から、琉球と中国の強い外交関係を訴える内容が含まれていた。この各国公使への密書の送付は、10月7日付の何公使からの寺島外務大臣宛の書簡に、「この事情を国際法に問えば、各国公使は黙っていないだろう」と書かれていることから、何公使の発案ともいわれるが、欧米各国の駐日公使との接触は、1877年3月の福州総督への上奏文にも見られ、琉球政府の発案と見る方が自然だろう。

琉球王国の廃止と「沖縄県」の設置

　1878年12月28日、当時内務省大書記官の地位に昇進した松田は、東京の琉球藩邸の小禄親方、伊江親雲上を内務省に呼びつけ、東京藩邸の廃止と官吏の東京退去を命令した。理由は明示されなかったが、在京の各国公使への密書の送付がその理由であることは明らかであった。

　一方、伊藤内務大臣は、松田に「琉球処分案」の提出を求め、松田案は1878年11月に伊藤の下に提出された。この提案の中核はのちに1879年3月1日付で「琉球藩処分法案」として、太政大臣に上申されている。そして、1879年1月、松田は、再び琉球出張を命じられ、1月26日首里城で今帰仁王子に太政大臣の達書を手渡した。それは、中国との外交関係の禁止が守られず、裁判事務の引き継ぎが妨害されたことを批判する内容であった。また、松田は自らの書面で、中国への密使の派遣や各国公使への密書の送付を指して、日本「政府ニ対スル大不敬」と非難した。琉球と日本を対等な関係とみなし、国際法的に考えれば、このとき、松田から手渡された文書は、日本政府の琉球政府に対する「最後通謀（ultimatum）」と考えることができる。

　国際法上「最後通謀」の後に来るものは、当然「武力行使」である。松田大書記官は、1879年3月8日、ついに3度目の琉球出張の辞令を受け、3月11日には太政大臣から命令書を授けられた。この命令書には、自らが作成した「処

分案」が13項目にわたって記載されていた。そして、3月12日、松田処分官は、随行官吏9人、内務省出張所の増員32人、武装警察官160余人を乗せた汽船で横浜を出港したのち、鹿児島で熊本鎮台兵400人を乗船させ、3月25日那覇に到着した。

1879年3月27日午前10時、首里城において、今帰仁王子に対して太政大臣からの「達書」が松田処分官から伝達され、同意を強制させられた。さらに、松田は、尚泰王に31日正午までに城を立ち退くこと、それと同時に、首里城を日本軍が接収することを伝え、城門をすべて閉鎖して、関連書類を差し押さえた。100) ここに、日本政府に対する大不敬に罰を与える「処分官」によって、「琉球藩」は廃止され、「沖縄県」が設置されたが、廃止されたものは「琉球藩」ではなく、本章で検討してきたように、「琉球王国」であったことは明らかである。そして、この一連の事件は、「韓国併合」と同じレベルで「琉球併合」と呼ぶに値する。

アイヌモシリの「併合」と植民地化の視点からいえば、この「琉球併合」は武力あるいは軍事力によって、より直接的に断行されたともいえる。松田処分官は、実は、北海道の開拓次官だった黒田清隆と同種の重要な権限を与えられていたからだ。松田処分官が、太政大臣から受け取った命令書には、「琉球藩」が命令に従わない場合には、松田自らが兵力を指揮・運用する権限や藩王を逮捕、連行する権限の付与が明記されていた。101)

松田は、本来、内務省の大書記官という「文官」にすぎなかったが、この時期、派遣された警察部隊、国軍兵士を指揮する権限を持つ「武官」としての地位も与えられていたのである。「琉球王国」は、最終的には日本の武官と軍事力によって消滅させられた。派遣された兵員は琉球占領に十分な規模であった。東京から乗船した警察部隊は、平民から構成された国軍に対して、実践経験のある士族から構成された当時最強の特殊部隊であり、特殊部隊として北海道に展開された「屯田兵」と同じ役割を期待されていた。琉球占領軍の中核はむしろこの武装警察部隊である。そして、琉球の政治機構を熟知していた日本政府にとって、琉球国王を拘束することで、琉球政府の組織的抵抗を粉砕できることは自明のことであったと思われる。

5　日本の植民地の原型としての「北海道」と「沖縄」

　近代日本の形成時における「植民地」問題を検討してきた。日本政府は、幕末以来今日まで、「北海道」と「沖縄」を「植民地」と認めたことはない。しかし、この２つの地域が「植民地」として日本に一方的に併合されたことは、アイヌ民族や琉球・沖縄民族の視点に立てば明らかである。

　その論理構造は、以下のように共通していた。まず、中華帝国を模倣した形で、日本にも小規模ながら「華夷秩序」という国際的な支配 − 従属関係が近代以前から存在していた。思想的にいえば、儒教思想を中心とする人倫に基づいた「王化 − 属国・属民 − 化外の民」などの秩序であり、この関係は「朝貢体制」のような儀礼によって組織化されていた。

　元来、アジア的な「朝貢制度」は、名目上の支配 − 従属の関係を含んでいたが、近代国際法における国家の統治権とその実効的支配を前提にした主権、領土権の存在を意味するものではなかったことを強調したい。[102]

　しかし、日本の帝国主義の初期の展開は、「従属国・従属民」というアジア的概念を強引に、あらゆる理屈と圧力を利用して、ヨーロッパ的な「実効支配」と言い張り、主権と領土権の範囲を確定する手法であった。もちろん、「従属国」の住民、「従属民」には、「日本人」としての意識はなく、実効支配は行われていなかったから、そこで行われた同化政策や支配は、実質的に「植民地政策」以外の何ものでもなかった。もうひとつの重要な点は、ここで行われた「植民地政策」がのちに獲得され、日本政府が公式に認定した植民地に展開された植民地政策の原型となったことである。

　例えば、植民地総督は、文官と武官を兼任して、植民地守備軍の指揮権を持つという1895年以降の台湾総督、1910年以降の朝鮮総督に適用された「現役武官制」は、黒田が1876年に「開拓使」で確立し、松田にも1879年の「琉球併合」時に一次的に与えられた権限にも由来している。また、朝鮮の植民地統治機構で展開された憲兵隊の強大な権限と治安維持の原型は、北海道の「屯田兵」の制度的展開に見ることができる。さらに、順次外交権を剥奪し、内政権を剥奪した1905年から10年までの「韓国併合」は、1872年から79年までの「琉

球併合」で実験済みであった。

　そして、本稿が指摘したい最大のポイントは、先住民族の権利の視点がなかったために、日本の歴史学をはじめとする社会科学が、この大日本帝国の詭弁に150年にもわたって誤魔化されて、「北海道」と「沖縄」を植民地問題のスコープからはずしてきてしまったことである。そして、その結果、依然として「植民地政策」や「同化政策」が続行中である[103]という事実に向き合うことも忘れ去られている。

　こうした視点からは、さまざまな方向性を示唆することができる。ひとつの方向性としては、韓国の動きが参考になる。韓国では、1910年の「韓国併合」をどう再評価できるかという動きが盛んになっており、その方向性は、国際法的視点から「韓国併合」を無効であったと論証し、日韓関係に新しい視点の歴史解釈を行いたいとするものである[104]。この点、「アイヌモシリ併合」「琉球併合」の歴史を再解釈し、その中からアイヌ民族、琉球民族の本来の権利回復への道を模索することが不可欠の作業のひとつとなることだろう。少なくとも「琉球併合」では、「条約法に関するウィーン条約（Vienna Convention on the Law of Treaties）」（1969年採択、1980年発効）第51条に抵触する問題としてその国際法[105]上の無効を議論することは不可能ではない。[106]

　日本がとった非西欧的国際秩序の恣意的な近代国際秩序への読み替え、つまり名目的な支配−従属関係のあった周辺諸国や諸民族を自国の支配下にある国民として「国民国家」に「統合」していく手法は、他のアジア、アフリカ諸国でもその後自然発生的に模倣されることになる。近代「国民国家」の形成は、周辺地域への植民地の拡大であり、支配された人民から見れば、強制同化・経済搾取・差別と人権侵害の原点となった。その意味で、アジア・アフリカにも「先住民族」は厳然と存在している[107]。

> ＊　尚、琉球併合のプロセスに関しては、新垣毅「道標を求めて―琉米条約160年　主権を問う」と題する長期連載にさらに詳しく紹介されている（琉球新報：2014年5月1日〜）。ぜひ、参照されたい。

註

1) 中国政府は「先住民族」に対して「土着人」という用語を使用している。しかし、これには、「未開」「野蛮」の意味が強いとして、1999年に開かれた「第17会期国連先住民作業部会」では参加していた台湾先住民族（漢語では「原住民族」を使用）の代表から、委員および事務局に強い抗議が行われた。
2) 上村英明『第14回国連先住民作業部会報告書　先住民族の国連活動事例と参加マニュアル』市民外交センター、1996年、50頁。
3) 外務省外交史料館編『日本外交史辞典』山川出版社、1992年、745頁。
4) 和田春樹『北方領土問題――歴史と未来』朝日新聞社（朝日選書）、1999年、66～67頁。
5) 太壽堂鼎『領土帰属の国際法』東信堂、1998年、166頁。
6) 和田春樹、同上、68頁。
7) 麓慎一「幕末における蝦夷地上知過程と樺太問題」『歴史学研究』No.671、青木書店、1995年、2頁。
8) 和田春樹、同上、69頁。
9) 太壽堂鼎、同上、19頁。
10) 和田春樹、同上、71頁。
11) 「十二月二十日長崎西役所対話書国境及び和親交易の件」『大日本古文書』東京大学所蔵。
12) 麓慎一、同上、2頁。
13) 太壽堂鼎、同上、167頁。
14) 和田春樹、同上、71頁。
15) 和田春樹、同上、71頁。
16) 和田春樹、同上、134頁。
17) 和田春樹、同上、178～179頁。
18) 麓慎一、同上、1～4頁。
19) 麓慎一、同上、4～6頁。
20) 麓慎一、同上、6頁。
21) 麓慎一、同上、3頁。
22) 麓慎一、同上、7～9頁。
23) 麓慎一、同上、8頁。
24) 麓慎一、同上、9頁。
25) 和田春樹、同上、74頁。
26) 麓慎一、同上、9頁。
27) 麓慎一、同上、9頁。
28) 麓慎一、同上、9頁。
29) 麓慎一、同上、8頁。
30) 上村英明『北の海の交易者たち――アイヌ民族の社会経済史』同文舘、1990年、23～25頁。
31) 上村英明、同上、27～36頁。
32) 麓慎一、同上、14～15頁。
33) 小熊英二『〈日本人〉の境界――沖縄・アイヌ・台湾・朝鮮　植民地支配からの復帰運動まで』新曜社、1998年、53頁。
34) 萱野茂ほか『アイヌ語が国会に響く』草風館、1997年、119頁。「蝦夷」の呼称は、

1871年の戸籍法の公布で、廃止される。幕末に展開された「尊王攘夷」運動における「夷」は外国人を意味している点が重要だろう。
35) 萱野茂ほか、同上、61頁。明治の初期には、行政制度として平安時代の「律令制」が復活した。「律」は刑法、「令」は一般行政法であり、その下での行政組織が明治期にも復活した。「令」から外れた制度は「令外官」と呼ばれるが、とくに天皇直轄の治安、軍事、監察組織には「使」という名称が使われている。歴史的には、勘解由使、検非違使、押領使、追捕使などであり、「開拓使」もこれにつながっている。
36) 防衛庁防衛研究所戦史部『陸軍軍戦備』朝雲新聞社、1979年、7頁。
37) 上村英明「北海道における植民地統治と地域史の欠落」『地域研究論集』Vol.2、No.1、地域研究企画交流センター（国立民族学博物館）、1999年、44頁。
38) 防衛庁防衛研究所戦史部、同上、8頁。司法警察権が犯罪の捜査を扱うことに対比し、行政警察権は公共の安全のために行うさまざまな機関への監督や査察をいう。金融庁による金融機関への監督・査察や入国管理局による出入国管理などである。軍事警察権は、軍隊内部の犯罪取り締まりをいう。
39) 小熊英二、同上、53頁。
40) 太壽堂鼎、同上、175頁。
41) 小熊英二、同上、54頁。
42) 上村英明、同上、45頁。
43) 毛利敏彦『台湾出兵――大日本帝国の開幕劇』中央公論社（中公新書）、1996年、2頁。太政大臣による出兵理由書では、このほか、1873年3月岡山の漁民4名が先（原）住民族から暴行略奪を受けたことも列記されている。
44) 毛利敏彦、同上、3頁。
45) 毛利敏彦、同上、23～24頁。リゼンドルは、1872年12月～1875年12月に、日本政府の外交・軍事顧問を務めた。
46) 毛利敏彦、同上、20～21頁。
47) 毛利敏彦、同上、124～125頁。
48) 毛利敏彦、同上、54～55頁。
49) 毛利敏彦、同上、54～55頁。
50) 毛利敏彦、同上、55頁。
51) 毛利敏彦、同上、26頁。
52) 毛利敏彦、同上、26～27頁。
53) 毛利敏彦、同上、30～31頁。
54) 毛利敏彦、同上、35頁。
55) 毛利敏彦、同上、162～163頁。清国政府に洋関総税務司として雇用されていた英国人ロバート・ハート（Robert Hart）は、この交渉を目撃し、日本政府が、有名な国際法学者で、労働と耕作の視点から「先占」を理論化したE.ヴァッテル、G.F.マーテンスなどの国際法学説を中国政府に「射ち込んでいる」と表現している。
56) 小林岳二「「台湾原住民族」、模索していく民族像」『PRIME』第6号、明治学院大学国際平和研究所、1997年、57頁。
57) 宮城栄昌『琉球の歴史』吉川弘文館、1977年、215頁。
58) 宮城栄昌、同上、216頁。
59) 山下重一『琉球・沖縄史研究序説』御茶の水書房、1999年、129～130頁。
60) 小熊英二、同上、28頁。しかし、この「両属」という言葉を使用したのは、日本政府

や薩摩藩であって、琉球政府側がこれを主体的に使用したとは思われない。（宮城栄昌、同上、214〜215 頁）
61) 宮城栄昌、同上、217 頁。日本の国内でも異民族で日本に帰属意識のない琉球を統合する政策には反対もあったが、当時政府の意思決定機構であった正院は国際法上の合理的な対応という視点から、琉球を併合する道を選択した。
62) 高良倉吉『琉球王国』岩波書店、1993 年、69〜71 頁。
63) 宮城栄昌、同上、104〜107 頁。
64) 薩摩藩は、17 世紀に併合した奄美地域に関しても、文化や宗教にはあまり干渉しなかった。琉球王国の広義の政治システムは、国王を中心とする行政システムと国王に所縁の女性を中心とする「神女組織」による宗教システムから構成され、国王は「神女」である「ノロ」の任免権を持っていた。そして、この任免権は、奄美地域では薩摩藩に統合されてからも、琉球王府がこれを維持していた。（河村只雄『南方文化の探求』講談社、1999 年、281〜282 頁）
65) 新川明『琉球処分以後』（上）、朝日新聞社（朝日選書）、1981 年、3 頁。
66) 新川明、同上、3〜4 頁。むしろ、天皇に統治権が戻った明治維新は、琉球政府にとって、島津侵略以前に返ることだという期待も存在した。
67) 新川明、同上、4 頁。
68) 山下重一、同上、131 頁。実際に、琉球政府が3つの条約の正本を日本政府に提出したのは 1874 年 5 月であった。
69) 外務省条約局編『旧条約彙纂』第 3 巻「朝鮮・琉球」外務省、1934 年、651 頁。（外務省外交史料館所蔵）琉球政府も条約交渉では、臨時の官職である「総理官」、「布政官」を設け、交渉を担当させた。尚宏勲の役職はその「総理官」にあたる。
70) 外務省条約局編、同上、651〜661 頁。
71) 外務省条約局編、同上、662〜663 頁。副島外務大臣は、同じ日付の書簡で、条文に書かれた権利を承継する旨の回答を行っている。
72) 外務省条約局編、同上、664〜665 頁。同時期、ドイツ公使マクシミリアン・フォン・ブラント（Maximilian von Brandt）からも同じ内容の問い合わせがあった。
73) 山下重一、同上、131 頁。
74) 山下重一、同上、132 頁。
75) 山下重一、同上、132 頁。
76) 宮城栄昌、同上、219 頁。
77) 小熊英二、同上、24 頁。
78) 山下重一、同上、136 頁。
79) 山下重一、同上、137 頁。
80) 山下重一、同上、137 頁。
81) 山下重一、同上、138 頁。
82) 小熊英二、同上、25 頁。
83) 小熊英二、同上、25 頁。
84) 山下重一、同上、140 頁。
85) 山下重一、同上、141〜143 頁。
86) 山下重一、同上、147〜148 頁。
87) 宮城栄昌、同上、219 頁。
88) 山下重一、同上、150〜151 頁。朝貢体制においては、中国政府は進貢と中国の元号・

暦の使用を義務付けた。
89) 山下重一、同上、158 頁。
90) 山下重一、同上、161～162 頁。
91) 山下重一、同上、162～163 頁。
92) 比嘉朝進『最後の琉球王国──外交に悩まされた大動乱の時勢』閣文社、2000 年、172 頁。
93) 山下重一、同上、163～164 頁。
94) 山下重一、同上、164 頁。
95) 山下重一、同上、165～166 頁。
96) 山下重一、同上、167 頁。
97) 比嘉朝進、同上、180 頁。
98) 山下重一、同上、169 頁。
99) 山下重一、同上、170 頁。
100) 山下重一、同上、172～173 頁。
101) 山下重一、同上、172 頁。
102) 太壽堂鼎、同上、163 頁。
103) 大仲千華「沖縄と先住民族・遺産の権利」(上・下)『沖縄タイムス』(朝刊)、2000 年 5 月 11 日・12 日。とくに「下」を参照。
104) 例えば、次のような論文がある。李泰鎮「韓国併合は成立していない(上)──日本の大韓帝国国権侵奪と条約強制」『世界』岩波書店、1998 年 7 月号。同「韓国併合は成立していない(下)──日本の大韓帝国国権侵奪と条約強制」『世界』岩波書店、1998 年 8 月号。
105) 「条約法に関するウィーン条約(ウィーン条約法条約)」は、1969 年に採択され、1980 年に発効したが、その第 51 条「国の代表者に対する強制」は国際慣習法として遡及することができるとみなされている。ここでは、ある国の同意の表明が、当該国の代表者に対する脅迫などの強制による場合、この表明はいかなる法的効果も有しないと規定されている。(日本政府はこの条約を 1981 年に批准している)
106) 金膺龍『外交文書で語る日韓併合』合同出版、1996 年、266～268 頁。これに関しては、琉球新報 2014 年 7 月 11 日に掲載された阿部浩已、上村英明の見解を参照されたい。
107) 上村英明「アジアの『先住民族』概念とその人権運動──その概念構築と現状分析に関する一考察」『平和研究』第 34 号、2009 年、1～20 頁。

第5章

「尖閣諸島」問題と琉球民族の領土的権利

1　先住民族と領土問題

国際法の主体としての「国家」と「人民」

　第二次世界大戦が終わると、国際社会の主体は「人民（peoples）」となった。1945年6月に採択された国連憲章前文が、「われら連合国の人民（We the Peoples of the United Nations）」という主語で始まっていることは、これを端的に表している。さらに、この内容は、1960年12月に採択された「植民地諸国・人民に対する独立付与に関する宣言（Declaration on the Granting of Independence to Colonial Countries and Peoples）」（以下、植民地独立付与宣言）でより明確になる。つまり、この時代以前には、国際社会の主体となる権利は欧米型の政治機構（政府）あるいは欧米諸国の政府が「近代的な」政治機構（政府）を持つとみなした集団にしか付与されなかった。具体的な事例でいえば、1919年に設置された国際連盟の加盟国を見れば、この基準が理解できるだろう。これに対し、国連は、欧米諸国の政府が「近代的な」政治機構を持つと、それまでみなさなかった集団である「人民」にも、国際社会の主体となる権利を認めることになった。その結果のひとつとして、1960年代には、アジア・アフリカで多くの「人民」が「国家」を成立させ、国連に加盟して、国際社会の新たな主体となった。もちろん、新しい「国家」には、形式上欧米的な憲法の制定や議会の設置が求められた。

　しかし、なぜ世界各地の多くの「人民」は、この時代まで、国際社会の主体となる権利を認められなかったのだろうか。それは、「文明化の使命（Manifesto Destiny）」、「発見の法理（Doctrine of Discovery）」、「社会進化論（Social Darwinism）」など欧州列強諸国が作り上げたイデオロギーの下で、「未開

(barbaric)・野蛮（savage）・文明化されていない（uncivilized）」と決めつけられた「人民」は支配される対象とされ、彼らには国際社会における正当な権利の主体性が想定されなかったからである。

「植民地独立付与宣言」が採択され、アジア、アフリカなどで多くの「人民」が自己決定権（right to self-determination）を行使したのちも、狩猟や採集、牧畜などを生業とする「人民」や小規模な王国などを形成した「人民」には自己決定権の行使は認められなかった。これが、1970年代に国際社会に登場する「先住民族（indigenous peoples）」と呼ばれる集団の問題である。彼らは、その多くが独立した「人民」として、自己決定権の行使を長年にわたって希望してきたが、さまざまな形態の植民地支配の下、その要求はことごとく無視されてきた。とくに、アジア、アフリカでは、植民地の独立は、旧宗主国が持っていた植民地領域をその地域の主要な「人民」に「払い下げた」に等しく、こうした新興国家の「国民形成」の中で、新たな植民地支配が展開され、公正な「人民」の自己決定権の行使にはさらなる運動が必要とされた。

日本の領土問題と先住民族

(1) 日本の領土問題の特徴とその植民地主義的性格

独立を達成した「国家」にとって、首都が置かれた地域が「中心」であるとすれば、先住民族の領土の多くは、その「国家」の「周辺」いわゆる国境線近くに位置している。もし、そこに領土問題があれば、その本質をめぐる考察には先住民族に対する植民地支配の構造が色濃く影を落としている場合が少なくない。

現在の日本という「国家」を事例にあげれば、3つの領土問題が存在する。「北方領土」、「竹島（独島）」、「尖閣諸島（釣魚島あるいは釣魚台列島）」の問題である。日本政府が主張するこれらの問題に共通する特徴は、以下の点であろう。第一に、「国家」以外の「主体」が完全に無視されている点であり、これは、固有の領土権の設定に特定の開始時間（「決定的期日」）を設定している第二の特徴につながっている。さらに、第三の特徴として、1952年4月に発効した第二次世界大戦の対日平和条約である「サンフランシスコ平和条約」への交渉プロセスで神話となった、日本はこの戦争によってすべての植民地を失ったという

言説に基づき、領土問題となった地域をすべて「固有の領土（proper territory）」と位置づけている点である。「固有の領土」という概念は、国際的には極めてあいまいなものだが、日本政府の主張によれば、「いまだかって一度も外国の領土なったことがない」地域を指す。「サンフランシスコ平和条約」との関係でいえば、植民地として略取したのではない、日本国民の先祖伝来の土地と言い換えることができるだろう。3つの領土問題の相手となる「国家」はロシア、韓国、中国であるが、日本政府の主張によれば、とくに「尖閣諸島」問題では領土問題自体が存在しないという頑なな態度がとられている。

(2) 「固有の領土」化の歴史的構造：「北方領土」を中心に

まず、「北方領土」は、日本の国境問題の構造を考える上でプロトタイプと考えることができる。この領土では、1855年2月にロシアとの間で締結した日露和親条約によって、日本の実効支配（effective rule）が確認されたと日本政府は主張する。確認されたとする根拠には、日本政府の見解によれば、3つの理由が存在する。第一に、日本において北方四島の地名を入れた地図が1644年に編纂された例から、17世紀以来北方領土は日本の領土と認識され始めていた。（具体的には、当時日本の封建領主であった松前藩が自藩の領土と認識していたとする。）第二に、1785年以来、鎖国政策の例外として、度々探検隊を当時の「蝦夷地」（アイヌ民族の土地で、日本語本来の意味は、未開で野蛮な異民族（外国人）の土地）に送り、その後外国人の侵入を防ぐために、「番所」（守備隊の詰所）を設置して統治を行った。これら2つの理由は、日露和親条約が交渉されていた当時から極めて弱体な論拠であった。ロシア側は、交渉の場において、実効支配がどう及んだかを問い、地図上の記載、探検の実施や「番所」の設置をもって、政府の実効的な支配が存在したとは言い難いと詰め寄った。これに対し、日本政府の出した第三の理由が、北海道本島、カラフト島南部（北緯50度線以南）、千島列島に居住していた先住民族であるアイヌ民族の存在である。条約交渉の中で、日本政府代表は次のように述べている。

> 「アイヌは、蝦夷人の事で、蝦夷人は日本所属の人民であるから、アイヌの居住する所はすなわち日本の領土に他ならない。」（現代語訳）

アイヌ民族の「領土」あるいは「占有地」をもって日本の領土とするという

第三の理由は、ロシア政府を最も納得させる論拠であった。これを前提に、交渉が進んだ結果、日露和親条約により、千島列島ではウルップ島とエトロフ島間に国境線が引かれ、樺太は日露両国民の雑居地となった。そして、もうひとつの重要なポイントは、この条約によって、本来アイヌモシリ（アイヌ民族の領土）の中核であった北海道本島という広大な領域（現在の領土面積の約20パーセント）を、一方的に日本の領土に組み込んだことである。この第三の理由は、第二次世界大戦ですべての植民地を放棄したという神話とともに強化された「単一民族（国民）国家」言説の中で後退し、アイヌ民族への言及は極めて限られた形になるが、国際法的には極めて重要な意味を持ち続けた。例えば、「サンフランシスコ平和条約」第2条c項で、日本政府は、「樺太南部（南樺太）」、「千島列島」（「北方領土」とされる南千島の4島は、この「千島列島」に含まれないというのが政府見解である）の領土権を放棄したが、この条約に、ソ連が調印しなかったため、放棄した領土の帰属先は未確定であると主張し続けた。（条約のこの条文が如何に重要かは、本書第2章も参照されたい。）つまり、日本政府は、その後もカラフト島南部と千島列島を2001年まで、ソ連・ロシアの領土権を認めない「領土未確定地域」としたが、この地域こそがアイヌ民族の本来の領土の地理的な範囲であった。この地域に対する「領土未確定地域」の主張は、2001年1月、ユージノサハリンスクへの日本総領事館の開設によって終わりを告げるが、これも再びアイヌ民族の権利をまったく無視した形で行われた（第4章76頁を参照）。

　さらに、この状況を理解するためには、アイヌ民族自身によるメッセージも重要である。1984年5月、アイヌ民族の最大組織北海道ウタリ協会（現北海道アイヌ協会）総会で採択された「アイヌ民族に関する法律案」の「本法を制定する理由」は次のように述べている。

　　「北海道、樺太、千島列島をアイヌモシリ（アイヌの住む大地）として、固有の言語と文化を持ち、共通の経済生活を営み、独自の歴史を築いた集団がアイヌ民族であり、徳川幕府や松前藩の非道な侵略や圧迫とたたかいながらも民族としての自主性を固持してきた。
　　明治維新によって近代的統一国家への第一歩を踏み出した日本政府は、先住民であるアイヌとの間になんの交渉もなくアイヌモシリ全土を持ち主なき土地として一方的

に領土に組みいれ、また、帝政ロシアとの間に千島・樺太交換条約を締結して樺太および北千島のアイヌの安住の地を強制的に棄てさせたのである。
　土地も森も海もうばわれ、鹿をとれば密猟、鮭をとれば密漁、薪をとれば盗伐とされ、一方、和人（註：日本人）移民が洪水のように流れこみ、すさまじい乱開発が始まり、アイヌ民族はまさに生存そのものを脅かされるにいたった。[12]」

　こうした植民地化に対するアイヌ民族の訴えは、「北方領土」問題にもつながっている。1991年4月、ロシアのミカエル・ゴルバチョフ大統領の来日に対して、「北方領土」に対するアイヌ民族の先住民族としての権利を確認する陳情書が日本政府に提出された。その中では、この地域に関して、日露両政府が「固有の領土」論を放棄し、先住民族であるアイヌ民族の権利を尊重しながら、ロシアの新島民、日本の旧島民の代表も含めて、共存の道を探るよう提案された。残念ながら、アイヌ民族のこうした脱植民地化に関する権利主張の訴えは日本社会の中で無視される場合がほとんどであった。なぜなら、アイヌ民族は同化政策によって「消滅」したというフィクションが長年作り上げられ、アイヌ民族の権利主張がメディアに取り上げられることは1990年代の初めまで少なかったし、国民・市民の多くもこれに関心を払わなかった。この民族の存在が「少数民族（民族的少数者）」として日本政府によって具体的に認められたのは1997年7月の「アイヌ文化振興法（Ainu Culture Promotion Act）」の制定によってであり、また、日本の国会がアイヌ民族を「先住民族」として認めたのは2008年6月の衆参両院の決議によってである。残念ながら、いずれの場合も、植民地支配の事実は認定されておらず、アイヌ民族の権利はまったく認められていない。

2　「尖閣諸島」問題に潜む植民地主義：日本政府の論理の検証

　「尖閣諸島」は、日本の行政単位としては沖縄県石垣市に属する島々で、最大の魚釣島（面積3.82平方キロメートル、標高363メートル）の他、久場島（面積0.91平方キロメートル、標高117メートル）、大正島、北小島、南小島などで構成され、魚釣島は石垣島から約170キロメートル、那覇から約410キロメートルの距離にある。同時に、台湾からも約170キロメートル、中国大陸からは約330キロ

メートルに位置する。またこれらの島々は、中国の大陸棚の端に位置し、南から東には「沖縄トラフ（Okinawa Trough）」と呼ばれる深みが存在し、この南東部に琉球列島が横たわっている。（さらに、琉球列島の南東部に「琉球海溝（Ryukyu Trench）」がある。）（図4参照）

　現在、「尖閣諸島[13]」の領有をめぐっては、日中両国政府間の緊張が高まっており、現在実効支配を行っている日本の中にも、緊張をさらに煽る政治勢力も少なくない[14]。これに対し、日本の市民社会は、1972年の日中共同声明や1978年の日中平和友好条約の時代に戻って問題解決の知恵が熟成するまでこの領土問題を棚上げにし、緊張緩和を図るべきだという議論を展開する。あるいは、国家の対決の論理を取り下げ、市民の論理に基づいて、住民の「生活圏」の議論をすべきだという主張も少なくない[15]。基本的には、こうした市民の論理の枠組みに賛成しつつも、国家に対する市民の論理であれば、無条件にこれを「善」とすべきではない。それは、「市民」も同質ではなく、さまざまな歴史を背負っているからだ。植民地主義においては、国家が「入植者」という市民とその市民の権利拡大という論理を前面に出し、侵略行為を正当化することも少なくない。例えば、多くの「入植者」が送り込まれた米国の「西部開拓」や「北海道開拓」はその悪しき好例であり、ジャクソニアン・デモクラシー[16]などは入植した市民の権利拡大であっても、先住民族にとっては支配と差別・抑圧以外の何物でもなかった。つまり、市民の論理を使ったとしても、その歴史認識の正当性はきちんと問われなければならないし、その市民の実態が「入植者」なのか、先住民族なのか、零細農漁民なのか、企業家・弁護士などのエリート中産階級なのかという問題を棚上げにしてよいわけではない。

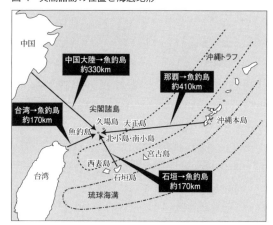

図4　尖閣諸島の位置と海底地形

日本政府による「固有の領土」論の枠組み

　さて、「尖閣諸島」が日本「固有の領土」である論拠は、「北方領土」に比較しても明らかに時代錯誤的だが、その内容はより整理されている。日本政府の見解によれば、「尖閣諸島」は1895年1月に近代国際法上の「無主地（terra nullius）」・「先占（occupation）」の法理[17]により日本領土に編入された。1884年に古賀辰四郎という人物が「探検」し、1885年9月から沖縄県当局がどの国家の管轄下にもないこと、いわゆる国際法上の「無主地」であることを確認したのち、1895年1月の閣議決定により「固有の領土」として日本に編入したというのである。

　この論理の特徴は、まず歴史的領土論を展開していないことである。繰り返しになるが、「北方領土」においては、少なくとも17世紀の地図作成や松前藩の支配認識、さらには18世紀の日本政府（当時は江戸幕府）による「探検」などが列挙された。しかし、「尖閣諸島」に関しては、「歴史的に一貫してわが国の領土たる南西諸島の一部を構成」[18]していると記載されている以外、日本政府からは1884年をさかのぼるこの地域への関わりは一切言及されていない。さらに、「北方領土」が上記の複数の根拠に加え、アイヌ民族が古くからの日本国民であり、アイヌ民族の住むところは日本固有の領土だという論理を利用するのに対して、「尖閣諸島」では、古賀辰四郎の「探検」および沖縄県による「無主地」の確認という単線の論拠が使用されているのみである。そして、この点にこそ、日本政府の植民地主義的領土観と歴史認識が潜んでいることを本章では明らかにしたい。

　さらに、「尖閣諸島」が日本に領土編入される1895年1月は、1894年6月には日本軍の出兵が始まり、1895年4月の「下関条約（馬関条約）」の締結によって終戦した「日清戦争」の最中であり、この領有が帝国主義戦争下に行われた領土奪取であるという中国政府の主張は、韓国政府による「独島（竹島）」[19]問題と通底するところだろう。侵略戦争によって収奪された土地への領土権は、現在の国際法では認められない。

日本政府の領有論理の植民地主義的構造

　中国政府による論理はのちに分析することにし、ここでは日本政府の論理を

植民地主義の視点から批判してみたい。これには、4つの問題がある。
　第一に、国際法上の大きな枠組みとして、「無主地」・「先占」という論理が21世紀のこの時期に、古い歴史を持つアジア、さらに「尖閣諸島」が位置する東アジアの空間で使われる妥当性への疑問である。
　一般的にいえば、「無主地」・「先占」の法理は、欧米諸国が植民地獲得のために編み出した法理として、現在では、多くの国際法学者に批判されている[20]。簡単にいえば、他国の支配がおよんでいない土地を先に「発見」あるいは占領することで自国領とすることだが、歴史的実態は以下のようなものである。この法理の典型は、突然ヨーロッパの「探検家」が大海原を越えて現れ、別のヨーロッパ諸国の統治権がおよんでいないことあるいはヨーロッパ型の政治システムがないことを確認して「無主地」と宣言し、また「先占」式を実施し、一方的な領有宣言を行う行為である。コロンブスがカリブ海地域をスペイン領に、また、クックがオーストラリア大陸を英国領とした論理に他ならない[21]。その点、ヨーロッパ人が「国家」の存在を認めた中国やインドなどでは、「無主地」・「先占」の法理は使われていない。他方、コロンブスやクックは、カリブ海地域にもオーストラリア大陸にも先住民族が居住していたことを探検時から知っていたが、先住民族を、政治的・法的主体とはみなさず、その結果、こうした人民の権利を一方的に剥奪することになった。つまり、「無主地」・「先占」の法理は、植民地主義的であると同時に（近代）国家主義的論理であり、その点で極めて時代錯誤的な論理なのである。因みにオーストラリアでは、1992年6月最高裁判所が下したマボ判決（Mabo Decision）により、クックの探検によって行われた領土化が、アボリジニーおよびトレス海峡諸島民などの先住民族の権利を無視した行為として、無効とされた。また、「無主地」・「先占」の法理が誤りであり、受け入れがたいものであることを確認した[22]。
　ともかく「無主地」・「先占」の法理を考えれば、「尖閣諸島」はそもそもこの法理が適用可能な地域なのであろうか。中国政府の主張によれば、「尖閣諸島」は1534年中国から琉球王国に派遣された使節である冊封使の記録『使琉球録』以来、その歴史的文献に現れている。また冊封使が、中国から琉球に最初に派遣されたのは、1372年のことであり、福州から那覇に至るその航路（図5参照）から考えれば、さらに古い時代から「尖閣諸島」がその「標識島（beacon

island)」として使用されていたことは容易に想像できる。その点、「無主地」・「先占」の法理の適用そのものがまず、「尖閣諸島」を語る論理として不適切である。

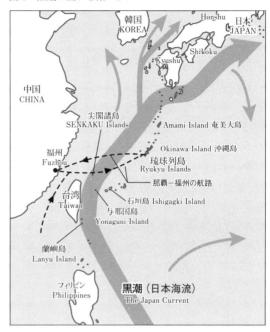

図5 黒潮の流れと東アジア

第二の問題は、日本政府が認識する「先占」の過程そのものが植民地主義であるという点で、日本政府の主張のトリックの中核でもある。「先占」の嚆矢となった人物、「尖閣諸島」のコロンブスと呼ぶべき人物は、古賀辰四郎という日本の「民間人」である。(彼は、「尖閣の開拓者」とも呼ばれている。)[23] 日本政府の見解を確認すれば、「日本人市民」である古賀によって、これらの島々は1884年に初めて「探検」され、その翌年の85年9月からわずか10年、先述したように沖縄県が再三調査を行って「無主地」であることを確認し、1895年1月の閣議決定によって領土に編入された。ここで重要なことは、日本政府が「沖縄県在住の民間人」(a Japanese citizen living in Okinawa prefecture)[24] といういい方で紹介した古賀という人物の歴史的位置である。

中国政府の主張する冊封使の記録からも明らかなように、1429年〜1879年に沖縄島を中心に奄美群島、八重山諸島などを版図とする琉球王国という小さいけれども確固たる国家が存在していた。本章では琉球王国を構成した人民とその子孫を「琉球人」とし、彼らを先住民族とみなすが、古賀辰四郎はその「琉球人」ではない。彼は、九州・福岡県(現在の八女市)生まれの「日本人」であり、1879年2月に商売を始めるべく、那覇へ渡航した人物である。琉球王

国は日本政府により1879年3月に併合されるが、古賀が那覇に到着したとき琉球王国は依然として存在しており、琉球政府にとって古賀は「日本人」という「外国人」に他ならなかった。その後、彼は、琉球併合のどさくさの中で、同年5月那覇に商店を開き、3年後の1882年5月には八重山諸島の石垣島大川村（当時）に支店を出し、羽毛、フカヒレ、鼈甲、鰹節、貝類などを扱って成功を収めた。とくに、ボタンの材料になる貝（夜光貝や高瀬貝など）を欧米人向けに神戸に輸出するなどの商才を発揮したことが知られている。

　こうした事業展開の中で、古賀は「尖閣諸島」の存在を知ることになるが、その情報を彼に伝えたのは取引関係にあった琉球漁民たちであった。漁民たちは、そこに無人島があること、アホウドリを中心とする海鳥の楽園であること、周辺海域で夜光貝やフカヒレ、鼈甲が採れることなどを伝えたらしい。[25] 実業家としての古賀は、アホウドリの羽毛が、夜光貝などと同じく、欧米に輸出できることなどから「探検」を試み、領土化ののちには魚釣島と久場島でアホウドリの羽毛・鳥糞の化石（グアノ）、フカヒレや鼈甲の採取を直接経営するようになった。最盛期には年間15万羽のアホウドリを捕獲したといわれたが、こうした乱獲によって資源が1900年に枯渇し始めると、古賀は琉球漁民を使って、黒潮に乗って北上するカツオを利用する鰹節の加工にその事業を移すことになる。[26]

　さて、コロンブスが来る前に、カリブ海の先住諸民族はその島々を知り尽くしており、クックが来る前にアボリジニーがオーストラリア大陸を知り尽くしていたとすれば、「尖閣諸島」の存在は、その情報源となった琉球漁民が知り尽くしていたことになる。つまり、古賀による「発見」と「開拓」の輝かしい物語は、日本政府が「日本人」を前面に出して脚色した植民地形成の物語にすぎない。琉球併合が、日本政府とその軍事力によって実行された1879年前後、そのどさくさに紛れて一儲けしようと日本から琉球に渡り、利権を買い漁って「琉球人」の不評を買った日本人商人は「寄留商人」[27]と呼ばれるが、古賀はその典型的な例に他ならないのだ。「尖閣諸島」が日本「固有の領土」になった翌1896年9月、日本政府は古賀に対して、同諸島の30年間の無償貸与を認め、彼は先述した事業を展開するが、これは植民地における典型的な本国人への利権配分である。古賀の「探検」は第2章で見た白瀬矗に比べても「探検」と呼

べるものではなく、琉球漁民の知識を利用した単なる事業展開にすぎない。

　第三、第四の問題は、日本政府による歴史的事実の隠蔽ということができるが、まず、この地域の主権が日本政府自身によって放棄された事例の存在である。琉球併合自体は後述するが、中国政府は、1878年9月～10月に駐日公使を通して、日本政府による琉球併合政策の展開に対し、「弱国」を欺く「不信不義無情無理」であると日本政府に厳しい抗議を行った[28]。そして、琉球王国が日本に併合されると、中国政府は外遊中であったユリシーズ・グラント（Ulysses Grant）元米国大統領を仲介に、問題の解決を図ろうとした。そこで登場するのが、琉球王国の分割提案（「分島・増約案」[29]）であった。ここで、中国政府は沖縄島周辺に琉球王国を存続させ、奄美群島は日本領に、また宮古・八重山諸島を中国領とする3分割案を提示した。これに対し、日本政府は、1871年に対等条約として締結された日清修好条規の日本に有利な改正（中国国内での通商権の日本人への承認）を条件に、沖縄島、久米島以北を日本領とし、尖閣諸島が現在属する宮古・八重山諸島以南を中国領とする提案を行った。1880年に妥協が成立し、翌年2月に調印式が予定されていたが、併合後、中国に政治亡命した「脱清人」[30]と呼ばれた琉球人の活動や琉球王国を分割するべきではないとする中国政府内部の反対が再燃したことで、調印は不成立に終わった。しかし、日本政府が「尖閣諸島」を含むこの地域を中国領とみなした責任は重大であり、「歴史的に一貫してわが国の領土たる南西諸島の一部」という日本政府の見解も大きな矛盾を露呈している。

　そして、第四の問題あるいは最大の問題は、日本政府が琉球王国の存在とその植民地化という歴史的事実を隠蔽している点だろう。

3　植民地主義的拡張の土台としての「琉球併合」

　筆者は、2001年4月に発表した「近代国家日本と『北海道』『沖縄』の植民地化」（『先住民族の「近代史」――植民地主義を超えるために』）で、1879年3月に行われた「琉球併合」を侵略による植民地化とみなし、国際法上違法であると主張した。また、2012年11月26日に、東京で開催された「第11回『歴史認識と東アジアの平和』フォーラム・東京会議」において、「琉球併合」の視点

から「尖閣諸島」問題を考える論文「領土問題と歴史認識――『尖閣諸島』問題を先住民族である琉球民族の視点で考える」を、中国、韓国の研究者の前で発表した。こうした中、中国政府の見解とも近い「人民日報」は、2013年5月8日、中国社会科学院の2人の研究者、張海鵬と李国強による「馬関条約と釣魚島問題を論じる」と題する論文を掲載したが、ここでは「尖閣諸島」の領有権問題を超えて、「琉球（沖縄）」の帰属自体が依然「未解決」という極めて興味深い主張が展開されている。

安倍晋三政権の菅義偉官房長官は、これに対し「筋違い」、「不見識」というコメントを寄せたが、これ自体がさらに重要な植民地に関する歴史認識の欠如を示唆している。「歴史的に一貫してわが国の領土たる南西諸島の一部」という日本政府の見解の矛盾は、「尖閣諸島」ばかりを対象とするのではなく、琉球王国自体がどのような過程を経て、「沖縄県」という日本の一部になったかの問題に由来している。

では、第4章で詳述したが、「琉球王国」が「沖縄県」となった1872年〜79年の事情をもう一度簡単に紹介してみよう。日本は、幕末の時期から西欧列強との外交関係を調整していたが、やがて徳川幕府による封建体制が崩壊し、「明治維新（Meiji Restoration）」と呼ばれる政治改革の中で、1868年10月には天皇を中心とした近代国家体制をスタートさせた。日本の南方に位置した琉球王国は、1872年9月、王政復古である明治維新に対し、伊江王子尚健を使節団長とする慶賀使を日本の新しい首都となった東京に派遣することになった。琉球は、中国との間に「朝貢（Tribute）」関係を維持すると同時に、日本に対しても朝鮮と並ぶ「通信の国（country of communication）[31]」として、それまでも江戸に使節を派遣しており、こうした外交儀礼の延長としての使節の派遣であった。しかし、明治天皇との接見の中で、日本政府は突然、これを機に琉球王国を「琉球藩」とすること、琉球国王を「琉球藩王」とし、華族の一員とすることを伝えた。これを外交関係の、新しいが名目上の展開と考えた琉球使節団は、帰路外務省に立ち寄り、1609年の薩摩藩の侵攻後奪われた奄美諸島から与論島までの琉球領土の返還を外務大臣に要求している。ここで外務省を訪れた理由は、日本政府内部での認識が琉球王国から「琉球藩」に、あるいは琉球国王から「琉球藩王」になっても、琉球の管轄は外務省とされたからに他ならない。これは

極めて矛盾した行政対応であって、植民地化の第一歩を示すものであった。例えば、「琉球藩」という呼称は、あたかも琉球王国を日本の国内と位置づけた感じを与えるが、封建時代の日本の国内行政単位であった「藩」は、その前年1871年7月に実施された「廃藩置県」によってすべて廃止され、これに代わってすでに302の「県」が国内には置かれていた。また、日本の「藩」のトップの肩書は「藩主」であり、「藩王」という名称は日本国内には存在したことがない。他方、日本の外務省は同じ9月に政府命令を発し、琉球王国が1850年代に、独立王国として米国（1854年7月）、フランス（1855年11月）、オランダ（1859年7月）と締結した平和・友好条約本文を没収し、これらの国際条約を日本政府が継承、所管する旨を関係国に通告した。[32]

さらに、日本の植民地主義を加速させたのは、1874年の「台湾出兵」であった。これは、近代日本の最初の本格的な帝国主義戦争であると同時に、琉球王国の植民地化の重要なステップであった。ことの始まりは、1871年12月に起きた「琉球宮古島民遭難事件」である。琉球王国宮古島の島民が、琉球政府への納税の帰り、台風のために台湾南部に漂着し、文化的な行き違いから、その多くが台湾の先住（原住）民族によって殺害された。この事件を日本政府は1872年以来問題とするようになり、1873年6月の北京での交渉では次のように主張した。被害者の琉球漁民は日本国民であり、加害者の台湾先住（原住）民族は中国の国民であるから、中国政府は責任者を処罰し、賠償金を支払うべきである。これに対して、中国政府は、被害者は琉球国民であって日本国民ではなく、また加害者は中国の統治権の外にあり、その点日本政府とは無関係であり、また中国政府にも責任はないと反論した。この台湾南東部は中国の統治権の外にあるという言葉を、日本政府は一方的に拡大解釈し、この地域をまさに国際法上の「無主地」とみなし、加害者の処罰と称して、日本軍による討伐戦争を開始したのが「台湾出兵」であった。1874年5月に始まった日本の軍事行動は、6月には終結するが、和平交渉は北京で10月まで継続した。この時期、1874年7月に日本政府は「琉球藩」の管轄を外務省から内務省に移管し、同時に那覇に置かれていた「外務省出張所」は「内務省出張所」に名称を変更された。交渉において、琉球住民を日本国民と言い切るための措置であったが、合理的に考えれば、自らの矛盾を明らかにした政策でもある。[33]

しかし、「台湾出兵」が一段落した直後の 1874 年 11 月、琉球政府は、従来の朝貢関係の儀礼に従い、随員 180 名、帆船 2 隻からなる外交使節「進貢使」を北京に送った。国家としての自立的な外交行為である。しかし、琉球を国内化したと思い込んでいた日本政府は驚愕し、こうした日本に恭順の姿勢を示さない「琉球藩」の「非礼を罰する」ための「琉球処分」の意向を固めることになる。日本政府は、松田道之を琉球「処分官」に任命し、松田は 1875 年 7 月、9 項目から構成された政府命令（太政官通達）を首里城で、琉球政府の今帰仁王子朝敷に手渡した。9 項目とは、中国への「進貢使」・「慶賀使」の派遣の禁止、中国からの「冊封使」の受け入れの禁止、日本の年号の全面使用、中国福建に置かれた在外公館である「琉球館」の廃止、藩制改革、留学生の東京への派遣、日本軍の駐屯地の建設などである。[34]

　留学生の東京派遣などの項目は受け入れられたが、琉球政府は、外交権の剥奪に断固として抵抗した。1875 年 10 月に琉球政府は、日本政府に対し、9 項目の多くは受け入れられないとの「嘆願書」を提出した。これに対し、日本政府は、「琉球藩」の持つ「裁判権」と「警察権」を日本政府の「内務省出張所」に移管することを決定し、琉球政府が抗議する中、2 つの内政権は、1876 年 5 月に剥奪された。これに対し、1876 年 12 月、琉球政府は日本政府の侵略行為を中国政府に訴える「密使」を日本政府の監視の目を掻い潜って派遣したが、ここで中国政府に渡された琉球国王の親書の内容は興味深い。琉球は、中国と独自な外交関係にある独立国であるから日本政府による外交権の剥奪は不当なものであり、中国や欧米諸国に「万国公法」による善悪の判断を仰ぎたいという内容であった。まさに、これは 1907 年 6 月、大韓帝国がオランダのハーグに「密使」を送り、日本政府の暴虐を訴えた事件（ハーグ密使事件）と同じ構造であった。さらに、琉球政府は、日本政府による不正義を訴えた「密書」を、かつての条約締結国の代表である、東京にある米国、フランス、オランダの公使に送った。米国公使ジョン・ビンガムは、その書簡を本国政府に伝えることを約束し、また、1877 年 12 月に東京に着任した中国の何如璋公使は、李鴻章の指示の下、日本政府との間で交渉を繰り広げる。[35]

　さて、1878 年 5 月に内務大臣大久保利通が暗殺され、その後任に伊藤博文が就任するが、1879 年 3 月の琉球併合の完成は、韓国併合の責任者でもある

伊藤の下で最終段階を迎えることになる。「処分官」松田道之は、1879年3月、3度目の琉球出張を命じられた。しかし、この出張には、随行官9名、内務省出張所の増員32名に加え、武装警察官160余名、さらに鹿児島で合流した日本軍歩兵400余名が伴っていた。さらに、内務省官吏として文官であった松田には、その後の植民地総督のように、武装警官隊ばかりでなく、武官として日本陸軍を指揮する権利が、また、もし琉球政府に抵抗する者がある場合には、これを逮捕あるいは鎮圧する権利が与えられた。1879年3月27日、那覇港で下船した日本の武装部隊が首里城に駆け上って、これを包囲する中、松田「処分官」によって、「琉球藩」を廃止し、「沖縄県」を設置するという政府命令が、琉球政府代表の今帰仁王子に手渡され、合意が強要された。そして、王府のあった首里城は、日本政府への明渡しを命じられた。ここに琉球王国は消滅し、日本の国内行政機関である「沖縄県」が設置されたが、その内実は、慣習国際法に違反した武力併合による琉球の植民地化であり、「沖縄県」機関は本来「琉球総督府」とでも呼ぶべきものであった。

　まさに、琉球王国は、日本政府の武力の下で植民地として併合されたが、日本政府はこれを国内にある、非礼で愚かな「琉球藩」に対して厳正なる「処分」を行い、一般行政機関である「沖縄県」を遅れて設置したにすぎない、つまり、一貫して国内問題として処理し、この本質を隠蔽することになる。これが、現在まで続く、教育を受けた一般的な日本人の「沖縄」認識である。まさに、その最中に「尖閣の開拓者」と呼ばれた古賀辰四郎も那覇を闊歩していたこと、その「発見」が疑問視されるべきことは、「尖閣諸島」問題の前提とされるべきだろう。しかし、日本政府の論理はこれにまったく言及していないし、市民的論理に最も近い立場で「尖閣諸島」を論じている元外交官の孫崎享も、琉球王国の存在を暗黙に言及しながら、これを領土交渉の視点に含めていない。

4　中国政府の論理構造とその問題点

中国政府の史料主義と国家主義

　現在の中国は、冒頭に述べた論理からいけば、従来の「国家」ではなく「人民」を主体として建国された「国家」であり、本来「人民」の意思が尊重され

るべき政体を持つことが期待されてきた。その点、もちろん日本政府の領土論の論理に比較すれば、中国政府の「尖閣諸島」に関するそれは相対的に健全ともいえる。そこには、歴史的検証があり、その中に植民地支配や帝国主義戦争に抗する「人民」の視点が一貫しているからだ。しかしながら、重要な1点は日本政府と同じ構造で、それは、国家主義からの発想で領土問題を考えようという視点だろう。少なくとも「人民」の視点から国家構築に努力してきた国でありながら、枠組みとしての国家主義が前面に出る発想は残念でならない。

例えば、中国政府の論理の根幹は、琉球王国に派遣された冊封使の公式記録のひとつである『使琉球録』(1534年)、『重編使琉球録』(1561年)、『使琉球雑録』(1683年)などの公文書や政府文書の性格を備えた『日本一鑑』(1556年)などの歴史的文献であり、これらに基づいて作成された地図『籌海図編』(1562年刊行と推定) などである。[39] これらの政府記録に「尖閣諸島」が表れていることをもって、中国に領土権があるという主張である。

しかし、こうした文書も、国民国家の意識のなかったこれらの古い時代に、「尖閣諸島」を琉球王国への航路の「標識島」として位置づけているにすぎない。冊封使が琉球に渡航する際には、東へ向かう往路がとくに重要であった。復路は、西に船を走らせれば広大な中国大陸に到達するが、琉球諸島にうまくぶつからなければ東向する船は太平洋へと漂流することになる。この点、王府がある現在の沖縄本島に着くには、綿密な「標識島」の認識が不可欠であり、その中に「尖閣諸島」があった。[40] しかし、政府の記録にあったことを理由とする主張は極めて国家主義的であり、中国人の実効的な支配地域あるいは中国国民の生活圏を示しているものではない（図5参照）。

むしろ、国家を代表する使節の記録に依拠する論理であることの矛盾も大きい。冊封使を乗せた中国の公船（御冠船・冊封使船）が琉球を訪れたのは、新しい琉球国王を公認するためであり、1372年～1866年の期間の派遣回数は20数回程度である。つまり、平均すれば、約20～25年に1度の派遣にすぎない。長い歴史を持つとしても、そうした100年に4回程度利用する航路の「標識島」が実効支配の根拠となるかどうかは大いに疑問である。そして、その結果、中国政府の主張も日本政府のそれと似た性格をとるようになった。ひとつは、日本人による「発見」に対し、中国人による「発見」とそれ故の領土編入も主張

され、同時に、冊封使の派遣先が琉球王国であるにもかかわらず、琉球王国の存在や主体性を無視した論理展開を行ってきたことである。この点、日清戦争時の日本による帝国主義的略取を主張するのであれば、前述したように、自らが展開した日本の帝国主義政策に対する琉球王国への支援の事実にも言及すべきであった。幸い、人民日報に2013年5月8日に掲載された論文は、この矛盾から抜け出すことになるが、こうした問題への対応は緒についたばかりである。

　近代の領土権の基礎は、多様な国際法主体の、歴史的で実効的でさらに正統な支配である。とくに、現代は、こうした一方的で偏狭な国家主義の発想から抜け出す努力が積み重ねられている。もし、政府の公文書や公式記録でしか、領土権の主張ができないのであれば、文字を持たなかった人民や目に見える（欧米人に認識できる）政府・行政機構を持たなかった人民には、領土権や土地権を主張する権利自体がないことになる。この点、オーストラリアやカナダでは、先住民族の土地権を確保するために、伝説や物語を含めて生活圏としての状況証拠が裁判で採用され、その権利の回復が認められている。1997年、カナダ最高裁判所が下したデルガムーク判決（Delgamuukw Decision）などはその好例であり、また、2007年9月に国連総会で採択された「先住民族の権利に関する国連宣言」も、第25条、第26条、第32条などで、先住民族が領土を持つ権利を明確に確認している。

地理的・地形的条件の検証

　中国政府のもうひとつの論理は、「尖閣諸島」が中国の大陸棚上に属しているという主張である。図4で紹介したように、確かに「尖閣諸島」の島々は中国大陸から張り出した大陸棚の外縁に位置し、その東部には「沖縄トラフ」という深みが存在している。そして、その先に琉球列島があることから、地理的あるいは地形的に「尖閣諸島」は琉球列島から切り離されている。しかし、地理的・地形的な一体性がなぜ領土権の根拠になるかは不明であり、日本政府もこの点に関しては反論さえ行っていない。

　もちろん、地理的な一体性が領土権の根拠に直接つながるものではないが、それがその空間がどのように使われてきたかを考察する根拠にはなる。この点

は次節で説明したい。

5　琉球人と「ユクン・クバシマ」：新たな解決に向けて

さて、この節から「尖閣諸島」を「ユクン・クバシマ」と呼びたい。琉球では、「尖閣諸島」は、古くから知られており、宮古・八重山諸島の言葉では「イーグン・クバシマ」、また沖縄島の言葉では「ユクン・クバシマ」と呼ばれてきた。[42]

「クバ」の群生する、聖なる島

まず、いずれも、クバシマと呼ばれてきた点が重要だろう。さらに、魚釣島に次いで2番目に大きな島は現在も「久場島」である。「クバ」は植物の名前で、ヤシ科に属し、東南アジアからオーストラリアに分布する常緑高木で、日本ではビロウ、琉球ではクバと呼ばれている。そして、この植物には、重要な2つの役割がある。

まず、「クバ」は生活用品の重要な供給材である。その葉は屋根を葺く材料、伝統的な小型舟（サバニ）の帆、クバオウジ（団扇）、クバ笠、蓑、ロープ、等、釣瓶（クバジー）、杓子（ティーウプル）など生活面で広範囲に使われてきた。また、15メートルにも育つその幹は家の柱材や床材になった他、新芽や若葉、茎の一部は食用にもされてきた。その点、「尖閣諸島」を琉球人が「クバ」の島と呼ぶ理由は、この島々、とくに久場島や魚釣島（北側斜面）に豊富なクバが群生していたからである。琉球各地の漁民や農民が日除けに使う「クバ笠」はこのクバ製であり、井戸から水を汲む際にはクバジーが利用された他、耐火性が優れている点から、小さな舟に火種を保つ場合や料理にもクバジーが鍋に利用されたといわれている。この「クバ」は琉球各地で利用されたが、とくに台湾に近い与那国島の住民は、与那国島でクバの採取が難しい時期には、クバが豊富に群生する「尖閣諸島」に渡ったという話も伝わっている。[43] 与那国島から黒潮（Japan Current）に乗れば、労せずして半日で魚釣島に着き、その意味で「生活圏」であったともいわれ（図5で位置関係を参照）、因みに現在でも、与那国町の町木は「クバ」であり、町では「クバ」の葉でビンを巻いた酒造り

なども行われている。

　さらに、「クバ」は、神々が地上に降りる際に使う「神木」であり、「御嶽（ウタキ：聖拝所）」を囲む森となる場合が少なくない。この点、「クバ」が茂る島々は、琉球人にとっては聖なる土地であった可能性もある。

　冊封使の記録を使う中国政府の主張が「尖閣諸島」を航海の「標識島」とだけ見るのに対し、琉球人の視点からすれば、「ユクン・クバシマ」ははるかに生活の匂いのする島々である。

「遠洋漁業」の漁場としての周辺海域

　宮古・八重山諸島の住民が使う「イーグン」という言葉は釣り針のような魚釣島の形状を表すと思われるが、沖縄島の漁民が呼ぶ「ユクン」はより重要だろう。実は、この沖縄島の漁民とは、現在の糸満市に本来の拠点を置く「糸満漁民」のことである。糸満漁民は、「海の狩人」とも表現されるが、糸満地域を拠点にしながら、サバニを駆使し、古くから琉球列島全域に拡大して「遠洋漁業」に従事した人びとでもある。19世紀には、北は日本列島の能登半島沖から台湾海域にまで、また20世紀になると東南アジアやオーストラリアにまで漁業活動を展開したことが「記録」された人びとでもある。彼らは、「琉球併合」の直前に八重山諸島にも定住するようになったが、それ以前は各島の浜辺に仮小屋を建て、「遠洋漁業」に従事していた。[44]

　さて、では冷蔵庫や冷凍技術のなかった時代、糸満漁民による「遠洋漁業」とは何であったのだろうか。熱帯や亜熱帯では捕った魚はすぐに腐り始める点からも、前近代の漁業の中心は地産地消の沿岸漁業だからだ。実は、彼らが扱った海産物とは、伝統的に中国への輸出品であり、高級食材であったフカヒレ、スルメ、イリコ（海鼠を乾燥させたもの）という乾物であった。これらの乾燥品であれば、冷蔵庫のない時代にも遠くの島々に出かけ、その場で捕っては乾燥させ、製品とすることができた。日本でも「俵物」と呼ばれたこれらの海産物は、琉球王国から中国への重要な輸出品でもあったが、そのひとつフカヒレは1700年代に輸出量が大きく拡大しており、この時期、糸満漁民が琉球列島全域に活動を拡大したと推測することができる。[45]

　古賀辰四郎の商店は、当初は故郷福岡の茶葉を扱っていたが、やがて糸満漁

民を通してこうした俵物を扱うと同時に、八重山諸島周辺海域で捕れる夜光貝や高瀬貝などの貝類を扱っていた[46]。その古賀に、先述したように、無人島だが、アホウドリの楽園であり、その周辺でフカヒレや鼈甲、夜光貝などが捕れる尖閣諸島の存在とその経済的価値を教えたのはこの糸満漁民であり、八重山諸島に遠洋漁業をもたらしたのも彼らだった[47]。つまり、糸満漁民は、尖閣諸島周辺海域が豊かな漁場であることを古くから知っていたことになり、またそこで長年漁業活動を行っていたことが想定される。

漁民や航海士・船員の「風待ち」の場

八重山諸島に定住するようになっても、糸満漁民は「尖閣諸島」のことを「ユクン・クバシマ」と呼び続けた。我如古朋美の研究によれば、「ユクン」とは、ここで「休んでいきなさい：ユックティーケー」という表現から生まれた言葉と推定され、「尖閣諸島」はこの地域を利用する琉球の漁民や航海士にとって、大陸方面から琉球列島に渡る際、荒天でこの地域の海が荒れた場合のいわゆる「風待ちの場所」であったようだ[48]。中国政府も主張するように、「尖閣諸島」は大陸棚の端に位置しその東には「沖縄トラフ」と呼ばれる深みがあるが、この上を黒潮が流れるために、海が荒れることが少なくない。（図４および図５参照）この点、琉球の漁民や航海士にとって、この島々は、黒潮を横切る際に好天を待つ場所であったと考えられる。魚釣島や久場島で採れるクバはさまざまな生活の糧であると同時に船の修理にも利用でき、とくに魚釣島は真水が採れる貴重な島であったから、そこは好天や凪の日を待つ「風待ち」には最適の場所であったはずである。

この点、琉球の航海士や船員の視点も重要である。琉球人の歴史家である西里喜行によれば、琉球から中国に派遣された琉球船は、進貢船、謝恩船、迎接船、護送船（他地域などからの漂着者などを送った船）など多岐にわたり、1644年に始まる清朝の代だけでも1000隻以上が「尖閣諸島」を標識島として、那覇－福州の航路を利用していた[49]。また、国際法学者である緑間栄も、中国の冊封船・御冠船自身が、琉球人の航海士を利用していたことを指摘している[50]。さらに、14世紀～16世紀にわたる琉球の大航海時代には、中国交易を超えて、琉球の交易ルートは東南アジア各地に広がった。シャム、マラッカ、パタニ、ア

ンナンなどの東南アジアに派遣された琉球の公船だけでも1425年〜1570年の期間に106隻におよぶが、これら東南アジアから帰還する船も「尖閣諸島」を通過したのちに、黒潮を西から横断した。こうした情景は、中継貿易国としたこの大航海時代を謳歌した琉球王国の実態から容易に想像することができる。

　糸満の漁民や船員は文献史料の世界には距離があるが、これらの状況を総合すれば、まさに「尖閣諸島」の歴史的かつ実効支配の主体あるいは生活圏とした住民のアイデンティティは、琉球人民・民族であると推論できるだろう。これは、「尖閣諸島」問題ばかりでなく、現在関心が広がりつつある琉球人としてのアイデンティティや権利の確認の問題にも深く関係している。[51]

　ただし、先住民族が主張する領土権は、アイヌ民族の「北方領土」に対する主張にあったように排他的なものではない。1970年に台湾政府は、外交部声明として、「台湾省住民の長期にわたる継続的使用」を主張している。[52]もし、「尖閣諸島」一帯が生活圏として使用されてきたとすれば、台湾宜蘭県などの漁民、また伝統的な漁民であるランユ島の先住（原住）民族であるタウ民族などが黒潮に乗って伝統的に利用していた可能性も否定できない。（図5参照）そうであれば、ひとつのアイデアは、琉球人民・民族と台湾先住（原住）民族の領土権を確認しながら、日本、中国、台湾の各国政府が従来の領土論を取り下げ、先住民族の権利を尊重し、地域の琉球人や台湾人などを主体として、共存・共生の空間あるいは平和の空間を創造することである。この論理によってこそ、日中（台）間の国家的緊張は正当かつ合理的にあるいは「熟成した知恵」を使って回避することができるのではないだろうか。

　現在の国境は、とくにアジア・アフリカでは植民地主義の枠組みを基準に画定された。（カナダや米国、オーストラリア、ブラジルなどの「州境」も同じである。）これを枠組みとして、内に対しては、国民国家の形成過程で、植民地支配が行われ「先住民族」が生み出されると同時に、外に対しては、「先住民族」の領土の実体的な分割を無視して、社会的「神話」に基づく国境での軍事緊張や紛争が繰り広げられてきた。こうした国境紛争問題を本質的に解決するためにも、先住民族の権利という視点と歴史の新たな検証が世界各地で必要とされている。

＊　本章は、拙稿「尖閣諸島問題と先住民族の権利――先住民族の視点から領土問題を考える」『恵泉女学園大学紀要』恵泉女学園大学、第 26 号、2014 年、を加筆、訂正したものである。

註

1）　この基本的な議論としては、以下の文献を参照。
・Crowford, James, *The Rights of Peoples*, Oxford University Press, 1988.
2）　現在、国連の人権機関においても「発見の法理」などの国際法論理の見直しが進められており、これに関しては以下の論文を参照。
・苑原俊明「研究ノート　『発見の法理』と『支配の枠組み』を探求する――国連『予備的研究』報告書の分析」『大東法学』大東文化大学、第 23 巻第 2 号、2014 年。
3）　「先住民族」概念の登場に関しては、以下の文献を参照。
Anaya, S. James, *Indigenous Peoples in International Law: Second Edition*, Oxford University Press, 2004.
4）　「先住民族」の国連における活動は、以下の論文を参照。
・上村英明「『先住民族の権利に関する国連宣言』獲得への長い道のり」『PRIME』明治学院大学国際平和研究所、第 27 号、2008 年。
5）　国境によって分断された領土も多い。例えば、マサイ民族の領土はケニアとタンザニアに、サーミ民族の領土はノルウェー、スウェーデン、フィンランド、ロシアに分断されている。アイヌ民族の領土も正確には、ロシアと日本に分断された。
6）　外務省『われらの北方領土　2012 年版』外務省、2012 年、4 頁。
7）　以下の外務省ウェッブサイト「尖閣諸島についての基本見解」を参照。
〈http://www.mofa.go.jp/mofaj/area/senkaku/kenkai.html〉、2013 年 9 月 26 日。
8）　主要なところでは、1785 年最上徳内が北方「探検」、1798 年近藤重蔵、最上徳内が東蝦夷地および千島「探検」、1808 年間宮林蔵、松田伝十郎らが樺太「探検」に派遣されている。
9）　外務省、同上、6 頁。
10）　上村英明『先住民族の「近代史」――植民地主義を超えるために』平凡社、2001 年、103 頁および『知っていますか？アイヌ民族一問一答〔新版〕』解放出版社、2008 年、41 頁。
11）　テッサ・モーリス‐スズキ（辛島理人訳）「想像された地図――メディア、政治、そして北東アジアの領土問題」『現代思想』第 40 巻第 17 号、2012 年、197 頁。
12）　上村英明『知っていますか！？アイヌ民族一問一答〔新版〕』、126 頁。
13）　「尖閣諸島」という名称は、魚釣島の形状と「英国海軍水路誌」にある Pinnacle Islands を意訳し、日本人によって、領土化後の 1900 年に命名された。
14）　2012 年に入ってからも、4 月には石原慎太郎都知事の「尖閣諸島」購入演説が米国・ワシントンで行われ、同年 9 月に野田佳彦政権による国有化が実施された。
15）　例えば、2012 年 9 月 28 日には「『領土問題』の悪循環を止めよう！――日本市民のアピール」が呼びかけられた。この中では、民間・市民レベルの対話を促進して、国境周辺の共同開発、共同利用を提案している。
16）　アンドリュー・ジャクソンは第 7 代米国大統領で、十分な教育を受けられなかった開

拓移民の出身で初の大統領となった。初等教育や（白人男子）普通選挙などを確立して、民主主義の進展に貢献したが、同時に人種主義者として、先住民族からの広大な土地の収奪や大虐殺の責任者でもある。
17) 濱川今日子（国会図書館外交防衛課）『尖閣諸島の領有をめぐる論点――日中両国の見解を中心に』国会図書館（ISSUE BRIEF）No.565、2007 年、2 頁。
18) 外務省ウェッブサイト「尖閣諸島についての基本見解」、同上を参照。
19) 中国政府の主張に関しては、以下の文献などを参照。
劉文宗「釣魚島に対する中国の主権は弁駁を許さない」『北京週報』第 34 号、1996 年。
20) これに関しては、以下の文献などを参照。
・Gilbert, Jeremie, *Indigenous Peoples' Land Rights under International Law: From Victims to Actors*, Transnational Publishers, 2006, pp. 3-40
21) ジェームズ・クック（James Cook）による英国のオーストラリア領有は、「無主地」・「先占」によるものであったが、彼による「発見」を前提にしたものではない。オーストラリアに最初に上陸したヨーロッパ人「探検家」はオランダ東インド会社（Dutch East India Company）のウィレム・ヤンスゾーン（Willem Janszoon）で、1606 年 2 月のことであった。しかし、「探検」した北部の土地は入植地に適さないと判断し、領有宣言を行っていない。その点、クックは 1770 年 4 月に東海岸ボタニー湾に上陸し、領有宣言を行った。
22) マボ判決については、以下の文献などを参照。
・吉川仁「『マボ判決』について」『法と政治』関西学院大学、第 47 巻第 1 号、1996 年。
・苑原俊明「オーストラリアにおける先住民族の土地権」『国際研究論集』八千代国際大学、第 8 巻第 1 号、1995 年。
23) 日本政府は、古賀辰四郎の「探検」「開拓」の功績に対し、1909 年には藍綬褒章を授与しており、石垣市には「古賀辰四郎尖閣列島開拓記念碑」が 1995 年に建立された。
24) 以下の外務省のウェッブサイト「尖閣諸島に関する Q&A」を参照。
〈http://www.mofa.go.jp/mofaj/area/senkaku/qa_1010.html〉、2013 年 9 月 26 日。
25) 平岡昭利「明治期における尖閣諸島への日本人の進出と古賀辰四郎」『人文地理』人文地理学会、第 57 巻第 5 号、2005 年、512 頁。
26) 平岡昭利、同上、513〜515 頁。鳥糞などの化石化したものである「グアノ（guano）」はリン鉱石の鉱床のひとつで、肥料の重要な原料とされた。「グアノ」はもともと南米インカ帝国を形成した先住民族・ケチュア民族の言葉で「糞」を意味し、スペイン語から英語に入ったといわれる。
27) 琉球併合のころに沖縄にやってきた日本人の商人で、主に大阪、鹿児島出身者が多く、米や砂糖の取引を独占して、琉球人の反発を買った。（「沖縄コンパクト事典」琉球新報、2003 年 3 月 1 日）また、古賀が、戸籍を「沖縄県」に移動させたのは、尖閣諸島での事業を開始する直前の 1895 年のことである。
28) 上村英明『先住民族の「近代史」――植民地主義を超えるために』、144〜145 頁。
29) これに関しては、以下の文献などを参照。
・羽根次郎「尖閣問題に内在する法理的矛盾――『固有の領土論』の克服のために」『世界』岩波書店、第 836 号、2012 年、116〜118 頁。
30) 「脱清人」とは、琉球国民で、琉球併合の前後に中国（清）に脱出して救国運動を行った人びとを指す。上級士族が中心であったが、下級士族や庶民も含まれ、福州の「琉球館」や北京の旧琉球王国施設を拠点に活動を続けた。こうした活動に関しては、以下の文献

を参照。
　・後田多敦『琉球救国運動——抗日の思想と行動』Mugen、2010 年。
31) 江戸時代の鎖国体制の中にはいくつかの例外があるが、その主要なものが「通商の国」と「通信の国」である。「通商の国（country of trade）」は貿易を行う対象国で、長崎の出島のような特定地域で貿易を行った中国（清）とオランダである。他方、「通信の国」は定期的に使節を受け入れる国で、朝鮮（朝鮮通信使）と琉球（「江戸上り」）がそれであった。琉球使節は、琉球国王即位に際して派遣される「謝恩使」と日本国の将軍の就任に派遣される「慶賀使」があった。因みに、中国が実施する「朝貢」制度は、使節（冊封使）の派遣ばかりでなく、貿易使節（進貢使）などの受け入れを加えたより密度の高いものであった。
32) 上村英明、同上、127〜137 頁。
33) 上村英明、同上、118〜127 頁。
34) 上村英明、同上、139〜143 頁。中国政府が示す「朝貢」制度では、冊封史や進貢使などの使節の交換、中国の元号や暦の使用が義務化されていたので、外交使節の受け入れ・派遣禁止や日本の元号の全面使用は、中国との外交関係を根底から否定する要求であった。
35) 上村英明、同上、143〜146 頁。
36) 上村英明、同上、146〜149 頁。
37) 「ウィーン条約法条約（Vienna Convention on the Law of Treaties）」第 51 条。同条約は、国連国際法委員会によって慣習国際法をまとめたもので、1969 年に採択され、1980 年に発効した。とくに、第 51 条の「国の代表者に対する威嚇や脅迫」による条約は無効という規定は、それ以前に慣習法として存在していたという意見が一般的である。
38) これに関しては、以下の文献を参照。
　・孫崎享『日本の国境問題——尖閣・竹島・北方領土』筑摩書房、2011 年。
　　孫崎は、「一八七〇年代以前に、尖閣諸島が日本の領土であったことはない」（61 頁）と琉球王国の存在を示唆しているが、この構造や背景には何も言及してはいない。
39) 濱川今日子、同上、3〜5 頁。
40) これに関しては、以下の文献を参照。
　・原田禹雄『尖閣諸島——冊封琉球使録を読む』榕樹書林、2006 年。
41) 劉文宗「釣魚島に対する中国の主権は弁駁を許さない」『北京週報』第 34 号、1996 年。
42) 我如古朋美「尖閣諸島を巡る議論と琉球のアイデンティティ——国際法的な視点から見た領土問題と先住民族」『恵泉アカデミア』恵泉女学園大学、第 18 号、2013 年、24 頁。
43) 古賀辰四郎を紹介したウェブサイト「尖閣諸島の開拓者・古賀辰四郎氏のこと」では、この話が紹介されており、また事業を始めたばかりの古賀もクバを屋根や壁に利用した仮小屋を建設している。〈http://senkakusyashintizu.web.fc2.com/page053.html〉、2013 年 9 月 26 日。
44) 加藤久子『海の狩人沖縄漁民——糸満ウミンチュの歴史と生活誌』現代書館、2012 年、62〜70 頁。
45) 加藤久子、同上、69 頁。
46) 市川英雄『糸満漁業の展開構造——沖縄・奄美を中心として』沖縄タイムス社、2009 年、129〜130 頁。
47) これは、以下の文献でも紹介されている。
　・三木健「八重山から見た尖閣諸島」『うらそえ文藝』浦添市文化協会、第 16 号、2011 年。

48) 我如古朋美、同上、25〜26頁。
49) 西里喜行「中琉日関係から考える『尖閣問題』の歴史的前提〈8〉」琉球新報、2012年12月6日。尚、西里には、以下の連載がある。「中琉日関係から考える『尖閣問題』の歴史的前提〈1〉〜〈9〉」琉球新報、2012年11月5日、8日、12日、15日、19日、29日、12月3日、6日、13日。
50) 緑間栄『尖閣列島』ひるぎ社、1998年、51頁。
51) 琉球では、2013年5月15日に「琉球民族独立総合研究学会」が設立された。この学会の立ち位置に関しては、友知政樹「琉球独立　学会設立、世界と連携へ」朝日新聞、2013年8月10日、を参照。
52) 孫崎享、同上、71頁。

第3部

グローバルな環境問題史と先住民族

第6章

大規模「水銀中毒」と先住民族
技術革新・経済成長、そして環境破壊・人権侵害

　環境破壊は近代以前にもさまざまな形で行われたことがあるが、近代社会の下では技術革新と経済成長と大きく結びつくようになった。そこでは、多数の人びとの「豊かさ」のためと称して、特定の地域や特定の人びとに深刻な「被害」が押しつけられた。この点、「公害問題」は「豊かさ」を再検証するという意味で、人類の歴史の教訓のひとつであり、本章で取り上げる「水俣病」はそれが認識されるようになった発端の典型的事例とみなされることも多い。しかし、1950年代の「水俣病」が歴史の重要な教訓のひとつであったと認めるにしても、こうした社会現象の「原点」がどこでまた何であったかを本章では改めて考察したい。

1　「水俣病」「ストックホルム宣言」そして「地球環境問題」

　1972年6月スウェーデン・ストックホルムで「国連人間環境会議（United Nations Conference on the Human Environment）」が開催された。北欧の環境悪化を危惧したスウェーデン政府の強いイニシアティブによって実現されたこの会議は、1990年代にリオデジャネイロ、ウィーン、カイロ、コペンハーゲン、北京、イスタンブールで次々に開かれた世界会議（World Conference）方式の初期の会議のひとつとしても、世界的に注目された。その最大の理由は、環境破壊の直接の被害者とこれを支える多くのNGOの参加が認められ、その国際世論を背景に、各国政府に環境政策の抜本的転換を迫った画期的ともいえる宣言が1972年6月16日に採択されたからである。この「人間環境宣言（ストックホルム宣言）」は、人間と環境と経済発展の関係に言及し、その前文で「われわれは歴史の転回点に到達した」と人類社会への警鐘を打ち鳴らした点で、今日の環境保護政策の原点となる文書とみなされている。

この会議には、日本から2名の「水俣病」患者とこれを支援するNGOである「東大自主講座」の宇井純、熊本大学の原田正純などが出席したが、なぜこの時期こうした大規模な国際会議が開催されたのだろうか。
　その理由は、日本の「水俣病」「イタイイタイ病」などに象徴される「公害問題」、その中でも化学工業の発達による水銀汚染の問題などがスウェーデンや日本ばかりでなく、世界各地で大きな社会問題を引き起こし、同時に、そのあまりの深刻さに、解決に向けての国際社会の広い関心を集めたからに他ならない。
　日本では、1950年代に「チッソ（新日本窒素肥料株式会社）水俣工場」の操業で排出された廃液により、熊本県水俣湾に、のちに「水俣病」として国際社会に衝撃を与えた「奇病」が発生した。1959年7月に熊本大学医学部の研究班が、工場から垂れ流された廃液中の「有機水銀（organic mercury）」をその原因と特定したにもかかわらず、企業および国は経済成長優先の政策からこれを頑なに認めず、患者の救済をいたずらに遅らせることになった。「国連人間環境会議」から4年をさかのぼる1968年9月に、日本政府は、やっと「チッソ」が排出した「有機水銀」と「水俣病」の因果関係を認めたが、この間何ら規制が行われなかったために患者は不知火海周辺地域にも広がり、また、1965年5月には新潟県阿賀野川流域で「第二水俣病」が報告された。
　海外では、フィンランドで、1968年に血中水銀濃度が異常に高い住民が発見された。1954年〜1967年にパルプの消毒に有機水銀が使用されていたことが原因だとされる。大西洋を越えて、カナダで水銀汚染が発見されたのは1970年だった。オンタリオ州ワビグーン川沿いにあるパルプ工場に付属する苛性ソーダ工場が原因で、排出された「無機水銀（inorganic mercury）」が自然界で「有機化」し、近隣のグラッシイナロウズ、ホワイトドッグという2つの居留地で生活する先住民族のオジブワ（Ojibwa）民族がその被害者となった。その他にも、ストックホルムの会議を契機に水銀汚染の点検が始まったところもあった。中国では、東北部にある第二松花江で、近くにある化学コンビナートのアセトアルデヒド工場から流れ出た有機水銀による汚染が1980年代に明らかになり、2)中国政府の環境政策への関心を高めた。
　1990年代にオゾン層の破壊や温暖化、海面上昇や砂漠化などの「地球環境

問題」に関心が集まるようになると、被害者に対する政府や企業のあり方を問い直した1950年代の「公害問題」は忘れ去られた感がある。あるいは、忘れられなかったにしても、その連続性に関心を持つ機会は極端に少なくなってしまった。そして、「地球環境問題」という言葉は、環境破壊と人権侵害の密接な関係を見えにくくしてしまったが、温暖化にしろ、砂漠化にしろ、その原因や責任は一律にすべての地球上の人間にあるわけではなく、また、その影響あるいは被害もすべての人間に等しく襲いかかるものではない。

2　ポトシーの鉱山開発と最初の「水俣病」

　高度経済成長という近代社会の心地よい幻想の中で二重、三重の人災に発展した「水俣病」の解明と患者の救済に、研究者としてまた活動家として奔走した原田の功績を否定することは誰もできない。しかし、どうしても納得がいかない先住民族から見た視点が存在する。それは、その著書の中で、原田が「水俣病の前に水俣病はなかった」と断言し、この公害病を、20世紀を特徴づける事件のひとつ、あるいは、その原点として位置づけたことだ。

　もちろん、水銀中毒は、人類がメッキなどの技術に水銀を使用し始めたころにさかのぼる。しかし、「水俣病」に象徴される水銀中毒は、高度経済成長期にからんで国家や企業の効率優先主義によって幾重もの人災に発展したという点で、歴史の中でも特筆されるべき事件であるとの主張に反対するものではない。むしろ、その点を認めた上で、「水俣病」の前に「水俣病」がなかったかどうかを検証することが本章の目的である。

　先住民族の歴史的視点から検討すれば、「水俣病」に象徴される近代社会の経済成長優先と技術革新への信仰、そしてその結果としての環境破壊、大規模な人権侵害の原型は、1950年を400年もさかのぼり、1500年代半ばにすでに南アメリカに現れたと考えられるからだ。1492年のクリストファー・コロンブス「漂着」後の南アメリカ大陸におけるスペインの植民地経営、とくに、現在ボリビアの南部に位置する「ポトシー（Potosi）銀山」の開発事業と先住民族の関係にその問題の普遍的原型を見ることができる。もちろん、経済成長と環境破壊、技術革新と人権侵害が部分的にしろ、相互に関連する事例は、それ

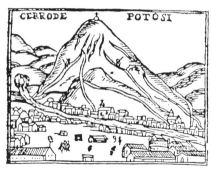
16世紀のポトシーとセロ・リコ山

以前の歴史の中に皆無だったとはいえないだろう。しかし、これら4つの要素が極めて密接に、今日問題とする意味で関連し、しかも大規模かつ組織的な形で行われた点を総合するとき、「ポトシー銀山」の開発は、ストックホルム宣言がいうところの「歴史的転換点」の本当の意味での「原点」であったということができるのではないだろうか。

　コロンブスのアメリカ大陸「到達」から約半世紀後の1543年、現在ボリビアに位置する高山都市ポトシーは、侵入してきたスペイン人に占領された。この地域は、当時はインカ帝国、正式名称「タワンティン・スウユ（Tawantin Suyu）」の一部であり、これを構成した先住民族アイマラ（Aymara）民族・ケチュア（Quechua）民族の伝統的な領土に位置していた。占領から2年後の1545年1月に、ポトシーの中心に聳え立ち、先住民族から「聖なる山」とみなされた標高4800メートルの「セロ・リコ（Cerro Rico）山」に、先住民族によって（ディエゴ・グアルパあるいはワルパという名の先住民族が見つけたとされる）銀鉱が発見され、この土地はスペイン人たちの注目を集めることになった。結論を先に述べれば、この鉱山から産出される銀によって、スペイン植民地の一部であったポトシーを含む「ペルー副王領」の経済は急成長をとげ、海抜約4100メートルにあり、世界最高度の都市といわれるポトシーには当時アメリカ大陸最大の都市が形成された。例えば、1611年には、採掘権を得たスペイン人鉱山主を中心に商人その他が集まり、ケチュア人、アイマラ人の「労働者」を含めて人口約16万人を数える大都市、当時としては日本の「江戸」などに次ぐ世界有数の都市に、ポトシーは成長した。

3 技術革新と近代的経済システムへの転換

　経済成長と環境破壊、人権侵害を語る前に、ここでは、まず近代社会の信仰ともいえる技術革新について触れる必要があるだろう。当時のスペイン人が持っていた精錬技術は、ヨーロッパで当時の標準技術であった「灰吹き精錬法（cupellation process）」といわれるものであった。これは金属精錬に関してはヨーロッパでも先進地域であったドイツの銀鉱山で確立された技術で、これを集大成して1556年に出版されたゲオルギウス・アグリコア（Georgius Agricola）の『デ・ラ・メタリカ（De re metallica）』を通じてヨーロッパ全体に隈なく伝えられた。この技術は、別の見方をすれば、中世に暗躍した多くの錬金術師（alchemist）たちの試行錯誤の蓄積によって生み出された技術ともいえるが、次のようなものであった。銀を含んだ鉱石（通常銅の成分を含む）に、鉛あるいは鉛鉱石（作用鉛と呼ばれた）を混ぜて第一の炉の中で溶解し銀・鉛・銅の合金を作る。第二の炉で、これを銅と銀・鉛に分離し、さらに、内部を灰でつき固められた「灰吹き炉」という第三の炉で加熱すると鉛は酸化鉛となって灰の中に沈み、円形の薄い板状の銀が炉の中央に残った。（日本には、中国の灰吹き法が1533年に石見銀山に導入されたといわれる。）

　しかし、このポトシーでは、その高い高度のためか鉱石の品質のためかヨーロッパの技術である「灰吹き精錬法」は役に立たなかった。そこで、鉱山開発が始まった1545年から約35年間、つまり1572年まで、スペイン人たちは、自らの精錬技術を捨て、彼らが「未開」と見下した先住民族の伝統的な技術に依存することになった。鉱石は、まず「マライ（marays）」と呼ばれた石臼で破砕された。そして、粘土で造られた高さ1メートル、直径40センチほどの円筒型「グアイラ（guayras / huayras）炉＝風炉」を使った独特な精錬技術「グアイラ精錬法」で、先住民族の技術者（guayradores /huayradores）と労働者を使って続けられた。「グアイラ」はケチュア語で「空気、風」を意味したが、炉内では、底に石炭、その上に銀鉱石を置き、送り込む空気にはふいごを使わず、セロ・リコ山の山風が直接使われたからだ。また、燃料には石炭や「イチュウ（ichu）」と呼ばれた高地に生育する草を乾燥させたものやリャマの糞が利用さ

れた。そして、この技術の最盛期には、セロ・リコ山の麓で6000基にもおよぶ「グアイラ炉」が稼動していたと報告されている。しかし、1560年代に入ると高品位の鉱石が枯渇する一方、過酷な植民地支配によって先住民族労働者の人口も減少し、1565年をピークに銀の生産量は急激に減少するようになった。つまり、植民地行政下においても、伝統的な技術では、右上がりの無限とも見える経済成長を達成することは不可能であった。

こうした経済的衰退を懸念したスペイン国王フェリペ2世の命を受け、「ペルー副王領」の植民地総督・第5代副王（Viceroy）として、フランシスコ・デ・トレド（Francisco de Toledo）が、1569年に着任すると、さまざまな改革やインフラ整備に着手し始めた。事態を憂慮したトレド支援の下、ポトシーの実験室で、ペドロ・フェルナンデス・デ・ベラスコ（Pedro Fernandes de Velasco）によって、新しい銀精錬法である「水銀アマルガム精錬法（amalgamation process with mercury）」が完成した。1572年のことである。さらに、植民地行政府のバックアップを下に、1574年、この技術はポトシー鉱山に大々的に導入された。

やや詳しく紹介すれば、1555年に、セルビア出身の商人バルトロメ・デ・メディナ（Bartolome de Medina）と銀精錬の先進地であったドイツからアメリカに渡ったガスパル・ローマンによってメキシコのパチュカ（Pachuca）鉱山で完成された「パティオ精錬法（patio process）」と呼ばれる「アマルガム精錬法」はすでにメキシコの銀鉱山で利用されていた。しかし、メキシコでこの技術を学んだのち、ペルーに移ったデ・ベラスコの技術は、「カホネス精錬法（cajones process）」と呼ばれ、規模の点およびタンクを加熱する点などで飛躍的に効率を高めた。アンデスでは「インヘニオ（ingenio）」と呼ばれる、水力の鉱石粉砕機、水銀を混合し加熱するための大タンク（釜あるいは鍋）、貯蔵施設などを持った水銀アマルガム処理法を利用できる大規模な「精錬所」がこの1574年以降ポトシーに次々と建設された。こうした施設の導入には、トレドおよびポトシーの行政長官ダミアン・デ・ラ・バンデラ（Damian de la Bandera）の強力な指導によって植民地行政府の豊富な資本投下が不可欠だったことはいうまでもない。例えば、ポトシーの気候はその多くが乾期に属し、降水量は決して多くなく、河川の水量も安定していない。そのような土地で、大規模な「精錬所」

の水力鉱石粉砕機を使うために、ポトシーの周辺には、アンデス山脈（カリカリ山地）から流れる雪解け水を集めて水量を調整するダムが建設された[13]。1585年には7つのダムが出来上がり、1621年までには、総貯水量600万トンを誇る32のダムが完成し、全長5キロメートルのサント・クリスト・デ・ラ・ベラクルス精錬水路（Ribera de los Ingenios del Santo Cristo de la Veracruz）を使って豊かな水がポトシーに送られた[14]。

　同時に、トレドは、この新技術を有効に利用するために2つの基盤整備を行った。ひとつは、新技術を運用するために大量に必要とされる資源の確保である。1563年に先住民族の首長がスペイン人に辰砂の鉱床の発見を伝えたことで、翌1564年から「ワンカベリカ（Huancavelica）水銀鉱山」の採掘が始まった。当時スペイン政府は鉱山を民間経営に任せ、税を徴収する制度をとっていたが、トレドは新技術が大量の水銀を使うことにすぐさま注目し、1570年にこの「新大陸」唯一の水銀鉱山を買収し、経営を国家独占事業とした[15]。もうひとつは、労働力を確保するための新しい社会制度の構築である。具体的には、鉱山や「精錬所」での労働力を安定的に確保するため、先住民族に対して、輪番でその共同体から労働者を提供する強制賃金労働制度「ミタ制（mita system）」の導入を、1574年に決定した[16]。「ミタ制」はもともとインカ帝国の労役制度であったが、これを「改良」したものが、トレドの新しい制度である。海抜約4100メートルという高地にあるポトシーでの労働には、スペインが他の地域で利用した「アフリカ人奴隷」はほとんど使役されず、強制的であったにしても、形式的には先住民族の賃金労働者を集めるしか労働力を確保する方法はなかった[17]。

　つまり、ポトシーには、早くも16世紀の時点で、大規模資本、賃金労働、技術革新、資源確保という、近代経済システムを形成するために重要でかつ基本的とされてきた要素が、植民地行政府の強力な支配政策の下で揃えられたことになる。

4　「水銀アマルガム精錬法」と環境汚染・人権侵害

　核技術（第7章を参照）を見るまでもなく、新しい技術革新は、革命的な経済効率を示すが、同時にその多くは目に見えにくい形での深刻な問題点を抱え

ている。「水銀アマルガム精錬法」もその例外ではなく、むしろ、その原型と呼ばれるものであったかもしれない。日本では「水銀ながし法」と呼ばれたこの技術は、水銀を利用する技術的特徴とともに、「灰吹き法」の複雑な工程とその時間が著しく短縮されるという経済的特徴から、「バロック期におけるもっとも重要な冶金学上の発明」と評価されるほどの画期的な精錬技術であった。

具体的には、水銀が、常温では液状で、金や銀と合金（アマルガム）を作りやすいこと、そして、356.66度という比較的低い温度で蒸発することを利用し、粉砕した鉱石を水銀と混ぜて、銀アマルガムを集める。そして、集めた銀アマルガムを加熱して水銀を蒸発させると、簡単に銀だけを抽出することができた。ポトシーの精錬所では、水力を使って粉砕した大量の鉱石を水や水銀、そして塩や硫酸銅などその他の試薬と大きなタンクで混ぜ合わせて銀アマルガムを作った。タンクを加熱する工夫はさらに反応を加速し、効率を飛躍的に高めた。さらに、これを木製の桶で洗浄し、底に溜まったアマルガムを集め、高温に加熱すると蜂の巣状の銀だけが残った。この技術革新によって、セロ・リコ山に大量に埋蔵されていた低品位の屑鉱石からも銀の抽出が可能となった。そして、この方法がいかに優れていたかは、1870年代後半まで、メキシコで生産された銀の総量の71パーセントが、この16世紀の精錬技術で生産されたことからも証明できる。

その一方で、この技術には、環境破壊と人権侵害が前提とされていたといっても過言ではない。原因は、この技術に不可欠な大量の水銀にあった。日本でも江戸時代に入ったばかりの17世紀当初に、メキシコのスペイン人から「水銀アマルガム精錬法」が紹介され、佐渡鉱山で実験された。佐渡島では、1601年に相川で金銀山が発見されると、1603年石見銀山の経験を持つ大久保長安が佐渡奉行に抜擢され、1605年あるいは1607年にこの「水銀流し法」が試みられた。しかし、結局、日本では、この技術を利用するための前提である大量の水銀を確保できずに、「水銀アマルガム精錬法」そのものは定着しなかった。一般に銀1キログラムを取り出すために、水銀2キログラムが必要でその比率は1対2といわれるが、「カホネス精錬法」により大規模な効率化に成功したポトシー鉱山での銀対水銀比率は1.3対1.2にまで高められ、水銀はより効率的に使用された。しかし、それでもほぼ産出される銀と同じ重さの大量の

図6 ペルーにおける水銀の消費量

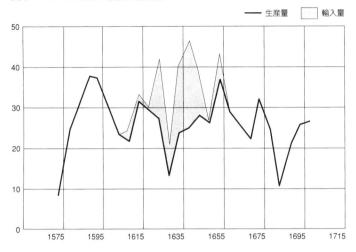

水銀が必要であったことに変わりはなく、水銀を使えば使うほど、古くから世界各地で知られていた水銀蒸気の高い毒性を原因とする多くの中毒患者が鉱山開発のさまざまな場所で生み出されていった。

例えば、次のような数字がある。「水銀アマルガム精錬法」が採用されたことによって、ポトシーでの銀の産出量がいかに飛躍的に増大し、いかに急激な経済成長をもたらしたかという数字である。具体的には、1572年の銀の産出量は26トンにすぎなかったが、「水銀アマルガム精錬法」が採用されてほぼ10年を経過した1582年にはこの産出量は約7倍の174トンに大きく拡大した[26]。そして、残念ながら従来の経済分析はここで止まってしまう。しかし、銀を産出するのに必要な水銀の量を単純に計算すれば、水銀の使用量も約7倍になったことに異論の余地はない。そして、その数字と新しい技術革新の内容を検討すれば、当時スペイン政府が残した、水銀中毒に関する、人権侵害ゆえの断片的な記述を深刻に捉えることが可能となるだろう。ペルー副王領では、少なくとも2つの場所で、大規模な水銀中毒患者が発生したことは間違いない（もちろん、メキシコなどヌエバ・エスパーニャ副王領その他の銀山も例外ではない）。

まず、中心地ポトシーでは、セロ・リコ山の中腹に最盛期には6500箇所の「精錬所」が建設され、銀の精錬作業が日夜進められていたことからその規模を推

表1　ポトシー銀山とその労働者

[1603年]

労働の種類と要員	人数
坑内労働・ミタヨ	4,000
坑内労働・ミンガ	600
洗鉱・ミンガ	400以上
選鉱（男女）	1,000
製錬所・ミタヨ	600
粉砕機・ミンガ	4,000
銀の抽出	3,000
製錬所へ鉱石運搬・ミタヨ	320
塩の運搬・ミタヨ	180
塩の運搬・ミンガ	1,000
材木を供給する先住民族商人	1,000
燃料用木材の輸送	1,000
リャマの糞（燃料）の輸送	500
リャマの糞（銀抽出用燃料）の輸送	200
木炭の製造と輸送	1,000
ローソクの製造	200
合　　計	19,000以上

〈"Descripcion de la Villa y Mina de Potosî, año de 1603", en *Relaciones Geograficas de indias*, B.A.E., tomo 183, I, p.377 より作成〉（強制労働者であるミタヨに対して、ミンガは自由労働者とされる。）

定することができる[27]。16世紀には、ミタ制の導入によってポトシーからクスコにかけての先住民族のうち、成人人口の7分の1にあたる、1万3500名の男性が毎年この鉱山に労働力として駆り集められた[28]。また、具体的に1603年を事例にとれば、ポトシーにおいて狭い意味での鉱山労働に約1万9000名の先住民族がほぼ強制的に従事させられており、このうち少なくとも3000名が「ラマ」と呼ばれた水銀と粉砕した鉱石の銀アマルガムから銀を抽出する仕事に就いていたと推定される[29]。そして、その結果、頭髪や歯が抜け落ち、抑えようのない震えを引き起こした、先住民族の「水銀中毒患者」が身を引きずりながら、施し物を求めて大都市ポトシーの路頭をさまよい続けた[30]。これこそが、「バロック期におけるもっとも重要な冶金学上の発明」と称された「技術革新」の正体であり、植民地行政府によって強力に進められた経済成長の「負」の、そして、支配者であるスペイン人には取るに足らない結果であった。

もちろん、水銀中毒の犠牲者は、ポトシーのような銀鉱山だけにとどまらなかった。あたりまえのことだが、水銀を供給した水銀鉱山でも同じような被害者が生み出された。ポトシーの精錬所におびただしい量の水銀を供給した、リマの南東240キロメートルにあり、スペイン王室所有のワンカベリカ水銀鉱山でも水銀中毒患者が生まれた。メキシコの銀山が当初その水銀をスペイン本国のアルマデン（almaden）水銀鉱山から輸入していたのに対し、ワンカベリカ鉱山の水銀はポトシーの銀生産を支え、ときにはメキシコに輸出されることも[31]

あった。この鉱山には、ミタ制の下で、16世紀には3280名の先住民族が毎年集められて、坑道の中での作業を中心に鉱山労働に従事させられていたが、この坑道にも水銀蒸気が充満していた。さらに、水銀の精錬過程も、劣悪であった。鉱物である辰砂を空気中で加熱すると、沸点の400度近くで水銀蒸気が急激に分離する。この蒸気を冷やして水銀を抽出する方法がとられたが、実質的な奴隷労働には安全対策などなきに等しかった。1616年～1619年にワンカベリカ水銀鉱山の調査を行った巡察使ファン・デ・ソロルサノ（Juan de Solorzano）は、水銀被害者の状況を次のようにスペイン国王に報告した。

「……毒は骨髄に浸透し、手足すべてを弱らせるのみか、たえず震えを引き起こし、労働者は普通4年以内に死亡している」

いくつかの説によれば、ポトシーでは鉱山開発が始まってから150年で800万人（グスタボ・オテロの試算）あるいは300年間で800万人（ジョウセイア・コンデルの試算）の先住民族がこの鉱山開発事業の犠牲者となった。その中には、落下事故や落石・落盤、粉塵による珪肺症やその他の疫病による犠牲者が含まれており、水銀中毒で亡くなった者だけの統計は明らかにされていない。しかし、かなりの犠牲者が水銀中毒であったと推定することを否定する史料もまた存在していない。そして、少なくともポトシーの経済成長が、効率的ではあっても極めて危険な技術革新とそれを支える植民地支配と強制労働を担保に進められたことを忘れてはならない。この時点での「水銀アマルガム精錬法」がヨーロッパの銀山に導入できたかどうかは疑問だろう。そこでは、これほどまでに大規模に強制労働と公害被害者を生み出す社会システムが許容されたとは思えないからである。

環境問題に関していえば、精錬用の炉からの水銀蒸気が原因でポトシーの周囲半径6レグア（約33キロメートル）には草も生えず、街も悪臭に悩まされた。しかし標高4100メートルのポトシーは緯度的には熱帯に属しながら、その高度のために年平均気温は8.9度にすぎず、冬期の平均気温はマイナス6.9度にまで落ち込む。そして、この寒気は、水銀蒸気が遠くまで運ばれることを妨げた。また、1年のうち5～8月を中心に約4分の3が乾期に近い気候では、もともと植物の生育は、悪く厳しかった。そのため、水銀汚染は、幸運にある

いは不幸にも、より深刻な様相をこの土地に与えなかった。

5　ヨーロッパの価格革命と近代経済システム

　歴史的な全体像から見ても、16世紀のヨーロッパを起源とするエマニュエル・ウォーラステンの「近代世界システム」形成に関わる重要な事件としてポトシーを紹介することは見当違いにはあたらないだろう。最新の画期的な技術を使ってのポトシー周辺の銀鉱石採掘には、環境破壊と先住民族の奴隷的労働力あるいはおびただしい死者が前提とされ、また、結果となった。

　トレドは、ミタ制を使いポトシー鉱山のために周辺の3つの管区、17の地区から労働者を強制的に供出させた。「ミタヨ（mitayos）」と呼ばれたこの労働者は劣悪な条件の下で、過酷な労働に従事し、そしてその多くが帰ってこなかった。夫を亡くした妻や親を亡くした孤児は、家族崩壊の象徴であった。また、多くの先住民族がミタ労働から逃れようとした。親は、子どもの手足を折り、わざと障害を持たせた。ミタ労働を割り振られたものは村から逃亡したが、村長は、逃亡者の代わりに別の労働者を差し出さなければならず、共同体の互恵と信頼関係はずたずたになった。また、ミタ労働が終わっても戸籍のある故郷にもどらず、未征服地へ逃げる者も続出した。村そのものが消滅して、地域全体の構造が変わったところもあった。1570

図7　ミタ労働の指定地域

年のペルーの先住民族人口は、126万人であったが、1620年には59万人に半減したという研究もある。近代国際人権法でいえば、明らかにこうした結果をもたらした政策は「ジェノサイド」と定義されるものに他ならない。

　他方、先住民族を犠牲にして産出された銀およびそれによって鋳造された銀貨は、ヨーロッパ、アジアの経済そして近代国際経済システムに大きな影響を与えた。1500年～1660年に、ヨーロッパの全銀保有量の3倍にあたる1万6000トンの銀がポトシーのほか、メキシコのサカテカス（Zacatecas）、グアナファト（Guanajuato）などの鉱山からスペイン本国に運ばれ、その大半が他のヨーロッパ諸国にも流出していった。そして、これを契機にヨーロッパでは「価格革命」という大規模で急激な物価の上昇が起こり、それまでの封建的な社会関係を崩壊させ、企業活動を活発にして、市民革命や産業革命の土台を作り出した。また、1535年メキシコに造幣局が設置され、「ペソ銀貨」（「スペイン・ドル」あるいは「メキシコ・ドル」と呼ばれた）の鋳造が始まると、20世紀の初めまで、この銀貨が国際貨幣として流通し、とくにアジアの経済活動に大きな影響を与えた。例えば、ヨーロッパでは1717年ごろ金対銀の交換比率は金1対銀15であったが、同じころの日本では金1対銀4、中国では金1対銀9～10であった。このため、とくに、マニラのスペイン商館と対明・対清交易、イギリスの対インド交易や対中国交易、オランダの対日交易などを通じて、膨大な金がアジア

ポトシーの市街とセロ・リコ山〈提供：笹尾典代〉

からヨーロッパに流出し続けた。当然これは、近代の国際経済システムとして「先進国」と呼ばれる国々が19世紀末に「金本位制」を実施するための基盤ともなった。

近代経済システムは、この意味で先住民族の奴隷的労働と公害病という「負の遺産」の上に築かれたものであることを忘れてはならない。そして、ポトシに始まった、技術革新と大規模開発、そして環境破壊と人権侵害は、まさにこの近代世界システムの性格を特徴づける原点となった。

ポトシは、銀鉱山を含めて、1987年にユネスコの世界遺産に登録された。そして、一般に、セネガルのゴレ島、ポーランドのアウシュヴィッツ、日本のヒロシマなどとともに「負の世界遺産」と呼ばれることも多い。これらの世界遺産は、人類の「負の歴史」と密接に関係しているからだ。しかし、「負の歴史」の実態は何だろうか。それは近代社会やグローバル経済と結びついた歴史なのであって、そこから私たちは現在も多くの教訓を学ばなければならない。また、従来「公害問題」も、その拡大版として登場した「地球環境問題」も近代社会が行き着いた「帰結」によって引き起こされた悲劇だとこれまで捉えられがちであった。しかし、近代社会システムには、その「前提」として、技術革新と経済成長、環境破壊と人権侵害の相互関係が組み込まれていたことをポトシと先住民族の物語は示唆している。環境問題においても、この「前提」となった歴史を私たちは真剣に学ぼうとしなかったのである。いまだ清算されていない「コロンブス」時代の教訓を、未来の時代に生かすためにも、「水俣病」の前にあった「水俣病」を改めて考える意味は決して小さくはないだろう。

註

1) 山本草二代表編集『国際条約集1999年版』有斐閣、1999年、319頁。
2) 原田正純『水俣病にまなぶ旅――水俣病の前に水俣病はなかった』日本評論社、1985年、30～39頁、55～65頁。
3) 原田正純『水俣病』岩波書店（岩波新書）、1972年、203～204頁。
4) Brading, D. A. & Cross, Harry E., "Colonial Silver Mining: Mexico and Peru", *The Hispanic American Historical Review*, Vol.52, 1972, p.545.
　ゲオルギアス・アグリコアはラテン語化したペンネームで、ドイツの本名はゲオルグ・バイエル（Georg Bauer）で、第7章に登場するチェコのヨアキムスタール（Joachimsthal）

鉱山にも 9 年間滞在した。当時ヨアキムスタール鉱山は銀山として有名だった。
5) 山本博信編著『貴金属のはなし』技報堂出版、1992 年、48 頁。島根県の石見銀山で、1533 年に実用化された日本独特の「灰吹法」もこの「銀しぼり法」の一部ということができる。
6) Brading, D. A. & Cross, Harry E., ibid., pp.553-554.
7) Bakewell, Peter, *A History of Latin America : Empires and Sequels 1450-1930*, Blackwell Publishers, 1997, p.176.
8) 染田秀藤編『ラテンアメリカ史――植民地時代の実像』世界思想社、1989 年、137 頁。
9) カルメン・ベルナン（大貫良夫監修）『インカ帝国――太陽と黄金の民族』創元社、1991 年、75 頁。また、マリアーノ・ピコン-サラス（グスタボ・アンドラーデ、村江四郎訳）『ラテンアメリカ文化史――二つの世界の融合』サイマル出版会、1991 年、172 頁。この「水銀アマルガム処理法」は、アルバロ・アルフォンソ・バルバが 1640 年に著した『金属技術（Atre de los metales）』で発表された。
10) 青木康征『南米ポトシ銀山――スペイン帝国を支えた"打出の小槌"』中央公論社（中公新書）、2000 年、111〜112 頁。「パティオ精錬法」の開発に関しては、1554 年あるいは 1557 年という説もある。
11) 姉崎正治、三好恵真子「スペイン植民地時代のポトシ銀山における銀製錬技術の再評価と今日的応用開発への可能性」『大阪大学大学院人間科学研究科紀要』第 37 巻、2011 年、299〜319 頁。
12) Bakewell, Peter, ibid., pp.177-179.
13) Brading, D. A. & Cross, Harry E., ibid., p.554. および、眞鍋周三「植民地時代前半期のポトシ銀山をめぐる社会経済史研究――ポトシ市場経済圏の形成（後編）」『京都ラテンアメリカ研究所紀要』京都外国語大学、第 12 号、2012 年、8 頁。
14) 青木康征、同上、114 頁。
15) 眞鍋周三、同上、5〜7 頁。
16) 染田秀藤編、同上、139 頁。
17) Bakewell, Peter, ibid., p.195.
18) 藤野明『銅の文化史』新潮社（新潮選書）、1991 年、207 頁。
19) マリアーノ・ピコン-サラス、同上、172 頁。
20) 吾妻潔ほか『非鉄製錬』朝倉書店（金属工学講座　第 3 巻）、1963 年、83 頁。
21) Bakewell, Peter, ibid., p.178.
22) Brading, D. A. & Cross, Harry E., ibid., p.555.
23) 田中圭一「江戸初期アマルガム法の導入と家康の貿易政策」『日本歴史』吉川弘文館、第 501 号、1990 年、71〜84 頁。
24) 藤野明、同上、207 頁。
25) Brading, D. A. & Cross, Harry E., ibid., p.556. 1580 年代には、アマルガム化の行程に鉄分を加えることで、さらに水銀の消費量を削減する技術が導入された。
26) Bakewell, Peter, ibid., p.178.
27) E. ガレアーノ（大久保光夫訳）『収奪された大地――ラテンアメリカ五百年〔新版〕』藤原書店、1991 年、102 頁。
28) Brading, D. A. & Cross, Harry E., ibid., p.558.
29) 染田秀藤編、同上、138〜143 頁。
30) E. ガレアーノ、同上、102 頁。

31) スペイン王国内には、当時 3 つの水銀鉱山があった。本国のアルマンデ鉱山、イドリア（idrija）鉱山、そしてペルー副王領のワンカベリカ鉱山である。1689 年のそれぞれの生産量は、アルマンデ鉱山が約 460 トン（1 万キンタール）、イドリア鉱山が約 92 トン（2000 キンタール）、ワンカベリカ鉱山が約 690 トン（1 万 5000 キンタール）である。（近藤仁之『ラテンアメリカ銀と近世資本主義』行路社、2011 年、162 頁）
32) 青木康征、同上、117〜118 頁。
33) Brading, D. A. & Cross, Harry E., ibid., p.551.
34) 吾妻潔ほか、同上、249〜250 頁。
35) E. ガレアーノ、同上、99 頁。さらに、以下の論文を参照。
　　眞鍋周三「植民地時代ペルーにおけるワンカベリカ水銀鉱山と水銀汚染問題——植民地時代前半期」『京都ラテンアメリカ研究所紀要』京都外国語大学、第 6 号、2006 年、19〜55 頁。
36) それぞれ、染田秀藤編、同上、142 頁／E. ガレアーノ、同上、99 頁。
37) Bennassar, B. and Chaunu, P. (eds.), *L'Ouverture du monde XIVe-XVIe siecles*, Armand Colin, Paris, 1977, pp.418-420.
38) E. ガレアーノ、同上、102 頁。
39) 国際協力事業団鉱工業開発調査部『ボリヴィア共和国ポトシ県鉱山セクター環境汚染評価調査（予備・事前調査）報告書』国際協力事業団、1997 年、162 頁。
40) Wallerstein, Immanuel, *The Capitalist World-Economy*, Cambridge University Press, 1979, pp.37-48.
41) 染田秀藤編、同上、139〜140 頁。
42) Cole, Jeffrey A., "An Abolitionism Born of Frustration : The Conde de Lemos and the Potosi Mita", *Hispanic American Historical Review*, 63(2), 1983, pp.307-310.
43) 青木康征、同上、127〜130 頁。
44) 上村英明「国際刑事裁判所」『PRIME』第 9 号、明治学院大学国際平和研究所、1998 年、73〜74 頁。1948 年に採択された「集団殺害罪の防止および処罰に関する条約（ジェノサイド条約）」や 1998 年に採択された「国際刑事裁判所規程（ローマ条約）」は、こうした行為を「ジェノサイド」と明記している。
45) 増井経夫『中国の銀と商人』研文出版、1986 年、12〜15 頁。
46) 日本は、1897 年に「金本位制」に移行し、1931 年にこの制度から離脱した。19 世紀末に確立したこの金融制度は、大恐慌後 1931 年〜1936 年の間に米国以外の国で放棄された。

第7章

ヒロシマ・ナガサキへの原爆投下と先住民族

　日本人ほど核問題に関して公教育を含めさまざまな場で学ぶ機会を持つ国民はいないだろう。それは、ヒロシマ、ナガサキへの原爆投下を経験し、この記憶を忘れまいとする合意が日本社会の中に存在するからである。しかし、自ら体験し、その教育の機会を得たからといって、問題の本質への学びが保障されるとは限らない。体験はその視野を狭くすることがあり、教育はそれが正しいことだと一方的に刷り込むことがあるからだ。

　日本人は、この点、核問題を飛行機から投下される核爆弾のことだと考え、戦争の道具だと思い込んできた。如何に日本人がこの視点に絡めとられていたかは、「核の平和利用」という名前の原子力発電に対し、2011年3月にフクシマでの事故が起こるまでほぼ無批判であった国民意識に現れている。さらに、自らを「唯一の被爆国民」と位置づけ、核問題を、核兵器を保有する複数の大国の問題とも考えてきた。よく知っていると「思い込む」ことは、「知らない」ことへの死角を作りがちである。本章では、ヒロシマ・ナガサキへの原爆投下を先住民族の視点から問い直し、「知らない」ことの意味をもう一度考えてみたい。

1　「マンハッタン計画」と「コロンブス」の再来

　米国の核兵器開発の直接の引き金は、「相対性理論」の発見者アルベルト・アインシュタインからフランクリン・ルーズベルト大統領に宛てた1939年8月2日付の「アインシュタイン書簡」だといわれている。この中では、ナチス・ドイツが当時のチェコスロバキアにあったウラン鉱山を接収したことへの危惧の念を前提に、ウランによる核連鎖反応を利用した「新型爆弾」の製造が提言された。しかし、アインシュタインの進言とこの書簡の草稿を書いたハンガリー

生まれの物理学者レオ・シラード（Leo Szilard）の強い確信があったとしても、当時、それはまだ理論上の話でしかなかった。

核開発が現実のプログラムに載った最も重要な事件は、イタリアから亡命した科学者エンリコ・フェルミ（Enrico Fermi）によって、その3年後の1942年に行われた実験であった。ルーズベルトの認知の下で、核開発研究はまず1940年6月に設置された「国防研究委員会（National Defense Reseach Committee=NDRC）」の管轄下に置かれたが、1941年12月に「科学研究開発局（Office of Scientific Research and Development=OSRD）」に移管されて、大きく拡充されることになった。[2]研究は、その後、1943年5月から直接陸軍に移されることになるが、その約半年前シカゴである歴史的な実験が行われた。フェルミを中心とする研究グループは、1942年2月にシカゴ大学の構内に新設された「冶金研究所」の実証用原子炉で、同年12月2日世界初の核連鎖反応の実証実験に成功した。この日、研究所の小型原子炉の連鎖反応が進んで「臨界」状態となり、「安全（制御）棒」が炉心に挿入され反応が収まると、誰からともなく小さな拍手と喝采が起こり、敵国であったために当時米国では入手の難しかったイタリア産のワインが、茶色の紙に包まれたまま、同僚から研究責任者であったフェルミに手渡された。[3]

1942年8月にはすでに「マンハッタン計画（Manhattan Project）」は発動していたが、核連鎖反応研究部門の責任者で「冶金研究所」の所長であったアーサー・コンプトン（Arthur Compton）は、祝福のあいさつを終えると、実験室をあとにし、この重要な実験成功をOSRDの局長代理で、当時ハーバード大学総長であったジェームズ・コナント（James Conant）にすぐさま暗号で連絡した。この有名な暗号電話の言葉は、その後の先住民族と核開発の関係を奇しくも象徴することになる。[4]

「コンプトン：ジム、君は知りたがっていたね、イタリアの航海士がたった今新世界に上陸したよ（the Italian navigator has just landed in the new world）。
コナント：先住民は友好的だったかい？（Were the natives friendly?）
コンプトン：全員無事に上陸したよ」[5]

ここで「イタリアの航海士」という暗号が使われた理由は2つあった。ひと

つは、フェルミの祖国がイタリアだったことにかけて、上陸に成功したイタリア生まれの「コロンブス」は実験に成功したフェルミを指す言葉であった。そして、もうひとつは、この1942年が西ヨーロッパの人びとが歴史的事件と称えた1492年の「コロンブスの新大陸『発見』」から450周年にあたり、核開発に関わるこの歴史的事件をこの「発見」にかけたものであった。しかし、この暗号電話が示唆したものは、決して単なる「比喩」に終わらなかった。「コロンブス」が「新大陸」に「到達」したのちに起こったことと同じ種類の出来事が、核開発という新しい侵略と植民地主義の中で、先住民族をさらに苦しめることになったからだ。「コロンブス」の時代にはわずかな友好期間があったが、核開発は、最初から先住民族を狡猾な甘言で欺き、また、国家権力で不利益を圧倒的に押しつけるより強圧的な植民地主義でもあった。

2　ヒロシマ・ナガサキの核爆弾と4つの「ウラン」鉱山

　核の問題を「核爆弾」や「核弾頭」という純粋に兵器の問題に還元し、これらを既存の「国家」、具体的には「超大国」の軍事的覇権争いと見る視点では、忘れられがちな問題がある。先住民族と核開発との密接な関係である。それは、ヒロシマ、ナガサキの被爆という限定された問題に焦点を当てた場合でさえも、決して例外ではない。

　ウラン鉱石は1789年に発見されたが、さらに、この鉱石から放射線が出ることをフランスの物理学者アントワーヌ・ベクレル（Antoine Becquerel）が発見したのは、いまからおよそ120年前の1896年にすぎなかった。そして、18世紀以降のウラン鉱石の主な利用法は、鉱石を砕いて粉末にしたものを釉薬として、陶磁器やガラス器の着色をすることであった。また、20世紀に入ると、ガンに対する放射線治療や、時計の文字盤の夜光塗料などとしても利用され始めた。[6]

　1938年1月にドイツの2人の科学者オットー・ハーン（Otto Hahn）とフリードリッヒ・シュトラスマン（Friedrich Strassmann）によって、ウラン235（天然ウランのほとんどは別の同位体ウラン238）という同位体に中性子を当てると原子核に分裂が起こることが発見された。ウランはそれまでになく脚光を浴びるよ[7]

うになったが、それでも依然として大学の研究室の中に限られていた。こうした背景からすれば、「マンハッタン計画」が国家の極秘プロジェクトとして着々と進み始めた1930年代～40年代でも、ウラン鉱石の採掘は重要な産業とはなっておらず、世界の主なウラン鉱山は、次の4箇所にしか存在しなかった。ヨーロッパではチェコスロバキア（現在のチェコ）の北西部ボヘミア地方、アフリカではベルギー領コンゴ（現在のコンゴ民主共和国）、そして、北米大陸では、カナダの北西準州で北極圏に近いグレートベアー湖周辺および米国南西部のコロラド高原であった。[8] 具体的にいえば、現在のチェコでは古くから銀鉱山として有名で、第6章にも登場したヨアキムスタール（Joachimsthal）鉱山で、[9] アインシュタインがナチス・ドイツの核開発への危機感を深めたのは、この鉱山が1938年10月ドイツに接収され、鉱石の輸出が止まったからであった。その他、ベルギー領コンゴでは南東部ローデシア（現在、ジンバブエ）国境に近いカタンガ地方のシンコロブウェ（Shinkolobwe）鉱山、[10] カナダではグレートベアー湖の東岸に面したポート・ラジウム（Port Radium）鉱山が操業しており、[11] また、米国のコロラド高原ではアリゾナ州のレッド・ロック（Red Rock）鉱山で採掘が行われていた。[12]

　これらの鉱山からウラン鉱石を手に入れるため米国政府は、ナチス・ドイツの支配下にあったヨアキムスタール鉱山以外の3箇所からウラン鉱石を買い漁った。「マンハッタン計画」全体のために、買い集められたウラン鉱石の量はそれぞれ次のようであったと報告されている。カナダ産4000トン、コンゴ産3700トン、米国産1300トンであり、当時利用できた世界中の鉱山から可能な限りの鉱石を集めたということができる。[13] カナダのポート・ラジウム鉱山は、その名の通り別の放射性元素であるラジウムの鉱山として1930年に開山したが、ラジウム需要が落ち込んだことから1940年にはすでに閉山に追い込まれていた。しかし、42年に入って、米国政府はカナダ政府に対して、ポート・ラジウム鉱山の再開を極秘にしかも強引に要求した。[14] また、コンゴ産のウラン鉱石は、1939年ヨーロッパがドイツ軍に席捲されると、現地のベルギー植民地当局の配慮で、鉱山から鉄道を使って積み出し港のベンゲラ（現在、アンゴラ）に運ばれ、米国のニューヨークに向け貨物船で直接輸送されるようになった。このコンゴ産の鉱石は、含有量の点で質が高く、「マンハッタン計画」に使わ

図8　1900年のコンゴとシンコロブウェ鉱山

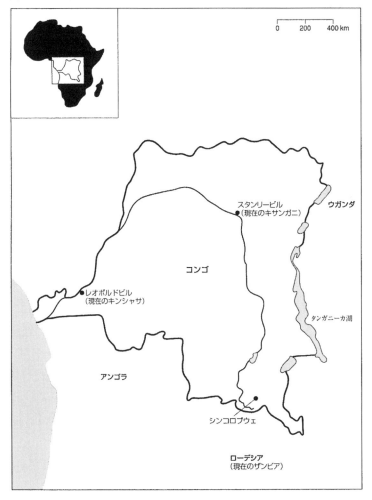

れたウランの実に 80 パーセントはコンゴ産のウラン鉱石から抽出されたとまでいわれている[15]。

　この買い集め作戦は、従来の研究室で利用されたミリグラム単位ではなく、爆弾用にキログラム単位でウランを供給する点から、人類史上最大のウラン鉱石の「買い付け」となった。しかも、軍事機密に属することで、極秘作戦でも

あった。結果として、天然ウラン鉱石に0.7205パーセントしか含まれていないウラン235という物質を96パーセント以上濃縮した「高濃縮ウラン」約60キログラムが、ヒロシマに投下された「リトルボーイ（Little Boy）」（爆発威力12.5プラスマイナス1キロトン）に使われた。また、「低濃縮ウラニウム」を原子炉で燃やした後の使用済み核燃料から回収される「プルトニウム239」、約8キログラムがナガサキに落とされた「ファットマン（Fat Man）」（爆発威力20プラスマイナス2キロトン）に使用された。

そして、重要なことは、ヒロシマ・ナガサキへ投下された原子爆弾の原料となったウラン鉱石の採掘場所が、ほとんどすべて先住民族の土地だといえることだ。1942年に採掘が開始されたレッド・ロック鉱山はアリゾナ州南部に位置づけられるが、ユタ、コロラド、アリゾナ、ニューメキシコという4つの州境が直角に交差する場所として、その地域一帯は「フォー・コーナーズ（four corners）」と呼ばれており[16]、その中心には米国の先住民族ナバホ（Navajo）民族の居留地があった。そして、レッド・ロック鉱山は、まさにそのナバホ民族の居留地の中で操業を開始していた。また、ポート・ラジウム鉱山を含むグレートベアー湖周辺はカナダの先住民族であるデネー（Dene）民族の土地である。いずれも、採掘が始まると周辺の先住民族の住民に、ヒロシマやナガサキと同じ「ヒバクシャ」としての症状が表れている。残念ながら、シンコロブウェ鉱山での、被曝の記録はほとんど見つからないが、ベルギー政府の植民地政策の下でまさに周辺の先住民族に過酷な強制労働が行われていた事実が記録されている。第二次世界大戦が始まるとベルギー領コンゴでは、住民に課せられる「強制労働」の法的上限が、1人1年間に120日と強化され、こうした労働力は地域の先住民族の首長を巧みに使ってウラン採掘にも動員された[17]。コンゴでは、銅、金、錫など他の鉱山でも、労働者を保護するための設備は整えられておらず、この点から類推すれば、この高品位のウラン鉱山でも労働者や環境に対する大規模な放射能汚染が引き起こされたことは間違いないだろう。このように国家の軍事政策の犠牲者という視点で見る限り、最初の「ヒバクシャ」は日本人ではなく、これらウラン鉱山の周辺に住み、それらの鉱山で働かされた先住民族であったことは間違いない。

3 隔離された核施設と先住民族の土地

　ウラン鉱石を世界各地で確保する一方、米国政府は、30を超える関連施設、12万人の研究者や技術者、40万人以上の兵士を動員し、当時の20億ドルという巨額な予算を投入して「マンハッタン計画」を進めることになった[18]。そして、1943年に入ると爆弾製造のための新しい施設を秘密都市として建設していった。新たに建設された施設の中で重要なものは、次の4つであった。①計画の管理と爆弾の組立施設としての「ロスアラモス研究所（Los Alamos Science Laboratory）」（ニューメキシコ州）、②ウランの濃縮施設としての「オークリッジ核施設（Oak Ridge Reservation）」（テネシー州）、③プルトニウム製造施設としての「ハンフォード核施設（Hanford Reservation）」（ワシントン州）、そして④核実験施設としての「ホワイトサンズ・ミサイル実験場（White Sands Missile Range）」（ニューメキシコ州）、いわゆる「アラモゴード（Alamogordo）実験場」である。

　これらの核製造施設の多くに共通することは、やはりその土地が先住民族とその権利に深く関係していたということだ。米国陸軍省から当時出された指令によれば、すべての核製造関連施設の立地選定条件は、外部から隔離、遮断された土地というものであった[19]。1945年7月16日アラモゴード近郊の砂漠で、世界最初の原子爆弾で、長崎に投下されたものと同タイプの「トリニティ（Trinity）」の爆発実験が行われたが、米国政府はこれをアラモゴードの軍弾薬庫で爆発事故があったと発表し、死傷者はなかったとつけ加えた[20]。こうした発表をするためにも、核開発には近郊の都市あるいは集落から十分隔離された土地が確かに必要であった。また、スターリン体制下のソ連政府もスパイを送り込んで、米軍機密に関する諜報活動を行っており、こうした活動から施設を保護するためにも隔離できる場所が不可欠であった。とくに、新型爆弾の製造は戦後世界で米国が覇権を握るための切り札とも考えられるようになっており、「マンハッタン計画」は最高軍事機密の国家プロジェクトとみなされていた。

　1943年4月に開所した「ロスアラモス研究所」は、サンタ・フェから北西60キロメートルにあったが、以前にはその一部に寄宿制の少年学校があるだ

けでその買収と土地改良費は、わずか44万ドルにすぎなかった[21]。安くすんだ理由は、この敷地の多くの部分が国有地、いいかえれば連邦政府の管理地域だったからである。そして、なぜ連邦の土地だったのかといえば、コチーティ・プエブロ（Cochiti Pueblo）民族という先住民族が保有していた土地を米国連邦政府が奪ったからだというのがその本当の理由であった[22]。また、その周辺には、リオグランデ・プエブロ（Rio Grande Pueblo）民族の居留地が点在していた。北東部のわずか5キロメートルたらずの場所にナンベ（Nambe）民族居留地があり、南西100キロメートルにカニョンシト（Canoncito）民族居留地などがあった。また、北西80キロメートルにヒカリラ・アパッチ（Jicarilla Apache）民族の居留地、北160キロメートルにはサザン・ユート（Southern Ute）民族の居留地、西190キロメートルには先述したナバホ民族の居留地があった。外部から隔離された場所とは、まさに先住民族の居留地に囲まれた場所に他ならなかった。

　テネシー川の支流クリンチ川沿いのカンバーランド丘陵地の尾根に囲まれた「オークリッジ核施設」は同じく、1943年4月に開設された。その近くにある先住民族の土地といえば、ノースカロライナ州との州境を越えて80キロメートルほど南東部にチェロキー（Cherokee）民族の小さな居留地があるだけだ。しかし、これは、1830年代にアンドリュー・ジャクソン大統領によるミシシッピー川西部への過酷な強制移住が行われた結果であり、テネシー川の東部スモーキー山脈を中心にした「オーク（ブナ科コナラ属の樹木で大木になる）」で覆われた広大な森林地帯はチェロキー民族の故地であり、故国であった。この地域は、定期的に下草を焼き、動物の豊かな伝統的な狩猟場として、この先住民族によって利用されてきたが、「オークリッジ核施設」が建設された場所は、連邦政府の環境保護庁（Environmental Protection Agency=EPA）の報告によれば、現在、米国内で最も放射能汚染が深刻化した施設とされ、特別な管理システムが敷かれている[23]。

　1943年1月に510万ドルで買収された土地に建設された「ハンフォード核施設」は「トリニティ」および「ファットマン」に装填された爆弾用のプルトニウムを製造したが、コロンビア川が湾曲する一帯で、若干の農地があったほかは、元来ヤキマ（Yakima）民族の土地であった[24]。「ハンフォード核施設」か

ら西40キロメートルの場所にはその民族の名前をとったヤキマ市が建設されており、その南西部には広大なヤキマ民族の居留地が現在も残されている。そして、この土地では、1944年の原子炉の操業開始以来、敷地内の汚染のほかに、13年間に53万キュリーの放射性ヨウ素131が周辺地域に撒き散らされたことが明らかにされている。とくに、1944年に陸軍が放射性ヨウ素の拡散パターンを調査するため、これを意図的に大気中に放出した実験に関する事実も暴露された[25]。また、ヤキマ民族をはじめ、オレゴン州、ワシントン州で、コロンビア川に面した先住民族は、この川での漁業に大きくその生活を依存させ、漁業権の確保のため闘ってきたが[26]、こうした民族にとって、核物質による河川の汚染はまさに生活権の侵害に他ならなかった[27]。

　必要な核物質が「オークリッジ」「ハンフォード」で製造され、爆弾が「ロスアラモス」で組み立てられると、最後に必要な場所は実験場であった。そして、最初の核実験場となった場所も、その例外ではなく、先住民族に所縁の土地であった。リオ・グランデ川とサクラメント山脈に囲まれたアラモゴードの北100キロメートルの場所は、南から侵入してきたスペイン人によって「ホルナダ・デル・ムエルト（Jornada del Muerto）＝死の旅路」と呼ばれた「荒れた土地」であった[28]。しかし、ヨーロッパ人に「荒れた土地」と見えた場所も、本来はメスカレロ・アパッチ（Mescalero Apache）民族の、伝統的な狩猟場があったところで、「ホワイトサンズ・ミサイル実験場」から東に20キロメートルも行けば、この民族の居留地が存在している。最初の核爆発が行われた場所（トリニティ・サイト（Trinity Site））は、実験場の中では北側に位置し、南にオシキュラ山を望むが、この場所は、現在も放射能が残っているために90分しか滞在できず、爆発時の高熱で溶けた砂が、翡翠のようなガラス状になった「トリニタイト（Trinitite）」として散乱している[29]。また、実験当時、爆心地から東へ50キロメートル離れたカリソソ（Carrizozo）の郊外の牧場で、放牧中の牛に死の灰の影響と思われる斑点が現れ、これらの牛は「ロスアラモス研究所」に回収された[30]。しかし、より近い場所に位置するメスカレロ・アパッチ民族の居留地では、そこにどのような影響があったかは調査さえ行われていない。

核攻撃の基地はどこに作られたか

　２つのタイプの「原子爆弾」は、「トリニティ・サイト」での実験ののち、いよいよ実戦使用を待つまでになった。「リトルボーイ」も「ファットマン」もそれぞれ「超空の要塞（superfortress）」と呼ばれたB-29超長距離重爆撃機の爆弾倉に収納されるように設計されており、ヒロシマ・ナガサキに投下するためには、この爆撃機の特別部隊を編成し、出撃基地を確保するだけであった。

　研究、製造と並行して、原子爆弾投下を目的とした特別爆撃部隊の編成が始まったのは、1944年8月のことであった。このとき、陸軍航空隊「第313爆撃航空団（313th Bombardment Wing）」から「第393戦隊（393rd Squadron）」が引き抜かれて、ユタ州内のネバダ砂漠に置かれた「ウェンドーヴァー（Wendover）基地」に特別部隊の中核として移駐された。この戦隊は、通常編成と同じ15機のB-29で構成されており、新設部隊の司令官には、のちにヒロシマに原子爆弾を投下した「エノラ・ゲイ（Enola Gay）」の機長を自ら務めたポール・ティベッツ（Paul Tibbets）中佐がまもなく指名された。

　特別部隊が米国本土で編成される一方、日本に原子爆弾を投下するためには前進基地の確保が不可欠であり、米国内からその部隊を再移駐させるための軍事作戦も順調に進行していた。予定地域はマリアナ諸島であった。米軍は、1944年6月にはサイパン（Saipan）島、同じく7月にはグアム（Guam）島、ティニアン（Tinian）島に上陸すると、圧倒的火力で日本軍守備隊の抵抗を排除し、またたくまにこれらの島々を占領した。占領の公式目的は、これら3つの島々に日本爆撃に向けてのB-29の大規模な航空基地群を建設することにあった。そして、1944年12月に「第393戦隊」に輸送機部隊、航空技術部隊、資材部隊、憲兵隊などを増強して、新たに「第509混成群団（509th Composite Group）」として編成された特別爆撃部隊は、1945年4月ティニアン島の北飛行場をその拠点とすべく、その移駐作業を空路と海路を使って開始した。ティニアン島には部分解体して持ち込まれた核兵器の組立施設が作られ、演習を兼ねて日本本土への出撃が繰り返されたが、ここでも、先住民族の土地という視点から見れば、グアム島を含めてマリアナ諸島に属するこれらの島々すべては、チャモロ（Chamorro）民族の土地であった。この民族の領土は、16世紀スペインによって植民地化され、1898年4月に始まった米西戦争ののちグアム島は米領、そ

の他の諸島はドイツ領となったが、このドイツ領は第一次世界大戦後日本の「委任統治領」として植民地化された。そして、日米の激戦では、多くのチャモロ人自身の犠牲者を出したが、第二次世界大戦が終わると、今度は米軍による土地収奪の犠牲者となった。現在でも、グアム島などで粘り強く続けられているチャモロ民族の米国に対する反基地運動の原点は、この時点にさかのぼることができる[34]。

　1945年8月6日午前1時45分、ティニアン島の北飛行場を飛び立ったティベッツ中佐に率いられた「エノラ・ゲイ」は、同日8時15分にヒロシマ上空に到達して原子爆弾を投下すると、13時55分速やかにティニアン飛行場に帰投した。他方、その後の核兵器のモデルとなったプルトニウム爆弾を積んだ「ボックス・カー（Bock's Car）」は、1945年8月9日午前2時47分、同じティニアン島の北飛行場を離陸した。まず、第一攻撃目標の小倉上空に9時44分に到達したが、天候が不良で視界がきかないために爆弾を投下できず、攻撃目標を再調整したのち、機首をナガサキに向けた。そして、10時58分にはナガサキで原子爆弾を投下したが、この時点で「ボックス・カー」にはティニアン島に帰るための十分な燃料が残っておらず、このB-29はその機首を最も近い米軍の飛行場に向けた。ナガサキ爆撃を終了したばかりの「ボックス・カー」が最初に着陸した場所は、米軍が整備したばかりの沖縄の「読谷飛行場」（伊江島飛行場という説もある）で、そのとき、時計は12時51分を刻んでいた。着陸後、乗員の休憩と整備、燃料補給を済ませ、16時6分に「読谷飛行場」を離陸した「ボックス・カー」がティニアンの飛行場に帰投したのは、夜もふけた21時45分と記録されている[35]。ここでも、核爆弾投下作戦の最後の段階で使用された「読谷飛行場」は、まず、日本軍によって「北飛行場」として土地を強制収用されたのち整備され、その後米軍が上陸直後から土地を強制収用して拡大再整備した軍事施設であり、日本のもうひとつの先住民族である琉球民族の土地に位置していた。

4　核の「レイシズム」とは何か

　1995年米国のスミソニアン航空宇宙博物館において、第二次世界大戦終結

50周年を記念に企画された「エノラ・ゲイ」の展示をめぐる「原爆展示論争」から、核とレイシズムの関係がようやく正面から議論されるようになった[36]。そして、これを21世紀への課題とする論者たちは、ヒロシマ・ナガサキへの原子爆弾投下の背景には、日本人や東洋人に対する米国社会の「レイシズム（人種・民族差別主義）」が存在したとし、また、これを普遍的な意味で教訓とするためにも、日本がアジアで行った侵略や植民地主義を含めて大量虐殺の背景に潜む同種の「レイシズム」と向き合っていかなければならないと主張した[37]。一般論としては正解である。しかし、底が浅い議論であることを否めない。なぜなら、この核の「レイシズム」の本質には、ヨーロッパとアジア間の民族差別が存在するだけでなく、多数者と先住民族間の民族差別、とくに継続する植民地主義を前提とした差別が横たわっているからである。とくに後者は、現在も深刻な影響を与え続けているにもかかわらず、その問題の存在そのものが知られていない場合も珍しくない。

　先住民族の視点から見れば、核の「レイシズム」の本質は、ヒロシマ・ナガサキの原爆投下という事実だけを検討しても、明らかである。この章で見たように、原爆投下という点の周りには、ウラン鉱山の大規模採掘から始まり、広大な核施設の建設、実験場、攻撃用の基地の迅速な確保まで、そのほとんどすべてにおいて先住民族に対する「レイシズム」の面が存在しているからだ。先住民族の労働者や住民の健康に関する権利が守られ、先住民族の土地の権利が公正に保障され、先住民族が戦闘から保護される権利を行使できていたとすれば、米国はどれだけの巨額の費用と優秀な人材をつぎ込んだとしても、原子爆弾を製造することはできなかっただろう。大量のウラン鉱石を調達できず、ウラン濃縮やプルトニウム製造施設の用地、核実験場も確保できず、特別爆撃部隊の基地すら建設できなかったとすれば、原子爆弾を作る計画はまたたくまに頓挫したことだろう。少なくとも、この新型兵器を第二次世界大戦に間に合わせることは不可能だったに違いない。そして、この関係は、原爆投下を米国対日本、米国人対日本人という軸で考える限り見えてこないことにその問題の本質がある。残念ながら、先住民族という視点は「原爆投下問題」の視野に依然として入っていない。

「レイシズム」の問題は、過去の問題ではなく、現在もまた植民地主義的精神構造の下で続いている。そして、それは、環境問題、人権問題を含め、さまざまな社会問題の負の基礎構造だともいえる。環境を汚染しない、人権を大切にという行動だけでは、こうした問題は克服できず、改めて、歴史に対する真摯な学びが必要とされている。核開発を「コロンブス」の再来という呼び方で検証したのは、その理由だからだ。

註

1) 中沢志保『オッペンハイマー——原爆の父はなぜ水爆開発に反対したか』中央公論社（中公新書）、1995年、56〜58頁。
2) 中沢志保、同上、60〜67頁。
3) 中沢志保、同上、74〜75頁。
4) リチャード・ローズ（神沼二真、渋谷泰一訳）『原子爆弾の誕生（下）——科学と国際政治の世界史』啓学出版、1993年、82頁。
5) Hershberg, James G., *James B. Conant-Harvard to Hiroshima and the Making of the Nuclear Age*, Stanford University Press, Stanford, 1993, pp.162-163.
6) 豊崎博光『蝕まれる星・地球——ひろがりゆく核汚染』平和のアトリエ、1995年、77頁。
7) 中沢志保、同上、52頁。
8) 豊崎博光、同上、76頁。
9) Makhijani, Arjun, Hu, Howard & Yih, Katherine（ed.）, *Nuclear Wastelands : A Global Guide to Nuclear Weapons Production and Its Health and Environmental Effects*, The MIT Press, Cambridge, 1995, p.158.
　　ヨアキムスタールは、チェコ語で「ヤヒモフ（Jachymov）」と呼ばれる。
10) Makhijani, Arjun, Hu, Howard & Yih, Katherine（ed.）, ibid., pp.110-111.
11) Makhijani, Arjun, Hu, Howard & Yih, Katherine（ed.）, ibid., p.126.
12) 豊崎博光、同上、80頁。
13) 山崎正勝、日野川静枝編著『原爆はこうして開発された』青木書店、1990年、資料23頁。
14) Makhijani, Arjun, Hu, Howard & Yih, Katherine（ed.）, ibid., p.126.
15) Makhijani, Arjun, Hu, Howard & Yih, Katherine（ed.）, ibid., p.111.
16) 豊崎博光『アトミック・エイジ——地球被曝はじまりの半世紀』築地書館、1995年、259頁。
17) Hochschild, Adam, *King Leopold's Ghost*, Houghton Mifflin Company, 1998, p.279.
18) 中沢志保、同上、52頁。例えば、1930年度の米国連邦政府全体の予算は、約33億ドルであった。
19) 中国新聞「ヒバクシャ」取材班『世界のヒバクシャ』講談社、1991年、84頁。
20) 豊崎博光、同上、154頁。
21) リチャード・ローズ、同上、98〜99頁。

22) Churchill, Ward & LaDuke, Winona, "Native North America: The Political Economy of Radioactive Colonialism", *The State of Native America*, Jaimes, M. Annette（ed.）, South End Press, Boston, 1992, p.255.
23) Makhijani, Arjun, Hu, Howard & Yih, Katherine（ed.）, ibid., p.204.
24) 豊崎博光『蝕まれる星・地球——ひろがりゆく核汚染』、91〜92頁。
25) 中国新聞「ヒバクシャ」取材班、同上、86頁。
26) Hales, Peter B., *Atomic Spaces*, University of Illinois Press, 1997, pp.203-206.
27) The Institute for National Progress, "In Usual and Accustomed Places : Contemporary American Indian Fishing Right Struggles", *The State of National America*, James, M. Annette（ed.）, South End Press, 1992, pp.228-231.
28) リチャード・ローズ、同上、428〜429頁。
29) 豊崎博光『アトミック・エイジ——地球被曝はじまりの半世紀』、153頁。
30) 豊崎博光、同上、154頁。
31) （奥住喜重、工藤洋三訳）『米軍資料・原爆投下の経緯——ウェンドーヴァーから広島・長崎まで』東方出版、1996年、264頁。
32) （奥住喜重、工藤洋三訳）、同上、265〜266頁。
33) （奥住喜重、工藤洋三訳）、同上、269〜270頁。
34) ロナルド・F.リヴェラ「地域の不安定と植民地の苦境」『PRIME』第12号、明治学院大学国際平和研究所、2000年、25〜30頁。
35) （奥住喜重、工藤洋三訳）、同上、282〜289頁。
36) 米山リサ「核・レイシズム・植民地主義」『核と人間II　核を超える世界へ』（坂本義和編）、岩波書店、1999年、231〜232頁。この展示は、1995年6月に予定されていたが、米国政府の意向を受け、1995年2月に中止が決定した。
37) 米山リサ、同上、242〜245頁。

第8章

核実験場・ウラン鉱山と先住民族
放射能に汚染された大地

　戦争と核爆弾を視点にして平和問題を考えるとき、私たちは、2つの視点を失いがちである。それは、平和時の核開発と平和目的の核開発である。前者は、本章の前半を構成する核実験の問題であり、ここでも特定の人びとがヒバクシャとされ、特定の環境が放射能汚染された歴史を忘れてはいけない。また、後者は原子力の平和利用を意味するが、とくに、エネルギー資源としての「ウラン鉱山」の開発は、軍事利用にも平和利用にも関係する大きな問題で、本章でその社会的な意味を考えてみたい。

1　冷戦下の核実験場と先住民族の大地

　第二次世界大戦が終了すると、米国・ソ連を軸とした大規模な、あるいは、正気の沙汰とは思えないような核兵器保有競争が幕を開けた。そして、その核軍拡競争を支えたもののひとつに「核実験」があった。「核実験」は、主に開発された新型核兵器が実用可能であるかどうか、あるいは、貯蔵されている核兵器の品質が維持されているかどうかを調べるために実施される。こうした目的のために、「ホワイトサンズ・ミサイル実験場」と同じように広大で隔離された場所が、実験場には必須条件とされ、同じようにその多くは先住民族の住む土地に白羽の矢が立てられた。

　いわゆる核爆発実験は、1996年9月に国連総会で「包括的核実験禁止条約（Comprehensive Test Ban Treaty=CTBT）」が採択、調印され、これを禁止する道が開けた。因みに、1946年に米国が核実験を行ってから、98年にインド、パキスタンが実験を強行するまで、「少なくとも」世界で、米国、旧ソ連、英国、フランス、中国、インド、パキスタンの7カ国政府によって、2049回の核爆発実験が行われたと推定されている。そのうち、527回は大気圏内核実験であ

り、残りは地下核実験であったとされるが、その実数は明らかではない[1]。そして、核実験はそれが終わったのちも、大きな影響を地域の住民と環境に与え続けているという事実において、核問題を人権の視点から考える上での重要な示唆を与えてくれる。

米国の核実験場

(1) マーシャル諸島・ビキニ、エニウェトク実験場

「トリニティ」の実験が行われ、核爆弾がヒロシマ、ナガサキに実戦使用されたのち、米国が1946年1月に決定した新たな核実験場は、日本の旧「委任統治領」東部のマーシャル諸島にある環礁群であった。ここは、第二次世界大戦後、1947年7月、国連安全保障理事会から正式に米国を施政権者とする「国連信託統治領」と認められたが、もともとは先述したようにミクロネシア系先住民族の土地であった。国際連盟下の「委任統治（Mandate）」では、軍事基地の建設は名目上禁止されていたが、国連の「信託統治（Trusteeship）」ではその規定が削除されており、これが、その領土外に核実験場を建設する米国の根拠となった[2]。

マーシャル諸島での核実験は、米軍占領下の1946年7月にビキニ（Bikini）環礁で開始されたが、その5カ月前の同年2月に環礁の主島のビキニ島に現れた米軍将校が住民166名を前に次のような「美しい言葉」で実験場の設置と強制立ち退きを迫ったことは有名な話となっている。

> 「われわれは世界の戦争を終わらせるためにここで新型爆弾の実験を行なう。この実験は、人類の福祉と平和のためのものである」[3]

具体的な実験場は、このビキニ環礁とエニウェトク（Eniwetok）環礁に設けられた。この地域では、1957年7月に最後の核爆発実験後に実験場が閉鎖されるまで、17回の水爆実験を含む67回の核実験が行われた。これらの実験で爆発させられたすべての核爆弾の爆発威力は、約108メガトンといわれ、広島型原子爆弾7000発分にあたる。もちろん、核爆弾は通常爆弾の爆発とは質的に異なる深刻な影響を及ぼすもので、単なる爆発威力の比較では説明できないことも確認しておきたい。ともかく、ビキニ環礁では1947年7月～58年7月

マーシャル諸島エニウェトク環礁ルニット島と核のクレーター〈撮影／豊崎博光〉

に23回、エニウェトク環礁では1948年4月〜58年5月にかけて44回の核実験が行われたが[4]、その中でも問題となった実験は、1952年10月31日にエニウェトク環礁で行われた水爆「マイク（Mike）」の実験と、1954年3月1日にビキニ環礁で行われた水爆「ブラボー（Bravo）」の実験であった。「マイク」の実験では、環礁の北側にあり、爆心地となったエルゲラップ島は跡形もなく地上から消滅したが、これが世界最初の水爆実験であったことが記憶されてよいだろう[5]。他方、「ブラボー」の実験は、この地域の核実験場としては最大規模のものであったと同時に、多くの「ヒバクシャ」を生む「事故」によって歴史に刻まれることになった。いわゆる「ビキニ事件（Bikini Incident）」を引き起こした核実験であった。

　実用兵器として最初の水爆となった「ブラボー」は、15メガトンで広島型原子爆弾約1000発分の爆発威力を持っていたが、3月1日の午前6時45分にビキニ環礁で爆発させられた。しかし、米国政府によれば、風向きが変わるという「突発の事故」で、少なくとも次のような人びとがその「死の灰」を浴びることになった。環礁の東150キロメートルで操業中だった日本の漁船「第五福竜丸（Lucky Dragon No.5）」乗組員23人、同じく200キロメートル離れたロンゲラップ（Rongelap）島の住民82人（うち13人はロンゲラップ島から13キロメー

トル南西にあるアイリングナエ（Ailinginae）島に魚取りやヤシの実の採集に出かけていた）、同じく 280 キロメートル離れたロンゲリック（Rongerik）島で気象観測をしていた米国人 28 人、さらに 570 キロメートル離れたウトリック（Utirik）島の住民 157 人である。のちに久保山愛吉無線長という犠牲者を出した「第五福竜丸」は、午前 10 時ころから「死の灰（radioactive fallout）」が降り始めると全速でこの地域から逃れたが、島にいた人びとは「死の灰」の中を取り残された。米軍による「救出」は、3 月 2 日に米国人気象観測員に始まり、ロンゲラップ島民は 3 月 3 日、ウトリック島民は 3 月 4 日に行われた。ここにも、核の「レイシズム」を感じることができるが、この結果最も放射能にさらされたロンゲラップ島民には、火傷のほか、下痢、嘔吐、脱毛など「ヒバクシャ」としての症状が現れた。しかし、米軍による治療はほとんど行われず、むしろ「人体実験」として医学調査の対象になった。例えば、ロンゲラップ島民は、その後 2 年半マジュロ環礁のエジット島に隔離されたのち、1957 年 6 月に帰郷を許されたが、57 年の米国「原子力エネルギー委員会（Atomic Energy Commission=AEC）」（現在のエネルギー省）の医療報告書は次のように書いている。

　　「この島に人が住むことは、人体に対する放射線の貴重な生態学的データを提供するだろう」

　さらに、マーシャル諸島の島民たちは、核汚染および強制移住とそれによる文化、生活破壊に悩まされ続けるが、この状態は実験場が閉鎖された 1958 年以降により深刻であることが、ヒロシマ・ナガサキと異なる核問題の様相を示している。こうした核実験と犠牲になった民族の文化変容を明らかにする問題は、優れて民族学や人類学が取り組むべき課題だと思われるが、こうした研究者たちの腰は決して軽くはない。

　ビキニ環礁の島民の事例でいえば、実験場が開設された 1946 年 3 月に彼らはロンゲリック島に移住させられたが、主食のヤシやパンの木などが少なく、48 年 9 月には、米軍基地のあるクェゼリン（Kwajalein）島を経由して、ビキニ環礁から南に 1000 キロメートル離れたキリ（Kiri）島に再移住させられた。そして、核実験終了後の 10 年を経過し、米国政府は、1968 年にビキニ環礁の放射能が減ったと「安全」を宣言し、69 年から 300 万ドルの費用をかけて除染

作業を行った。そして、73年11月からキリ島に住む約100名の島民を帰還させた。しかし、環境にばらまかれた大量の放射能を人間が除染することがいかに難しいことであるかはすぐに明らかになった。74年には島の地下水とヤシが汚染されていることがわかり、食料は米国からの援助食料に切り替えられたが、78年の健康調査では、帰還した島民の体内からも異常な量の放射性セシウム137などが発見された。78年8月米国政府は、この環礁を再び立ち入り禁止地域に指定して封鎖してしまった。このとき135名の島民は「ヒバクシャ」として再び故郷の島を追われることになり、多くの島民はキリ島に戻ったが、ビキニに帰りたいと希望する13名は、行政の中心地マジュロ（Majuro）環礁のエジット島に移り住んだ。現在もビキニ島民の帰還は実現していない。もちろん、こうした強制移住の問題は、健康被害ばかりではない。故郷に帰れない失望と生活環境の急激な変化は、文化や伝統的な生活様式や価値観そのものを破壊している。移住先のキリ島では、ビキニ島民は援助食料やインスタント食品、ポテトチップスなどのスナックを食べ、雑貨屋で買ったコカ・コーラなどの清涼飲料水を飲んで生活している。当然のように、肥満や糖尿病が増加した。若者はアルコールに手を出すようになり、けんかや殺人が増え、自殺者も増加している。米国本土で「西部開拓」の進展とともに、先住民族の居留地で起きた深刻な現象が、核開発によってまるでビデオテープの映像のように再現されているとしかいえない。

　他方、もうひとつの実験場となったエニウェトク環礁の島民の運命にも似たものがあった。1947年、この環礁が核実験場に指定されると島民136名は南西230キロメートルにあるウジェラン（Ujelang）環礁のウジェラン島に強制移住させられた。まず、最初の被曝としては、1952年11月15日に原爆「キング（King）」の大気圏内核実験が行われたとき、「死の灰」がウジェラン環礁にも流れ、島民は移住先で被曝させられていたことがあげられる。そして、核実験場が閉鎖されると、米国政府は1978年から6000名の兵士を動員し、3250万ドルの費用をかけて、ルニット島を中心とする環礁の北部の島々で除染作業を開始した。これに伴って、ウジェラン島からエニウェトク環礁の南部の島々への帰還が開始された。除染作業は、1980年放射能汚染土を実験でできたクレーターの中に流し込み、コンクリートの蓋をして完了したとされる。しかし、

現在も北部の島々は立ち入り禁止地域であり、南部の島々では放射能汚染調査、住民の健康調査のいずれも行われていない。[15]

もちろん、「ヒバクシャ」としてのマーシャル諸島住民の被害はこれらビキニ、エニウェトク、ロンゲラップ、ウトリックという4つの環礁の島民だけに限られたわけではない。ヒロシマ型にして7000発分の爆発力で「死の灰」が大気圏に撒き散らされたこの地域では、地域全体の住民の甲状腺ガンなどの健康被害も懸念されている。

(2) ネバダ実験場

ネバダ核実験場（Nevada Test Site）は、1950年12月に開設されたが、その建設が先住民族の権利と真っ向から対決する典型的な事例となった。ビキニ、エニウェトクで核実験が続けられていたとき、米国政府は、太平洋の実験場は本国から離れすぎていて、人材や器材を運ぶのに費用がかかりすぎることを表面上の理由として新実験場の開設を模索し始めた。しかし、新実験場開設の本当の理由は、1950年6月に勃発した「朝鮮戦争」にあった。この戦争では、国連軍最高司令官を務めたダグラス・マッカーサー（Douglas MacArthur）とハリー・トルーマン（Harry Truman）米国大統領の間で、参戦した中国に対する核兵器使用をめぐって大きな対立が生じた。最終的には使用を強硬に主張したマッカーサーは51年4月に更迭されたが、このとき、米軍内部では新しい兵器開発のプログラムが議論されるようになった。それは、マーシャル諸島で実験されているような大型の戦略核兵器ではなく、戦闘機から発射される小型核ミサイル、大砲から発射できる核砲弾、核地雷、核魚雷など、いわゆる地域限定戦争で利用できる戦術核兵器、とくに小型の核兵器の開発であった。このためには、核実験を少なからぬ回数行う必要があることから経費のかからない米国本土での実験が不可欠だと考えられた。[16] また、戦術核兵器の実戦使用のためには、核攻撃と陸軍部隊の侵攻作戦とを連動させた実験が必要であり、その目的からも内陸部の実験場確保が必要であった。後者は、その後「アトミック・ソルジャー（atomic soldiers）」＝「ヒバク兵士」、あるいは「アトミック・ベテラン（atomic veterans）」＝「ヒバク退役軍人」と呼ばれる人びとを生み出す大きな原因となった。

ネバダ核実験場がその土地収用において大きな問題となった原因は、西ショ

ショーニ（Western Shoshone）民族が連邦政府と 1863 年に締結した「ラビー・バレー条約（Ruby Valley Treaty）」をトルーマン大統領が一方的に破り、1950 年の大統領特別命令を発して、条約で保障された民族の伝統的領土「ネウェ・セゴビア（Newe Segobia）」を強制収用したことにある。ここでの核実験は、1951 年 1 月に行われた原爆「エイブル（Able）」の実験に始まり、1958 年まで 100 回以上の大気圏核実験が行われ、また 1958 年から 92 年 9 月まで、1000 回を超える地下核実験が実施されたと推定される。1994 年 6 月に核実験の管轄を行う米国「エネルギー省（Department of Energy=DOE）」が公表した数字によれば、1951 年から核爆発実験が一旦停止された 1992 年まで、ここで行われた核実験は 1149 回とされているが、その数字がどれだけ真実に近いかは明らかではない。ただし、これらの数字を信じるとすれば、マーシャル諸島の実験場の年平均実験回数が 5.5 回であることに比べ、ネバダ実験場の年平均実験回数は、その約 5 倍、26.0 回となることが注目に値する。ネバダ実験場では、月に 2 回以上の頻度で核実験が行われたという計算だ。西ショショーニ民族は、この点から「世界で最も頻繁に爆撃された民族（the most bombed nation）」とも呼ばれている。

　もちろん、この米国本土内の核実験の再開には、それまでの実験結果がわずかながら考慮された。そのひとつとして、実験は、風が北や北東に向かって吹いているときだけ実施される方針が決定した。風向きが南や西であれば、近隣のラスベガスあるいは遠くサンフランシスコやロサンゼルスに死の灰が降り注ぐ危険性がある。そして、この方針は核実験が地下に移されてからも厳守された。なぜなら、核爆弾がたとえ地下で爆発させられたとしても、爆風によって汚染された土が大気中に吹き上げられ、結局は環境汚染を引き起こすことがしばしば見られたからである。1970 年 12 月に行われた原爆「バンベリー（Banbury）」の実験では、地下実験であったにもかかわらず、放射能に汚染された土が、その爆風で地上 3000 メートルまで吹き上げられた。

　この方針が決定した理由には、実験場の北および北東にあたるネバダ州北部、ユタ州南部、そして、アリゾナ州北西部には、人口は極めて少ない地域しかないという米国政府の判断があった。しかし、この「風下地域（downwind area）」と呼ばれる場所にも人間は住んでいた。

先住民族でいえば、ネバダ州北部には、土地を奪われた西ショショーニ民族が強制移住させられた「ダック・バレー（Duck Valley）」居留地があり、ユタ州南部からアリゾナ州北部にはパイユート（Paiute）民族の居留地、ナバホ民族などの居留地などが点在していた。そして、ユタ州南部には正統なキリスト教徒からは異端視されたモルモン教徒が居住しており、そのほかにも牧場などを経営するごく少数のヨーロッパ系住民が居住していたが、これらの人びとは十分「無視」するに値すると見積もられた。つけ加えておけば、1978年12月に「風下」に住む人びとが核実験による損害賠償請求訴訟を起こしてからも、西ショショーニ民族やパイユート民族などの先住民族には、健康調査さえも行われなかった。[22]

　とくに西ショショーニ民族は、1986年以来、連邦政府に対して「ラビー・バレー条約」違反による土地の返還と核実験の全面禁止を訴えているが、1988年連邦最高裁判所判決により、国防上の理由を根拠に敗訴が言い渡された。[23]

(3) アリューシャン列島、アムチトカ島

　もうひとつの重要な核実験場としては、アラスカ州に属し、ベーリング海に沿ってシベリアに向けて伸びたように見える島々から構成されるアリューシャン列島に位置するアムチトカ（Amchitka）島があげられる。この島では、1965年から71年まで、地下核実験が強行されたが、[24]これらの島々は、先住民族のアリュート（Aleut）民族、とくにアムチトカ島は東部アリュート人の伝統的な領土であった。[25] 1971年の実験では、島の環境破壊を懸念する国際的な反対運動が生まれ、象徴的な出来事としては、国際的な環境NGOとして知られる「グリンピース・インターナショナル」がカナダのバンクーバーで結成されたことだろう。こうした運動に押されて、実験場は1971年に閉鎖されたが、[26]その住民、環境、社会に対する影響は十分明らかにされていない。

旧ソ連の核実験場

　第二次世界大戦が終了したとき、核兵器を独占していたのは米国であったが、やがてソ連も核開発競争に乗り出すことになった。1946年に最初の実験場の建設が始まり、49年8月29日、当時のソ連領カザフスタン共和国の北東部イルティッシュ川流域の草原地帯に設置された「セミパラチンスク（Semipalatinsk）

核実験場」で最初の原爆実験が行われた。また、1953年8月12日には、最初の水爆実験がやはり同じ「セミパラチンスク実験場」で実施された[27]。それ以来、この実験場では、1962年まで大気圏核実験が124回、1991年8月29日の実験場閉鎖まで343回の地下核実験の合計467回の核実験が行われたと推定されており、これは、旧ソ連で行われた715回の核実験の実に65パーセントにあたると見積もられている[28]。

カザフ人の「ヒバクシャ」は、実験場から半径550キロメートルの範囲に推定50万人にのぼるといわれ、1989年2月に行われた地下核実験では、実験施設から放射能が漏れたことが判明した。同年9月には国際的連帯を求めて市民団体「ネバダ・セミパラチンスク運動」が誕生し、活発に運動を繰り広げているが、核実験に関する情報は公表されず、また、被害者の救済もなかなか進んでいない[29]。

もうひとつの主要な核実験場として、北極海に浮かぶ「ノバヤゼムリヤ（Novaya Zemlya）島」があり、そこは、トナカイ遊牧を生業とする先住民族ネネツ（Nenets）民族の土地であった。ネネツ民族は、このほか、大陸ではカニン半島以東、エニセイ川以西のツンドラ地帯を伝統的な領土として、生活していた。しかし、1955年にこの島が核実験場に指定されると、彼らは数回にわたって大陸への強制移住を余儀なくされた[30]。

この島での核実験は1955年に始まったが、1962年まで90回の大気圏核実験（うち、3回は水中核実験）が行われ、1964年から1990年10月までに42回の地下核実験が実施された。また、1961年10月30日には、世界最大級で「スーパー水爆」と呼ばれた爆発威力58メガトン、ヒロシマ型原爆のなんと約4000発分にあたる核兵器が、この実験場上空で投下、大気中で爆発させられた[31]。

大陸側にあるネネツ民族の土地は、北極の高圧帯から吹き出す風のために「ノバヤゼムリヤ島」核実験場の「風下地域」にあたる。このネネツ自治管区では、ネネツ人の体内に蓄積された放射性セシウム137の量は他の地域の10～100倍高く、北極圏の他の先住民族と比べても、食道ガンや肝臓ガンの発生率が20倍も高いという調査報告も出されている[32]。

旧ソ連においては、先住民族と直接に関わる核実験場として、さらにシベリア東端にあるチュコト半島とカムチャツカ半島が使われたことがある。チュコ

ト半島は、先住民族チュクチ人の土地だが、ここでは、「ノバヤゼムリヤ島」と同じ時期、1950年代〜60年代に核実験が数回行われ、トナカイ遊牧で暮らすチュクチ（Chukchi）民族の体内にセシウム137や同じく放射性のストロンチウム90が蓄積されていると報告されている。また、カムチャツカ半島では、1970年代後半〜80年代後半に核実験が17回行われ、その土地に住む先住民族のイテリメン（Itelmen）民族が被曝させられている。[33]

フランスの核実験場

フランスは、1960年2月13日、当時「海外県」と呼んでいた植民地アルジェリアの「レガヌ（Reggane）実験場」で原爆実験を行い、第4番目の核保有国となったが、1996年1月に最後の核実験を行うまで、その総数は210回と推定され、不名誉な核実験数世界第3位の位置を占めるに至った。[34] 核保有に踏み切った理由のひとつには、1954年5月にフランス軍がベトナムのディエン・ビエン・フー（Dien Bien Phu）で、ヴォー・グエン・ザップ（Vo Nguyen Giap）将軍に率いられたベトナム軍に決定的な敗北を喫した事件から、自信を失ったフランスが立ち直るための起爆剤だったともいわれている。[35] 1956年に開設された「レガヌ実験場」では、その後、1961年4月まで大気圏核実験が4回にわたって行われたが、とくに第1回目の実験の「死の灰」は、風の影響で、はるかニジェールを越え、アフリカ中央部にあるチャド共和国の首都ンジャメナにまで到達したという記録も存在する。さらに、同じサハラ砂漠、アハガール高地の「エケル（Ekker）実験場」では、地下核実験が12回行われた。[36] これらの実験場が位置した地域も、遊牧生活を中心とする先住民族トゥアレグ（Tuareg）民族の大地であった。「エケル実験場」の近くでは、山の洞窟に避難していたトゥアレグ人が、爆発の衝撃によって発生した山崩れにあって亡くなった。また、閉鎖された実験場は、除染作業に費用がかかるとしてフランス政府はこれを放置したが、そこには汚染されたケーブルや機械類が残されており、貧しいトゥアレグ人はこれを解体してニジェールに売りに行き、その作業の中で被曝していると伝えられている。[37]

1962年7月に、アルジェリア解放戦争の後、アルジェリアが独立すると、政権の移行期間を経て、1966年から同じ「海外県」と呼ばれた仏領ポリネシ

アの地域に、核実験場は移転された。そして、1966年7月2日に移転後最初の大気圏核実験が開始され、同年9月11日にはシャルル・ド・ゴール大統領立ち会いの下での核実験が行われた。実験場は、首都のあるタヒチ島から1200キロメートル南東にある、モルロア（Moruroa）環礁およびファンガタウファ（Fangataufa）環礁であったが、確認するまでもなく、これらの地域はポリネシア系の先住民族マオヒ（Maohi）民族にとっての伝統的な領土である。そして、これら2つの核実験場では、1996年の閉鎖まで190回以上の核実験が行われた[38]。1963年8月には「部分的核実験禁止条約（Partial Test Ban Treaty）」が結ばれたが、フランスはこの条約を無視して大気圏核実験を続け、国際世論に押されて珊瑚礁に縦穴を開け、地下核実験に移行したのはやっと1975年になってからのことであった[39]。

核実験が住民におよぼした被害については、フランス政府の秘密主義のためにその資料は乏しいが、まず、健康被害が心配されたのは、実験場周辺にあるレアオ島、ツレイア島、プカルア島、マンガレバ島でここには、合計1200人を超える住民が生活していた。フランス政府は、核実験が始まるとこれらの島々を含む地域を危険区域に指定したが、住民が住んでいることがわかると、危険地域そのものを縮小してしまった経緯もあった。1998年2月には、一部の情報公開された資料で、これらの島々で高レベルの放射能が検出されていたにもかかわらず、フランス政府はこれを明らかにせず、何の対策も講じなかったことが判明した。このため、これらの島民の被曝状況が危惧されている[40]。さらに、大気圏核実験の「死の灰」は、西サモアやフィジーなど周辺諸国でも検知されており、実験が地下に移ってからも、珊瑚礁の亀裂から、放射性物質が海水中に染み出し、海流によってヨーロッパ全土に匹敵するポリネシア全域、とくにその海洋資源を汚染しているのではないかと強く懸念されている。

英国の核実験場

1950年9月、英国政府は、旧植民地であったオーストラリアに対して核実験場の提供を打診し、保守系のロバート・メンジーズ（Robert Menzies）政権はこれを受諾した[41]。1952年10月3日、英国は、世界で第3番目の核保有国となる最初の核実験を、先住民族アボリジニーの土地、西オーストラリア州の西

岸ダンピアの沖、西約140キロメートルの洋上に浮かぶモンテベロ（Monte-Bello）諸島沿岸の船上で行った。この原爆「ハリケーン（Hurricane）」が爆発させられたモンテベロ諸島は、もともとアボリジニーの居住地であったが、当時は無人島になっており、この「モンテベロ実験場」では、さらに1956年にも2回の核実験が実施された[42]。オーストラリアでは、このほか、南オーストラリア州のグレートビクトリア砂漠に位置する「マラリンガ（Maralinga）実験場」で、1956年に4回と57年に3回の実験が行われ、同じく「イミュー・フィールド（Emu Field）実験場」では、1953年に2回の核爆発実験が実施された[43]。しかし、核実験に対するオーストラリア国民の批判が強まる中、1957年に英国が水爆の開発を行うと、さすがのオーストラリア政府も水爆の実験場を提供することに難色を示した。そこで、急遽、実験場は、オーストラリア大陸から太平洋上にある英国領の島々に移転させられた。

　英国は、1957年5月15日にハワイの南、当時「ギルバート・エリス諸島植民地」と呼ばれる場所に位置していたライン諸島に属していた「クリスマス（Kiritimati/Christmas）島」で最初の水爆実験を実施したのを皮切りに、この島で6回、さらに南東800キロメートルに位置する「モールデン（Malden）島」で3回、1958年までに合計9回の核実験を強行した[44]。この島々は、ポリネシア系の先住民族が住む地域で、1979年に独立して、現在は「キリバス共和国」となっている。

　これら21回の実験はすべて大気圏核実験であったため、1963年8月には、米国、ソ連とともに、これを禁止する「部分的核実験禁止条約」に調印して、英国は、オーストラリアおよび太平洋地域での核実験から撤退した。しかしながら、英国政府の選択した新たな道は、こともあろうに、アメリカ先住民族の土地である「ネバダ核実験場」を1963年から米国政府と共同使用するという方法であった。

　英国がオセアニア地域で実施した核実験には、米国以上の問題があった。例えば、オーストラリアでは、住民への説明、立ち入り禁止区域の監視などは、オーストラリア政府によっても、また、実験責任者の英国政府によっても行われず、立ち入り禁止の立て札が立てられただけであった[45]。1984年7月にオーストラリア政府の「核実験被害調査委員会」が発足したが、被曝を確認された

アボリジニーは4人だけである。この4人は、最後の核実験後5カ月が経った1957年5月13日「マラリンガ実験場」に誤って迷い込み、翌朝警備員に見つけられた住民であった[46]。

また、「イミュー・フィールド実験場」での核実験に関しては、1980年5月、自分が失明したのは核実験が原因とするアボリジニーの活動家の訴えが新聞に掲載され、反響を呼んだ。この訴えによれば、1953年10月15日「イミュー・フィールド実験場」の北東170キロメートルにあるワラティンナにいたアボリジニー約40人が実験後、砂まじりの「黒い霧（black mist）」を浴びて、さまざまな症状を訴えたという。その場所は、立ち入り禁止区域外であったが、その記事に対して、アボリジニーの死体を砂漠で見た、実験のことは周辺に知らされていなかった、などの証言が次々に寄せられた[47]。しかし、英国政府は、核実験による放射能汚染の実態や「ヒバクシャ」の健康状況に関する資料を国家機密として明らかにしていない。

1980年代に、アボリジニーの土地の権利が、「使用権」を中心に一定認められるようになると、これらの実験場もアボリジニーに返還されることになった。1981年には「イミュー・フィールド実験場」を含む南オーストラリア州の広大な土地が「ピチャンチャジャーラ（Pitjiantjatjara）土地権利法」によって、ピチャンチャジャーラ民族に返還された。また、1984年には「マラリンガ土地権利法」によって、「マラリンガ実験場」を含む土地が、南部のヤラタ（Yalata）居留地に強制移住させられていたアボリジニーのこの民族に返還された。とくに、マラリンガでは、1964年と67年に、英国政府により、放射能汚染土の除染作業が行われたが、返還の時期になっても、土地がプルトニウムで汚染されていることが明らかになった。1993年6月、オーストラリア政府は、英国政府に対して、再除染作業のための費用を要求し、1995年に除染作業が再開されたが、実験場の中心地は依然立ち入り禁止地区に指定されている[48]。

「マラリンガ実験場[49]」がプルトニウムに汚染されていた原因は、この実験場を中心に700回近く行われた「マイナー・トライアル（minor trial）」と呼ばれる小規模核実験にあるとされている[50]。「マイナー・トライアル」は、1957年〜1963年に行われた核兵器輸送中の事故などを想定した汚染除去方法に関する実験で、具体的には、濃縮ウランやプルトニウムの燃焼実験が行われた[51]。しか

し、これらの実験の実態に関しても、英国政府はいかなる情報も明らかにしていない。

中国の核実験場

　中国政府は、1964年10月16日、新疆ウイグル自治区の「ロプ・ノール（Lop Nor）実験場」で最初の核実験を行い、1996年まで英国と同じ45回の核実験を実施した[52]。この「ロプ・ノール」が位置する新疆ウイグル自治区は、1759年に清朝が征服によって領有を宣言し、1884年には「新疆省」を設置して同化政策を始めたウイグル民族の土地である[53]。中国においても核実験場に関する情報は公開されていないが、1980年代には、実験場周辺で肝臓ガン、肺ガン、皮膚ガンなどが増えているというニュースが紹介され、1985年12月には、天安門広場で、ウイグル人学生による核実験反対デモがあったと報道されたことがある[54]。

その他の核実験場

　その他の核保有国としては、インドが、1974年5月18日に、北西部のラジャスタン州・タルー砂漠にある「ポカラン核実験場（Pokharan Testing Range）」で、核実験を行い第6番目の核保有国となった。また、CTBTが採択された後の1998年5月11、13日の両日も同じ実験場で、地下核実験を行って世界的な批判を浴びた[55]。

　また、インドの核開発に脅威を抱いていたパキスタンも、1998年5月28、30日に西部バルチスタン州のチャガイ山地の核実験場で、地下核実験を強行した[56]。

　これら2つの核実験場および風下地域に関する情報は多くはないが、少なくともパキスタンのバルーチ（Baluch）民族は先住民族として差別の対象となっており、核実験場の開設もこれと無関係ではない。

　核保有国の中で、唯一核兵器の廃棄を達成した国に南アフリカがある。南アフリカでは、1993年3月、当時のフレデリック・デクラーク（Frederik de Klerk）大統領が「原爆を開発し、その後破棄した」と公表した。1979年〜1989年に、プレトリアに近いペリンダバ（Pelindaba）で、合計6個の核爆弾が

製造されたが、その後これらの核爆弾は解体され、完全に廃棄された。しかし、この国でも1975年にはカラハリ砂漠の「バストラップ」に核実験場を建設する準備が進められた事実があり、残念ながら、このカラハリ砂漠はブッシュマン（Bushman）あるいはサン（San）と呼称される先住民族の土地であった。ここでも、先住民族に対する核の「レイシズム」は実現されるところであった。

2 ウラン鉱山と「核の植民地」

第二次世界大戦前には4箇所であった大規模なウラン鉱山も、大戦が終了し、ウラニウムが核大国の戦略上の重要資源として、また、平和利用という名目では重要なエネルギー源として注目を集めるようになると、瞬く間に世界各地で鉱山開発が行われた。現在は、26カ国でこの採掘が行われているが、1945年以降の累積採掘量でいえば、米国、カナダ、旧東ドイツ、旧ソ連、南アフリカ、中国、旧チェコスロバキア、フランス、ニジェール、オーストラリア、ナミビアという順になっている。また、現在の生産量からいえば、カナダ、オーストラリア、ニジェール、米国、ウズベキスタンという国々がその上位を占めている。

ここでも大部分の鉱山は、先住民族の土地に位置しているが、それは、決して偶然ではない。その最大の理由は、いわゆる開発や入植が進む過程で、農耕地や牧草地になりそうな肥沃な土地は、入植者や移民に分け与えられ、先住民族はこうした人びとから見た「不毛な土地」へと順次追い立てられた。そして、こうした土地にこそ豊かな鉱物資源が眠っており、その中でもとくにウラン鉱石の埋蔵が明らかになるとさらに新しく、急激な開発の波が、先住民族の土地を襲うことになった。そして、最も重要なことだが、地球上のいかなる場所にも「安全」なウラン鉱山は存在しない。

米国のウラン鉱山

第二次世界大戦後、世界最大のウラン鉱石の産出国は米国であったが、ここでの先住民族とウラン鉱山の関係は、その典型と呼ぶことができる。米国におけるウラン鉱石採掘の中心地は、コロラド高原を含む「フォー・コーナーズ」

周辺、サウスダコタ州のスー民族の領土、ワイオミング州にあるショショーニ民族の「ウィンド・リバー居留地」で、繰り返すことになるが、いずれも先住民族の土地であった。

第7章で紹介したように、1942年からレッド・ロック鉱山でウラン鉱石が採掘されていたが、大規模な鉱山開発の引き金になったのは、1949年8月、セミパラチンスクで行われたソ連最初の核実験であった。これによって、米ソの核軍拡競争に火がつけられ、ウラン鉱山の探査が血まなこになって続けられた[62]。

また、1954年6月ソ連のオブニンスク原発で商業用原子力発電が開始され、1970年代に世界各地に原子力発電所が建設されるようになり、核燃料としてのウラン需要もこれに拍車をかけた[63]。全米各地で、1940年代の末から50年代初頭にウラン鉱山が開山されて開発ラッシュが生み出され、また、国際価格が下がった70年代には、含有率の高いウラン鉱石を産出する鉱山を除いて瞬く間に閉山に追い込まれた。そして、この時代の特徴は、ウランの採算性が重要視された結果、鉱山の近くに「精錬所」が建てられ、その「精錬所」が新しい被曝問題を先住民族の土地にもたらしたことだ。

ウラン鉱山は、鉱石を採掘することによってさまざまな被曝問題を地域にもたらしたが、「精錬所」も次のような作業の中で核被害を撒き散らす施設となった。「精錬所」では、主にウラン235から構成される酸化ウラン(別名「イエローケーキ〈yellow cake〉」と呼ばれる)を焼き固めた9グラムのペレットが作られる。このいわゆる低濃縮ウラニウムのペレット9グラムを抽出するために、その3670倍にあたる約33キロのウラン鉱石が必要となる。つまり、精錬の過程で、膨大な鉱石屑や鉱滓が廃棄物として生み出されるが、これらの廃棄物にも、放射能を持つウラニウム238、トリウム230、ラジウム226などが含まれている。精錬所の近くには、こうした廃棄物が山積みにされ、とくに放射能の強い鉱滓の処理には一般的にはダムが作られ、鉱滓は、飛散しないようダムに張られた水の底に沈められる[64]。

「フォー・コーナーズ」全体でのウラン鉱山の数を示す資料によれば、例えば、1983年で、「アリゾナ」「ユタ」「コロラド」「ニューメキシコ」の4州には、露天採掘法(露天掘り)で832箇所、坑内採掘法で2181箇所のウラン鉱山があ

り、当時の米国のすべてのウラン鉱山 3592 箇所の実に 84 パーセントがこの地域に集中していた。[65] この地域の主な鉱山と精錬所には次のようなものがあった。1942 年に採掘が始まった「レッド・ロック鉱山」や 1952 年に開山した「シップロック (Shiprock) 鉱山」の鉱石は、ニューメキシコ州のシップロックの「精錬所」で精錬された。1940 年代末には、アリゾナ州キャメロンとコーン・バレーでウラン鉱石の採掘が行われ、精錬は同じアリゾナ州のチューバ・シティ (Tuba City) とメキシカン・ハットで行われた。同じころ、ニューメキシコ州では「チャーチロック (Churchrock) 鉱山」の操業が開始され、同じ場所に精錬所が建設された。ともかく、1980 年代までに、ナバホ民族の居留地内には、42 のウラン鉱山と 7 箇所の精錬所が存在した。[66] 1950 年代に入ると、1952 年には、「世界最大の露天掘りウラン鉱山」と自称する「ジャックパイル (Jackpile) 鉱山」が、ラグーナ・プエブロ民族の居留地で開山した。また、同じ時期、サンファン盆地でも、38 箇所で鉱山が開山し、5 箇所に精錬所が新しく建設された。[67]

　核軍拡政策の結果、「ウラン・ラッシュ」が発生すると、それぞれの鉱山では 3 交代で 24 時間採掘が行われた。坑内の先端ではダイナマイトが採掘に使用され、爆破後粉塵と放射性のラドンガスが充満する坑道に先住民族の労働者がヘルメットの装備だけで駆け込まされた。すばやく崩れ落ちた岩石を貨車に積んで坑外に運び出し、ほこりまみれになって黄色い石だけを選んで素手でトラックに積み替える作業が続いた。[68] 坑道にラドンガスを逃がす換気装置がついたのは、1970 年代初めのことで、ナバホ居留地での鉱山開発に米国政府が発行した説明書には、「銅鉱山」と虚偽の記載がされていた時期もあった。[69]

　「レッド・ロック鉱山」は 1968 年に閉山されたが、そこで働いたナバホ民族の労働者 400 人のうち、70 人が肺ガンなどで亡くなった。そして、「シップロック精錬所」には、170 万トンの鉱滓など廃棄物が残された。[70]「ジャックパイル鉱山」は 1983 年に閉山になったが、露天掘りであったために、32 年間にわたって、ウラン鉱石の塵がラグーナ・プエブロ民族の居留地全域に飛来した。サンファン盆地では、1970 年代末、2500 人の先住民族労働者が働いていたが、その被害は明らかではない。その一方で、1980 年代にこの盆地一帯の鉱山が閉山になると、盆地全体では 2 億トンにおよぶ放射性の廃棄物がそのままとなった。とくに、最悪の事故は、1979 年 7 月チャーチロック精錬所にあった「鉱

滓用ダム」が大雨で決壊し、1100トンの鉱滓と43万キロリットルの廃液がリオ・プエルコ（Rio Puerco）川を汚染し、近隣の先住民族居留地に大きな被害を与えたことだ。決壊の2カ月前にはダムの危険性が指摘されていたが、修復のための作業は何ら行われず、1000頭以上の羊を中心とする家畜が飲み水を汚染されて死んでしまった。[71]

サウスダコタ州、モンタナ州、ノースダコタ州、ワイオミング州の州境が交差する地域は、1868年の「フォート・ララミー（Fort Laramie）条約」でスー（Sioux）民族に保障された土地であり、この中心に地域の先住民族の聖なる土地「ブラック・ヒルズ（Black Hills）」が存在する。ここでも、1950年代からウラン鉱山の採掘が行われた。1983年のウラン鉱山の統計によれば、全米3592箇所のうち、これら4州には、その13パーセントにあたる452箇所のウラン鉱山が操業していた。[72] 1962年6月には、200トンの鉱滓がシャイアン川に流れ込み、スー民族の「パイン・リッジ（Pine Ridge）居留地」の飲料水が汚染された。[73] とくに、精錬所のあったエッジモント（Edgemont）からシャイアン川にかけての地域には、350万トンの放射性廃棄物が残され、「パイン・リッジ居留地」では、こうした廃棄物による地下水の汚染が報告され、先住民族の女性に関する調査によれば、1970年代以降の死産やガンによる死亡例が住民の間で増加していることが報告されている。[74]

米国では、こうしたウラン鉱山開発は「放射能の植民地主義（radioactive colonialism）」と呼ばれるが、その理由は、単にウラン鉱山が開発されるだけでなく、その背景として、先住民族の政治的権利が根底から否定されるような巧妙な政策がとられたからだ。[75] これは、1934年に制定された先住民族の自治権を強めるという名目の「インディアン再組織法（Indian Reorganization Act）」によって基礎づけられた。米国政府は、この法律によって、先住民族が米国型の「選挙」によって選ばれる「部族政府（tribal government）」を持つよう強要し、伝統的な民族政府のあり方を否定していった。そして、これらの「部族政府」[76] の多くは、米国政府がその政策を浸透させるための道具となった。その結果、米国政府と「部族政府」の従属的な関係が確立された1940年代に、ウラン鉱山をはじめとする鉱山開発が居留地内部で速やかに進められた。

例えば、1952年に、ナバホ民族の「部族政府」は、鉱山会社と「シップロッ

ク鉱山」開発に関する契約を結び、100人の労働者の職を確保したが、鉱山の安全対策には介入する権利がなく、労働者の賃金も居留地外の鉱山の3分の2で妥協してしまった。それは、ウラン鉱山開発を進めたいという米国政府やその圧力団体である企業のいいなりになった結果であった[77]。これが、居留地の中で大規模なウラン鉱山を操業するための仕掛けであった。こうした構造は、開発政策を進めるための新しく、巧妙な植民地政策の展開であり、ひとつの民族の間に、開発優先の「部族政府」派とこれに反対する「伝統派」という深刻な対立構造を作り出し、これを分断してしまった。先住民族独自の政治的権利の否定が、ウラン開発を背後から強力に促進した。

カナダのウラン鉱山

　カナダは、1984年、1万1000トンのウラン鉱石を生産して以来、現在まで、世界最大のウラン産出国になっている。しかし、「ポート・ラジウム鉱山」[78]から始まったウラン採掘の歴史も、ほぼ一貫して先住民族の被曝、土地の権利の否定、そして、生活環境の破壊であった。

　1950年代から60年代には、オンタリオ州南東部の「エリオット湖（Elliot Lake）」周辺および「バンクロフト（Bancroft）」周辺、そして、サスカチュワン州北西部などでウラン鉱山開発が進められた。エリオット湖周辺は、クリー民族やオジブワ（Ojibwa）民族の土地であり、こうした周辺住民の健康が問題とされてきた地域である。また、オンタリオ州では、「ポート・ラジウム鉱山」の鉱石を精錬した「ポート・ホープ（Port Hope）製錬所」も、1932年から操業していた。しかし、1960年代後半から70年代になると、とくに、サスカチュワン州北部でのウラン鉱山の開発が集中的に行われた。それは、この地域のウラン鉱石が通常のものと比べて高品位であったからだ。例えば、「エリオット・レイク鉱山」で採れる鉱石のウラニウム含有率は他の地域とほぼ同じく0.1パーセントでしかなかったが、ウォーターバリー（Waterbury）湖南岸に位置する「シガー・レイク（Cigar Lake）鉱山」のウラン鉱石の平均含有率は、15パーセントと群を抜く超高品位のものだ[79]。また、この地域では、鉱脈が地表に近く、露天掘りが可能で、このサスカチュワン州北部では、唯一「ビーバーロッジ（Beaverlodge）鉱山」のみが坑道を持った地下鉱山であった。

1952年に開山した「ウラニウム・シティ（Uranium City）」は、「ビーバーロッジ鉱山」を含む点在する25の鉱山の総称だが、1960年代まで、鉱滓と精錬過程での廃液をまったく処理しないまま、近くのアサバスカ（Athabasca）湖に放出した。放射能汚染は、湖の生態系を汚染し、湖から流れ出すマッケンジー（Mackenzie）川など河川や地下水を汚染して地域に広がっている。1960年代までは、放射能の危険性が知られていなかったので「ウラニウム・シティ」の学校や道路、病院などは、この放射性廃棄物を含む湖の砂を使ったコンクリートで建築された。[80]

　ここに、カナダのウラン鉱山の構造的問題がある。カナダでは、「ポート・ラジウム鉱山」をはじめ、ウラン鉱山の多くは氷河の浸食によってえぐり取られた氷河湖の周辺に発見された。そのため、鉱石屑や鉱滓、精錬過程での廃液は、米国やオーストラリアのように人工のダムを造る必要がなく、そのまま近隣の湖に投棄あるいは垂れ流された。[81]当然、周辺に居住していた先住民族は、飲料水を汚染され、生活を依存していた湖では魚や貝も食べられなくなった。

　1968年には、サスカチュワン州北東部の「ウォーラストン（Wollaston）湖」西岸の「ラビット・レイク（Rabbit Lake）」で高品位のウラン鉱石が発見され、75年には「ラビット・レイク鉱山」の操業が開始された。そして、その後周辺地域に次のようなウラン鉱山が次々と開山した。78年には同州のアサバスカ湖南部に「クラフ・レイク（Cluff Lake）鉱山」、また82年には同じく「クリー（Cree）湖」東部に「キー・レイク（Key Lake）鉱山」、そして、85年にはウォーラストン湖北西部で「コリンズ・ベイ（Collin's Bay）鉱山」が操業を開始した。[82]それ

オーストラリア・レンジャー鉱山の敷地に作られた低レベル放射性残土の貯水池と「危険」と書かれた看板〈提供：野口扶美子〉

ぞれの鉱山が出した放射性廃棄物は、次のように見積もられている。「クラフ・レイク鉱山」が、1981年〜1995年で285万4000トン、「キー・レイク鉱山」が、1982年〜2000年で、450万トンである[83]。そして、これらの廃棄物が、今後とも地域の環境を破壊し、先住民族の人権を侵害していくことは間違いない。

例えば、サスカチュワン州北部には、3万人の住民が住んでいるが、そのうち2万人が先住民族であり、ウォーラストン湖周辺にはデネー民族、アサバスカ湖周辺にはアサバスカ民族、クリー湖周辺にはクリー民族が生計を営んでいる[84]。

デネー民族でウォーラストン東岸の町「ウォーラストンレイク」に住むブライアン・ラットは、1985年8月にウラン鉱山閉鎖運動の開始にあたって、核爆弾に言及して次のように書いている。

「われわれは爆弾について語る前に、それがどこから生み出されたかを語らなければならない。それは、土地と民族から生み出された。彼らは爆弾を作る前に、すでにインディアンを破壊していたのだ。彼らは、爆弾で人々を破壊する前に、インディアンの飲み水や漁業を破壊していた。これが、われわれが見つめなければならないことである[85]」

この原子爆弾とウラン鉱山に関する関係を、日本社会はいまだに見つめようとはしていない。

オーストラリアのウラン鉱山

現在、オーストラリアは、カナダについで世界第2位のウラン鉱石の産出国である。オーストラリアのウラン鉱山開発は、1944年に英国政府が核兵器開発のために、オーストラリア政府に要請し

豪州の北部準州にあるレンジャー鉱山の敷地の入口にあるオーストラリアエネルギー資源社の看板〈提供：野口扶美子〉

たことに始まる。初期の鉱山としては、南オーストラリア州の「ラジウム・ヒル (Radium Hill) 鉱山」、クイーンズランド州の「メリー・キャスリン (Mary Kathleen) 鉱山」、北部準州の「ラム・ジャングル (Rum Jungle) 鉱山」などがあった。

1954年から61年まで操業された「ラジウム・ヒル鉱山」は、この期間に1000トンの鉱石を産出したが、地下鉱山にもかかわらず、坑内の換気装置が不備で、鉱山労働者に多くのガン患者を出したといわれている。1954年に開山された「ラム・ジャングル鉱山」は、71年には閉山となったが[86]、鉱石を採掘した露天掘りの穴には鉱石屑や鉱滓が投棄され、水が張られている。しかし、ダーウィンの80キロメートル南にあるこの地域は、モンスーンに襲われることも少なくなく、大雨で水があふれると、こうした放射性廃棄物が川に流れ込む「事故」が続いている[87]。また、1956年に操業が始まった「メリー・キャスリン鉱山」は、乾燥地帯にある露天掘り鉱山で、81年に閉山されるまで、8000トンのウラン鉱石を産出した[88]。

1970年代に入ると、新しい鉱脈がアボリジニーの土地から次々と発見された。北部準州の北にあるアーネムランド半島で、「ナバーレク (Nabarlek) 鉱山」、「レンジャー (Ranger) 鉱山」が操業を始めたのは、それぞれ、1980年と81年であった。そして、南オーストラリア州では、「オリンピック・ダム (Olympic Dam) 鉱山」が、88年に開山した[89]。

露天掘りで掘られたウラン鉱石を精錬するレンジャー鉱山の施設の入口〈提供：野口扶美子〉

そして、1996年以降現在まで最も問題となっている地域が、「ジャビルカ（Jabiluka）鉱山」である。この鉱山は、「カカドゥ国立公園」地区にあり、土地の所有権はアボリジニーのミラル民族が所有している。また、「カカドゥ国立公園」はユネスコの「世界遺産」に登録され、採掘予定地に隣接するマジェラ湿原は、「ラムサール条約」で保全湿原として登録されている。しかし、登録以前に採掘許可を得た鉱山会社が操業の準備を進めており、連邦政府もこれを阻止しようとしていない。ここでも、ウォーラストン・レイクと同じような先住民族の反対運動が組織され、連邦政府や鉱山会社との話し合いが続いているが、アボリジニーの土地権、聖地の権利、生活権をはじめとした人権が大きく侵害されている点でも問題の本質は普遍的である。

3　核廃棄物と「環境レイシズム」

　ウラン鉱石の採掘および精錬の段階では、核の軍事利用と平和利用との違いは何の意味もなさない。そして、人体あるいは生物に有害な放射性物質を採掘するという意味において、ウラン鉱山に「安全な」ウラン鉱山はない。同じ意味で、核廃棄物（nuclear waste）の処分場にも、安全なそれは存在しない。軍事利用であれ、平和利用であれ、核施設からはさまざまな放射性物質を伴った廃棄物が生み出される。初期段階のものとしては、これまで紹介したウラン鉱山から出される鉱石屑や鉱滓があり、最終段階で大きなものでは廃棄された原子力潜水艦や原子炉、また、原子力発電所から出された使用済み核燃料、解体された核弾頭から抜き取られた核物質まで、広い意味での核廃棄物にあたる。放射能を持った有害な核物質は、軍事利用であれ、平和利用であれ、当初の目的に使用された後も、深刻な影響を人間を含む生物や環境に与え続けるという大きな特徴を持っている。

　そして、これらの処分が問題となると、その多くの場所が先住民族の土地であることを改めて強調することもないだろう。

　これまで紹介したように、ウラン鉱山では、露天掘りであれば、その採掘場の跡には鉱石屑や鉱滓を埋め戻し、そこに水を張って放置された。また、核実験場の跡地では、汚染された周囲の土砂が爆発でできたクレーターに流し込ま

れ、コンクリートで蓋をされた。その意味では、閉山されたウラン鉱山や閉鎖された核実験場は、最も有力な核廃棄物の処分場の候補地となる。

例えば、1991年9月モスクワで行われたグリーンピース主催のセミナーで、核実験が行われた「ネネツ民族」の土地「ノバヤゼムリヤ島」で行われた核廃棄物の投棄が明らかになった。ここでの報告によれば、旧ソ連は、1963年から1986年まで、「ノバヤゼムリヤ島」の東海岸、島の東部のカラ海、西部のバレンツ海に、使用済み核燃料が入ったままの原子力砕氷船の原子炉、鉄製のドラム缶に詰めた1万1000個の固体核廃棄物と数万立法メートルの高レベル液体核廃棄物を投棄した。[91]

もうひとつの事例に、台湾の核廃棄物問題を紹介しておきたい。台湾政府は、1979年北部の「金山原子力発電所」で発電を開始して以来、急速に原子力発電による電力供給を進めてきた。[92] そして、原子力発電所から出る核廃棄物の貯蔵施設を、台湾東南海上に浮かぶ、先住（原住）民族タウ民族の島「蘭嶼島」（ランユ）（第5章119頁図5を参照）に建設した。そして、人口3100人の島に、1996年までに9万6000本のドラム缶に詰めた核廃棄物が運び込まれた。しかし、ドラム缶から核廃棄物が漏れ出していることが明らかになり、また、台湾政府が、この貯蔵施設の拡張工事を1994年に発表したために、先住（原住）民族の反対運動が広がっている。[93] 日本政府も、1979年に、原子力発電所から出る低レベル放射性廃棄物をグアム島、サイパン島、ティニアン島などが位置するマリアナ諸島の北1000キロメートルの海底に海洋投棄しようと企画したことがある。これは、1983年ロンドン条約によって海洋投棄が全面禁止となり、1985年に計画の中止が発表されたが、日本国内では依然核廃棄物が確実に増加していることを確認する必要があるだろう。[94]

先住民族の土地を汚染するこうした廃棄物の処分を含めて、環境問題と深く関わる民族差別を「環境レイシズム」と呼ぶことがある。1992年9月にオーストリアのザルツブルグで開かれた「世界ウラニウム公聴会」で、北米ホピ民族の長老トーマス・バニヤッカは次のように語った。

「われわれ先住民族はかつて、肉体的根絶といわれる虐殺と文化的根絶といわれる同化主義にさらされてきたが、生き延びることができた。それは、母なる大地とともに暮らしてきたからだ。しかし、いまや、その母なる大地と山や川、空気や水、動物

や植物のすべてがウランの毒に汚されている。これはわれわれ先住民族に対する新たな虐殺だ」[95]

　「マンハッタン計画」の中心人物のひとりコンプトンの口に50年前にのぼった言葉の意味は、ホピ民族の長老、バニヤッカの50年後の言葉で証明された。先住民族の視点から見るとき、核開発の本質をよりはっきりと見ることができる。核問題は近代社会の中の「平和」か「軍事」かあるいは「豊かさ」か「貧しさ」かという人類一般にとっての選択的問題ではなく、民族差別と植民地支配を前提にした「人権侵害」という普遍的問題に他ならない。そして、核問題は、先住民族に関する限り、20世紀から21世紀に持ち越された絶対的な「負の遺産」を形成している。北米先住民族には、「7世代先」のことを考えて現在のことを決めるという教えが存在する。「今」のことしか考えなかった人びとが、「7世代先」のことを考える人びとに押しつけた「負の遺産」を21世紀はどう清算するのだろうか。「核問題」は、その意味で21世紀に実現する社会の本質を映す「鏡」のひとつと考えることができるだろう。

　2011年3月の福島第一原子力発電所事故に対して、アボリジニーのミラル民族の首長イボンヌ・マルガルラ（Yvonne Margarula）は、オーストラリアのウランが日本で使われていることから、哀悼のメッセージを送り、同時にウラン鉱山の閉鎖を国連に訴えた。彼女は、北部準州にあるレンジャー鉱山の土地権の所有者を代表する立場でもある。レンジャー鉱山は、世界的な資源メジャーであるRio Tinto社の子会社、Energy Resource of Australia社によって運営されているが、日本の電力会社が出資し、とくに関西電力にウランを供給している。他方、フクシマでばら撒かれた放射性物質のもととなったウランの提供先は、オリンピック・ダム鉱山で、東京電力との関係が深い。原発事故後、オーストラリアの映画監督デビット・ブラッドベリー（David Bradbury）は、このウラン鉱山を中核にドキュメンタリー「Out of Site, Out of Mine」を制作して、警鐘を鳴らした。題名は、英語のことわざ「out of sight out of mind」（見えないものは忘れられる＜去る者日々に疎し＞）をもじったものだ。しかし、オーストラリア連邦政府は、2011年10月、オリンピック・ダム鉱山の採掘量を3倍に

拡張する計画を承認してしまった。

　近代を超克するには、歴史の真摯な検証と、検証の必要性を見つけるための柔軟で幅広い創造力、そしてその意味を理解するための深い洞察力が不可欠とされる。

註

1) Stockholm International Peace Research Institute, *SIPRI YEARBOOK 1999*, Oxford University Press, 1999, pp.562-563. また、これで核実験がすべて禁止されるものではない。コンピュータ・シミュレーションを利用した「爆発」を伴わない「未臨界実験（subcritical experiment）」がその後行われている。
2) 豊田利幸、飯島宗一、牧二郎編著『太平洋の非核化構想』岩波書店、1990 年、177 頁。
3) 豊崎博光、『蝕まれる星・地球——ひろがりゆく核汚染』平和のアトリエ、1995 年、167 頁。
4) 豊崎博光、同上、20 頁。
5) 豊崎博光『アトミック・エイジ——地球被曝はじまりの半世紀』築地書館、1995 年、172 頁。最初の水爆実験ではあったが、全体の重量は 73.8 トンに及び実用兵器とはならなかった。
6) 豊崎博光『蝕まれる星・地球——ひろがりゆく核汚染』、12〜14 頁。そのほかにも、856 隻の被曝漁船があった。
7) 豊崎博光、同上、15 頁。
8) 豊崎博光、同上、16 頁。
9) 豊崎博光『アトミック・エイジ——地球被曝はじまりの半世紀』、179〜180 頁。
10) 豊崎博光、同上、168 頁。
11) 豊崎博光、同上、168〜169 頁。
12) 豊崎博光、同上、170〜171 頁。
13) 豊崎博光、同上、172 頁。
14) 前田哲男、豊崎博光、上村英明『核時代の終わりの始まり——一日も早く核兵器のない世界を実現するために』神奈川県、1997 年、8 頁。
15) 豊崎博光、同上、174 頁。
16) 豊崎博光、同上、190〜191 頁。
17) 上村英明『先住民族——「コロンブス」と闘う人びとの歴史と現在』解放出版社、1992 年、191 頁。
18) IWGIA, *YEARBOOK 1988*, IWGIA, 1989, p.62.
19) 豊崎博光、同上、190 頁。
20) Walker, Cam (ed.), *A resource and action guide for International Year for Indigenous People*, Headwaters Press, 1993, p.21.
21) 豊崎博光、同上、198 頁。
22) 豊崎博光、同上、196〜197 頁。
23) 上村英明、同上、193〜194 頁。
24) 上村英明、同上、194 頁。

25) 上村英明、同上、33～34 頁。
26) 岡島成行『アメリカの環境保護運動』岩波書店、1990 年、151 頁。
27) 森住卓『セミパラチンスク——草原の民・核汚染の 50 年』高文研、1999 年、119 頁。
28) 豊崎博光、同上、203 頁。
29) 豊崎博光、同上、203～205 頁。
30) 信濃毎日新聞社編『世界の民——光と影』（下）明石書店、1993 年、238 頁。
31) 豊崎博光、同上、207 頁。
32) 豊崎博光、同上、209 頁。
33) 豊崎博光、同上、143 頁。
34) 前田哲男、豊崎博光、上村英明、同上、7 頁。
35) Makhijani, Arjun, Hu, Howard & Yih, Katherine（ed.）, *Nuclear Wastelands: A Global Guide to Nuclear Weapons Production and Its Health and Environmental Effects*, The MIT Press, Cambridge, 1995, p.438.
36) 勝俣誠「実験が終わって被害者が残った——フランスの南太平洋核実験の責任」『軍縮問題資料』第 214 号、宇都宮軍縮研究所、1998 年、46～47 頁。
37) 豊崎博光、同上、143 頁。
38) 勝俣誠、同上、46 頁。
39) 中国新聞「ヒバクシャ」取材班『世界のヒバクシャ』講談社、1991 年、183 頁。
40) 勝俣誠、同上、49 頁。
41) 豊田利幸、飯島宗一、牧二郎編著、同上、179 頁。
42) 豊崎博光、同上、227 頁。
43) 豊崎博光『蝕まれる星・地球——ひろがりゆく核汚染』、38～39 頁。
44) 上村英明、同上、194 頁。
45) 中国新聞「ヒバクシャ」取材班、同上、202～203 頁。
46) 中国新聞「ヒバクシャ」取材班、同上、203 頁。
47) 中国新聞「ヒバクシャ」取材班、同上、205～206 頁。
48) 上村英明、同上、195 頁。
49) National Archives of Australia, Fact Sheet 129: British nuclear tests at Maralinga. 〈http://www.naa.gov.au/publications/fact-sheets/FS 129. html. December 31. 2000〉
50) 豊田利幸、飯島宗一、牧二郎編著、同上、179 頁。
51) 豊崎博光、同上、41～42 頁。
52) 豊崎博光、同上、45 頁。
53) 毛里和子『周縁からの中国——民族問題と国家』東京大学出版会、1998 年、7～8 頁。
54) 豊崎博光、同上、46～47 頁。
55) 河井智康『核実験は何をもたらすか——核大国アメリカの良心を問う』新日本出版社、1998 年、212 頁。
56) 河井智康、同上、212～213 頁。
57) 上村英明「アフリカ非核地帯条約の歴史と現在」『PRIME』第 10 号、明治学院大学国際平和研究所、1999 年、69 頁。ペリンダバは、2009 年に発効した「アフリカ非核地帯条約」の通称となった。
58) 朝日新聞大阪本社「核」取材班『裁かれる核』朝日新聞社、1999 年、37～43 頁。
59) Makhijani, Arjun, Hu, Howard & Yih, Katherine（ed.）, ibid., p.109. 1945 年～1991 年の累積採掘量を計算した結果を用いている。

60) 資源エネルギー庁長官官房企画調査課編『総合エネルギー統計』平成10年度版、通商産業研究社、1999年、396頁。参考にした年は、1995年。
61) Churchill, Ward & LaDuke, Winona, "Native North America: The Political Economy of Radioactive Colonialism," *The State of Native America,* Jaimes, M. Annette (ed.), South End Press, Boston, 1992, p.256.
62) 中国新聞「ヒバクシャ」取材班、同上、109頁。
63) 豊崎博光『アトミック・エイジ——地球被曝はじまりの半世紀』、259頁。
64) 豊崎博光『蝕まれる星・地球——ひろがりゆく核汚染』、76〜77頁。
65) Makhijani, Arjun, Hu, Howard & Yih, Katherine (ed.), ibid., p.113.
66) Churchill, Ward & LaDuke, Winona, ibid., p.248.
67) 豊崎博光、同上、80〜82頁。
68) 中国新聞「ヒバクシャ」取材班、同上、114頁。
69) 中国新聞「ヒバクシャ」取材班、同上、121頁。
70) 豊崎博光、同上、80頁。
71) 豊崎博光、同上、82〜83頁。Churchill, Ward & LaDuke, Winona, ibid., p.249.
72) Makhijani, Arjun, Hu, Howard & Yih, Katherine (ed.), ibid., p.113.
73) Churchill, Ward & LaDuke, Winona, ibid., p.251.
74) Churchill, Ward & LaDuke, Winona, ibid., p.253.
75) Churchill, Ward & LaDuke, Winona, ibid., p.255.
76) Churchill, Ward & LaDuke, Winona, ibid., p.244.
77) Churchill, Ward & LaDuke, Winona, ibid., p.247.
78) Goldstick, Miles, *Voices from Wollaston Lake – Resistance against Uranium Mining and Genocide in Northern Saskatchewan*, Earth Embassy, 1987, p.73.
79) Goldstick, Miles, ibid., p.74.
80) Goldstick, Miles, ibid., p.79.
81) 上村英明、同上、188頁。
82) 上村英明、同上、187頁。
83) Goldstick, Miles, ibid., p.107.
84) Churchill, Ward & LaDuke, Winona, ibid., p.261.
85) Goldstick, Miles, ibid., p.88.
86) Makhijani, Arjun, Hu, Howard & Yih, Katherine (ed.), ibid., p.139.
87) 豊崎博光、同上、86〜87頁。
88) Makhijani, Arjun, Hu, Howard & Yih, Katherine (ed.), ibid., pp.139-140.
89) 豊崎博光、同上、87〜88頁。
90) 細川弘明「オーストラリアで新たなウラン開発」『先住民族の10年News』第42号、1998年、6頁。
91) 豊崎博光『アトミック・エイジ——地球被曝はじまりの半世紀』、207頁。
92) 天笠啓祐『面白読本反原発』柘植書房、1988年、165頁。
93) 毎日新聞（朝刊）、1996年8月14日。
94) 上村英明、同上、199〜201頁。
95) 豊崎博光、同上、275頁。

おわりに

　先住民族の権利運動に正面から取り組み始めたのは 1980 年代の半ばで、早くも 4 半世紀が過ぎ去った。この間、日本ではアイヌ民族および琉球民族、そして国際社会においては世界各地の運動団体や活動家と接し続けることができたことは、本当に「幸せ」なことであった。とくに、日本においては、「indigenous peoples」をどう翻訳するかという難題から始まったが、1987 年にはアイヌ民族の最初の代表（当時の北海道ウタリ協会からの派遣）が国連人権機関の会議（当時は国連先住民作業部会）に参加した。こうした動きの中で、1997 年には「北海道旧土人保護法」が廃止されて、「アイヌ文化振興法」が制定され、さらに、2008 年にはアイヌ民族を「先住民族」と認める国会決議が採択され、翌年には内閣官房に「アイヌ政策推進会議」が設置されるまでになった。他方、琉球に関しては、1997 年から琉球人の国連人権機関への参加が始まり、1999 年には NGO として「琉球弧の先住民族会」が設立された。2005 年には、国連の反人種主義に関する特別報告者が国連総会（第 3 委員会）において、「沖縄」を含む日本の差別状況に関する報告を行い、翌年には人権理事会に提出された正式な報告書に「沖縄」に対する差別が明記されるようになった。そして、今年 2014 年 7 月には、琉球新報が 1879 年の「琉球処分」は琉球併合であり、国際法上の違法行為であるという特集を組み、基地支配を否定して「人民」としての自己決定権を求める「島ぐるみ会議」も結成されるまでになった。

　こうした動きは、10 年単位の長いタイムスパンで見れば、確実な前進を示すと評価することもできるが、同時に新たな段階で、ここでは詳述しないが、さらに難しい問題と直面することも事実である。その度に天を仰ぐのは、日本の市民社会における歴史認識、とくに「近代史」に対する歴史認識のなさや浅はかさである。また、これは情報社会が高度化する中でのグローバルな現象といえるかもしれない。改めていうまでもないが、現実を無視して未来を構想することができないように、過去を棚上げにして現実を分析し、問題を理解することは不可能である。その意味で、本書は、冒頭に触れたように、歴史の本で

あること、より正確にいえば、多文化・多民族社会の実現に向けての歴史の本であることを目指して刊行されたものである。

　それならば、分かりやすい方がよい。復刻を快諾してくれた法律文化社の小西英央氏には、読みやすい装丁をお願いし、本文も論旨を変えない範囲で、わかりやすく書き直し、また註で補足を行った。こうした機会を与えてくれた小西さんに深くお礼を述べたいと同時に、これらの作業が迅速にできた最大の理由は、6カ月の在外研究休暇をオーストラリアのメルボルン大学で過ごすことができたことにある。この研究休暇を与えてくれた職場である恵泉女学園大学、またメルボルン大学で快適な環境を用意してくれたリチャード・チェンホール博士（Dr. Richard Chenhall）、さらに、これまでの市民活動を支えてくれた市民外交センターの仲間たちに心からの感謝の言葉を送りたい。最後に、本書は、復刻を常に励ましてくれた妻野口扶美子に贈るものである。

　　　　　2014年8月9日、国際先住民族の日にメルボルンにて、

上村　英明

索　引

あ 行

アイヌ文化振興法　115
アイヌ民族　13, 105, 113
アイヌ民族特別捜索隊　34
アイヌ民族に関する法律案　114
アイヌモシリ　106, 114
アイマラ民族　142
アインシュタイン、アルベルト　155
アインシュタイン書簡　155
アグリコア、ゲオルギウス　143
アトミック・ソルジャー（ヒバク兵士）　174
アトミック・ベテラン（ヒバク退役軍人）　174
阿部正弘　72, 76
アホウドリ　130
アボリジニー　118, 120
アムチトカ島　176
アムンセン、ローアル　23, 24, 28, 29, 34
アメリカ革命　44
アリュート民族　176
アルマデン水銀鉱山　148
暗号部隊　40
伊江王子朝直（尚健）　91, 122
イエローケーキ　184
違憲立法審査権　56
夷人・異人　82
イタイイタイ病　140
「イタリアの航海士」　156
イテリメン民族　178
伊藤博文　102
糸満漁民　129, 130
委任統治　170
井上馨　91
イミュー・フィールド実験場　180, 181
イリコ　129
イロクォイ連邦　45-50, 52-54, 57-63
石見銀山　143, 146

インディアン強制移住法　59
インディアン再組織法　186
インディアン弁務官　49, 50
インヘニオ　144
ヴィケラス、デメトリウス　5
宇井純　140
ウィッテ、セルゲイ　26
ウィルソン、ウッドロー　60, 61
ウィルタ民族（人）　25, 35, 79, 80
ヴォー・グエン・ザップ　178
ウォーラステン、エマニュエル　150
御嶽（ウタキ：聖所）　129
ウラニウム・シティ　188
ウラン・ラッシュ　185
ウルチ人　80
エイブルの実験　175
エケル実験場　178
エジソン、トーマス　12
エスノサイド　82
蝦夷地　82, 84, 113
蝦夷地開拓方針　84
エニウェトク（環礁）　170, 173, 174
エネルギー省（米国）　175
エノラ・ゲイ　164, 165
塩水説　70
大久保利通　89, 102, 124
大澤ヤサク　15
御冠船　126
沖縄トラフ　116, 127, 130
オークリッジ核施設　161, 162
オジブワ民族　140, 187
オタスの森　25, 35
オネイダ民族　55
オノンダガ民族　48, 55
オリンピック・コングレス　3, 5
オリンピック・ダム鉱山　190, 193
オルバニー連合案　49, 50, 54
オロチョン民族　38

か　行

解職請求　57
開拓使　82, 83, 85, 105
開南丸　23, 24
介抱　79
外務省出張所　97, 123
カカドゥ国立公園　191
核廃棄物　191
風下地域　175, 177, 182
何如璋　102, 124
片岡利和　31
カナサテゴ　48, 50
嘉納治五郎　4
樺山資紀　86
カホネス精錬法　144, 146
カユーガ民族　55
樺太作戦　25
樺太千島交換条約（サンクト・ペテルブルク条約）　25, 31
川路聖謨　72
環境保護庁　162
環境保護に関する南極条約議定書　19
韓国併合　93, 104
慣習国際法　125
キー・レイク鉱山　188
議会制民主主義　62, 63
技術革新　139, 141, 152
北蝦夷地　82
「北蝦夷地」調査報告書　77, 79
北風磯吉　36
宜野湾親方朝保（向有恒）　91
行政警察権　84
強制同化政策　82
ギリヤーク人　78
寄留商人　120
金鵄勲章　36
金田一京助　26
金本位制　152
グアイラ炉（風炉）　143
グアナフアト　151
クバ　128
クーベルタン、ピエール　3-8, 10, 11, 14-16
久保山愛吉　172
クラフ・レイク鉱山　188
グラント、ユリシーズ　121
クリスタル・パレス（水晶宮殿）　10
クリスマス島　180
クリー民族　187, 189
グリンピース・インターナショナル　176
グルカ兵　40
クレマンソー、ジョルジュ　60
黒い霧　181
黒田清隆　83, 85, 104
軍事警察権　84
郡司成忠　30, 31, 33, 34
慶賀使　90, 100, 124
経済成長　139, 141, 152
警視隊　83, 84
化外　87-89, 105
ケチュア民族　142
現役武官制　105
原子力エネルギー委員会　172
ゲンダーヌ、ダーヒンニョニ　36
原爆展示論争　166
皇国の北門　84
鉱滓用ダム　186
高濃縮ウラン　160
古賀辰四郎　117, 119, 129
互換条款　97
国際オリンピック委員会（IOC）　3-6, 8, 13
国際地球観測年　20
国際連盟　60, 111
国民皆兵　83
国民形成　70
国連憲章　111
国連先住民作業部会　62, 69
国連人間環境会議　139, 140
コチーティ・プエブロ民族　162
国家機構形成　70
コナント、ジェームズ　156
近衛都督　83
古波蔵村　101
小村寿太郎　26
「固有の領土」　113, 115, 117

200

ゴルバチョフ、ミカエル　115
コレヒドール要塞攻略戦　37
ゴロヴニン、ヴァシリィ　74, 78
コロンブス、クリストファー　155, 157, 167
コンプトン、アーサー　156

さ 行

在番奉行所　93, 96
サカテカス　151
冊　封　80, 100, 126
サザン・ユート民族　162
佐渡島　146
サバニ　128
サリバン、ジェームズ　7, 13, 14
サン人　183
三十年戦争　51
山靼商人　80
山靼錦　80
サント・クリスト・デ・ラ・ベラクルス精錬水路　145
サンフランシスコ平和条約　21, 76, 112, 114
ジェファーソン、トマス　7
シガー・レイク鉱山　187
自己決定権（人民の自己決定権）　112
氏族会議　55, 57
「氏族の母」　57
師　団　83
実効支配　72, 81, 88, 105, 113, 126
実効的占有　72, 73, 81
シップロック鉱山　185
死の灰　172, 173
司法警察権　84
下関条約（馬関条約）　117, 122
社会進化論　111
ジャクソニアン・デモクラシー　59, 116
ジャクソン、アンドリュー　7, 59, 162
ジャビルカ鉱山　191
従属国　88, 90, 92, 98, 105
従属民　92, 98, 105
『重編使琉球録』　126
準　州　58

承継国　90
尚宏勲　95
尚泰　91, 104
条約法に関するウィーン条約　106
植民地　58, 105
植民地展示場　11
植民地独立付与宣言　70, 111, 112
処分官　100, 104
白瀬矗　22, 25, 27, 30, 31, 33, 34
シラード、レオ　156
『使琉球録』　126
新型砕氷艦「しらせ」　21
進貢（使）　80, 98, 100, 124
シンコロブウェ鉱山　158, 160
信託統治　170
人　民　111
人民日報　122, 127
人類学の日　12
水銀アマルガム精錬法　144-147, 149
スコット、ロバート　23, 24, 27, 34
スター、フレデリック　15
「すべての民族の国際連合」　62
スミソニアン航空宇宙博物館　165
スー民族　13, 186
スメレンクル人　78, 80
ズールー民族　13
スルメ　129
スロービエツ　33
青海説　70
セイチェム　54, 55, 57-59
西南戦争　83
西部開拓　116, 173
セネカ民族　55
セミパラチンスク核実験場　177
セロ・リコ山　142, 143, 146, 147
尖閣諸島（釣魚島、釣魚台列島）　112, 113, 115-122
尖閣の開拓者　119, 125
戦時首長　59
先住性　70
先住民族　106, 112, 116, 118, 131
先住民族の権利に関する国連宣言　127
先占（占領）　22, 72, 73, 81, 88, 89, 117-

索引

201

119
セントルイス大会　6, 10
ゼンパッハ協定　51
遭難救助条約　86
ソロルサノ、ファン・デ　149

た 行

第五福竜丸　171, 172
第七師団　85
ダイス、エリカ-イレーヌ　62
対テロ戦争　63
台湾出兵　83, 85, 87, 89, 97, 123, 124
台湾総督　86, 105
台湾藩地処分要略　87, 88
タウ民族　131, 192
高砂義勇隊　36-39
高砂族　35, 36
多数決原理　63
タスカローラ民族　58
脱清人　121
ダヤク　38
俵　物　129
タワンティン・スウユ　142
単一民族（国民）国家　114
弾　劾　57
チェロキー民族　162
地球環境問題　141, 152
チッソ（新日本窒素肥料株式会社）　140
チペワ民族　13
チャーチロック鉱山　185
チャモロ民族　164, 165
『籌海図編』　126
中国密使事件　101
チュクチ民族　178
超空の要塞　164
朝　貢　80, 81, 88, 94, 102, 105
徴集隊　83
朝鮮総督　105
鎮　台　83
通信の国　122
『デ・ラ・メタリカ』　143
ディエン・ビエン・フー　178
低濃縮ウラニウム　160

ティベッツ、ポール　164, 165
デガナウィダ　54
デスカヘー　62
デスボロー卿グレンフェル、ウィリアム　8
デネー民族　160, 189
寺島宗則　98
テラノバ号　24
デルガムーク判決　127
デロング、チャールズ　88, 95
電気宮殿　12
伝統的知識　40
ド・ゴール、シャルル　179
トゥアレグ民族　178
統監府　96, 102
トウキトク　86
東大自主講座　140
独立宣言（米国）　44
独立戦争　44
「土　人」　82
富川親方盛奎（毛鳳来）　103
トリニティ　161-164
トルーマン、ハリー　174, 175
トレス海峡諸島民　118
トレド、フランシスコ・デ　144
屯田兵　83-85, 104, 105
トンナイチャ　25-27

な 行

内務省出張所　97, 101, 123
今帰仁王子朝敷　100, 103
名城里之子親雲上（林世功）　101
ナバホ民族　40, 160, 162, 176, 185, 186
ナバーレク鉱山　190
南緯80度5分　22
南極環境保護法　20
南極条約　19, 20
西里喜行　130
西ショショーニ民族　174
日英約定　71
日米和親条約　71
日蘭和親条約　71
日露和親条約　30, 71, 74, 77, 78, 80, 82, 91,

113, 114
日清修好条規　　85, 97
日清戦争　　127
日ソ基本条約　　76
日中平和友好条約　　116
ニブフ民族（人）　　25, 35, 78, 80
人間環境宣言（ストックホルム宣言）
　　139, 142
ヌナブト準州　　28
ネ・ガイアネシャゴワ　　54
ネウェ・セゴビア　　175
ネヴェルスコイ、ゲンナディ　　73
ネグリト民族　　13
ネッセルローデ、カール　　72
ネネツ民族　　177, 192
ネバダ・セミパラチンスク運動　　177
ネバダ核実験場　　174, 175, 180
年少の兄弟　　56
年長の兄弟　　55, 56
ノバヤゼムリヤ島　　177, 178, 192
ノモンハン事件（ハルハ河戦争）　　35

は行

ハイアワサ　　54
廃藩置県　　123
灰吹き精錬法　　143
パイユート民族　　176
ハーグ密使事件　　101, 124
橋村弥八　　23
バチェラー、ジョン　　15
「発見の法理」　　111
八甲田山遭難事件　　34
パティオ精錬法　　144
花守信吉（シシラトカ）　　22, 23, 25, 29, 30
バニヤッカ、トーマス　　193
ハミルトン、アレクサンダー　　53
パラオ挺身隊　　38
原田正純　　140
バルーチ民族　　182
藩王　　92
ハーン、オットー　　157
万国公法　　102, 124
万国博覧会　　6, 10-12

万国平和会議　　101
バンデラ、ダミアン・デ・ラ　　144
ハンフォード核施設　　161-163
バンベリーの実験　　175
ヒカリラ・アパッチ民族　　162
ビキニ環礁　　170-172, 174
ビキニ事件　　171
ピークォト戦争　　52
ピチャンチャジャーラ土地権利法　　181
火の守護者　　56
ヒバクシャ　　160, 169, 171-174, 177, 181
ヒューロン民族　　54
標識島　　118, 126
平村サンクア　　15, 16
平村リロトケ　　15, 16
ビンガム、ジョン　　103, 124,
ファットマン　　160, 162, 164
ファンガタウファ環礁　　179
撫育　　79, 80, 90
プエブロ民族　　13
フェルミ、エンリコ　　156, 157
フォー・コーナーズ　　160
フォート・ララミー条約　　186
フカヒレ　　120, 129, 130
部族政府　　186
プチャーチン、エフィミィ　　72
ブッシュマン　　183
負の世界遺産　　152
部分的核実験禁止条約　　179, 180
付庸（附庸）　　91-94
プラグマティズム　　47
ブラック・ヒルズ　　186
ブラボーの実験　　171
フラム号　　24
フランクリン、ベンジャミン　　47, 54
ブラント、ジョセフ　　59
プルトニウム239　　160
フレンチ・インディアン戦争　　48
フロンティア　　59
分島・増約案　　121
「文明化の使命」　　111
平和のための14箇条（14箇条）　　60
ベクレル、アントワーヌ　　157

辺泥五郎　15
ベラスコ、ペドロ・フェルナンデス・デ　144
ペリー、マシュー　76, 95
ペルー副王領　142, 144, 147
弁開凧次郎（エカシパ）　34
ヘンドリック　48
包括的核実験禁止条約　169
放射能の植民地主義　186
ポカラン核実験場　182
北緯50度国境　75
北西航路探検　28
母系制社会　58
保護国　93, 94
ボストン茶会事件　52
北海道ウタリ協会（北海道アイヌ協会）　114
北海道開拓　116
北海道屯田憲兵事務総理　85
ボックス・カー　165
北方領土　88, 112-115, 117, 131
ポーツマス条約　75, 93
ポトシー銀山　141-145, 148, 150
ポート・ラジウム鉱山　158, 160, 187, 188
ポーニー民族　13
堀利忠　76
ホルナダ・デル・ムエル（死の旅路）　163
ホワイトサンズ・ミサイル実験場（アラモゴード）　161, 163, 169
ボワソナード、グスタフ　99
本間雅晴　37

ま行

マイクの実験　171
マイナー・トライアル　181
マギー、ウィリアム　13
マーシャル判決　59
マーストリヒト条約　62
マッカーサー、ダグラス　174
松田道之　92, 104, 125
松の木旗　50
マディソン、ジェームズ　53
マボ判決　118

マラリンガ実験場　180, 181
マルガルラ、イボンヌ　193
マンハッタン計画　155, 156, 158, 161, 193
ミタ制　145, 150
水俣病　139, 140
ミラル民族　191
民主主義　62, 63
無機水銀　140
霧社事件　36
無主（の）地　72, 73, 77, 81, 87-90, 117
ムラヴィヨフ、ニコライ　84
村垣範正　76
ムラビヨフ哨所　73
メキシコ・ドル（ペソ銀貨）　151
メスカレロ・アパッチ民族　163
メディナ、バルトロメ・デ　144
メリー・キャスリン鉱山　190
モーガン、ルイス・ヘンリー　59
モホーク民族　48, 54, 55
モールデン島　180
モルロア環礁　179
モンテベロ諸島　180

や行

ヤキマ民族　162
夜光貝　120, 130
ヤーコフ、ストロー・ソープ　33
大和雪原　22
山辺安之助（ヤヨマネフク）　22, 23, 25, 29, 30
有機水銀　140
ユクン・クバシマ　128, 129
ヨアキムスタール鉱山　152, 158, 167
ヨーア号　28
抑制と均衡　53, 58
与那原親方良傑（馬兼才）　96, 98, 100, 103
ヨハンセン、ブルース　53
読谷飛行場　165
ヨーロッパ合州国　62

ら行

ラジウム・ヒル鉱山　190
ラビー・バレー条約　175, 176

ラムサール条約　191
ラム・ジャングル鉱山　190
ランカスター条約　48
蘭嶼島　192
リオグランデ・プエブロ民族　162
李鴻章　102
リゼンドル、チャールズ　86
リトルボーイ　160, 164
理藩警察官　37
琉球館　100, 124
「琉球処分」　90, 98, 99, 102, 124
琉球藩　86, 91, 92, 94-101, 104, 122
琉球藩処分法案　103
琉球併合　84, 85, 96, 101, 102, 104-106
琉球宮古島民遭難事件（牡丹社事件）　85, 123
琉球民族（沖縄人）　36, 105, 106, 165
琉米修好条約　95
「両　属」　91, 92, 94
領土未確定地域　76, 114

ルイジアナ購入万国博覧会　7
ルーズベルト、セオドア　6, 7, 26
ルーズベルト、フランクリン　155
レイシズム（人権・民族差別主義）　166
レガヌ実験場　178
レッド・ロック鉱山　158, 160, 185
レンジャー鉱山　190
連邦憲法（米国）　45
ロスアラモス研究所　161, 163
露西亜使節応接掛　72, 73
ロプ・ノール実験場　182
露米会社　72, 73
ロングハウス　55, 56
ロンゲラップ島　171, 172, 174

わ　行

ワイルド・ウェスト・ショー　12
ワシントン、ジョージ　53, 54
ワンカベリカ水銀鉱山　145, 148

■著者紹介

上村　英明（うえむら　ひであき）

現在、恵泉女学園大学教授、市民外交センター代表

[経歴]
1956年　熊本市生まれ
1975年　慶應大学法学部卒業
1981年　早稲田大学大学院経済学研究科修了
1982年　市民外交センター設立
1992年　川崎市平和館・専門調査員
1998年　明治学院大学国際平和研究所特別所員
2002年　恵泉女学園大学助教授

[主な業績]
2013年　『市民の外交－先住民族と歩んだ30年』（法政大学出版局）（編著）
2008年　『知っていますか？アイヌ民族一問一答　新版』（解放出版社）
2001年　『先住民族の「近代史」――植民地主義を超えるために』（平凡社）
1992年　『世界と日本の先住民族』（岩波書店）
1990年　『北の海の交易者たち――アイヌ民族の社会経済史』（同文舘）
1984年　『ワンニャン探偵団――戦争で死んだイヌやネコの話』（ポプラ社）

Horitsu Bunka Sha

新・先住民族の「近代史」
―― 植民地主義と新自由主義の起源を問う

2015年1月10日　初版第1刷発行

著　者　上　村　英　明
発行者　田　靡　純　子
発行所　株式会社 法律文化社

〒603-8053
京都市北区上賀茂岩ヶ垣内町71
電話 075(791)7131　FAX 075(721)8400
http://www.hou-bun.com/

＊乱丁など不良本がありましたら、ご連絡ください。
　お取り替えいたします。

印刷：亜細亜印刷㈱／製本：㈱藤沢製本
装幀：前田俊平　　協力：市民外交センター
ISBN 978-4-589-03639-1
Ⓒ2015 Hideaki Uemura Printed in Japan

JCOPY 〈(社)出版者著作権管理機構 委託出版物〉

本書の無断複写は著作権法上での例外を除き禁じられています。複写される
場合は、そのつど事前に、(社)出版者著作権管理機構（電話 03-3513-6969、
FAX 03-3513-6979、e-mail: info@jcopy.or.jp）の許諾を得てください。

上村英明監修／藤岡美恵子・中野憲志編
グローバル時代の先住民族
――「先住民族の10年」とは何だったのか――
A5判・270頁・2800円

「世界の先住民の国際10年」の最終年（2004年）に、この「10年」の展開と積み残された問題群を批判的かつ実証的に分析し、その根本原因をさぐる。先住民族の権利の展望を切り開く分析視角の提示を試みる。

越田清和編
アイヌモシリと平和
――〈北海道〉を平和学する！――
A5判・266頁・2600円

アイヌモシリ（北海道）が日本の植民地であったという「植民地支配の認識」をふまえ、北海道における平和を考える。アイヌ民族の軌跡を問い直すだけでなく、人権・開発・平和をオキナワやフクシマとの応答も含め、多様に考察する。

貝澤耕一・丸山 博・松名 隆・奥野恒久編著
アイヌ民族の復権
――先住民族と築く新たな社会――
A5判・246頁・2300円

アイヌ民族の復権へ向けた問題提起の書。二風谷ダム裁判をあらためて問い直すことを契機にアイヌ復権への根源的な課題を学際的かつ実践的アプローチにより考察。先住民族と築く多様で豊かな社会を提言する。

ガバン・マコーマック、乗松聡子著／乗松聡子訳
沖縄の〈怒〉
――日米への抵抗――
A5判・283頁・2800円

沖縄問題の核心を通史の展開をふまえ実証的に追究。日本が米国の属国であるがゆえに沖縄が翻弄され続けていることを衝き、沖縄に正義と平和をもたらす責務が日本の私たちにあることを切実に投げかける。沖縄研究にとって必読の書。

松島泰勝著
琉球独立への道
――植民地主義に抗う琉球ナショナリズム――
A5判・278頁・2800円

小国における脱植民地化過程の比較・実証研究をふまえ、琉球（沖縄）の政治・経済的な独立の可能性を探る。琉球の独立を文化・思想面からだけでなく、包括的かつ実証的に再検討。実現可能なロードマップと将来像を提案する。

日本平和学会編
平和を考えるための100冊+α
A5判・298頁・2000円

平和について考えるために読むべき書物を解説した書評集。古典から新刊まで名著や定番の書物を厳選。要点を整理・概観したうえ、考えるきっかけを提示する。平和でない実態を知り、多面的な平和に出会うことができる。

――法律文化社――

表示価格は本体（税別）価格です